Kohlhammer

Lehren und Lernen

Herausgegeben von

Andreas Gold
Cornelia Rosebrock
Renate Valtin
Rose Vogel

Jan-Henning Ehm, Jan Lonnemann und
Marcus Hasselhorn

Wie Kinder zwischen vier und acht Jahren lernen

Psychologische Erkenntnisse und Konsequenzen für die Praxis

Verlag W. Kohlhammer

Dieses Werk einschließlich aller seiner Teile ist urheberrechtlich geschützt. Jede Verwendung außerhalb der engen Grenzen des Urheberrechts ist ohne Zustimmung des Verlags unzulässig und strafbar. Das gilt insbesondere für Vervielfältigungen, Übersetzungen, Mikroverfilmungen und für die Einspeicherung und Verarbeitung in elektronischen Systemen.

Die Wiedergabe von Warenbezeichnungen, Handelsnamen und sonstigen Kennzeichen in diesem Buch berechtigt nicht zu der Annahme, dass diese von jedermann frei benutzt werden dürfen. Vielmehr kann es sich auch dann um eingetragene Warenzeichen oder sonstige geschützte Kennzeichen handeln, wenn sie nicht eigens als solche gekennzeichnet sind.

Es konnten nicht alle Rechtsinhaber von Abbildungen ermittelt werden. Sollte dem Verlag gegenüber der Nachweis der Rechtsinhaberschaft geführt werden, wird das branchenübliche Honorar nachträglich gezahlt.

1. Auflage 2017

Alle Rechte vorbehalten
© W. Kohlhammer GmbH, Stuttgart
Gesamtherstellung: W. Kohlhammer GmbH, Stuttgart

Print:
ISBN 978-3-17-024231-9

E-Book-Formate:
pdf: ISBN 978-3-17-024232-6
epub: ISBN 978-3-17-024233-3
mobi: ISBN 978-3-17-024234-0

Für den Inhalt abgedruckter oder verlinkter Websites ist ausschließlich der jeweilige Betreiber verantwortlich. Die W. Kohlhammer GmbH hat keinen Einfluss auf die verknüpften Seiten und übernimmt hierfür keinerlei Haftung.

Geleitwort

Die großen internationalen Vergleichsstudien zu Schul- und Schülerleistungen vom Beginn des Jahrhunderts haben spürbare Innovationen im gesamten Bildungssystem bis hinein in die konkreten unterrichtlichen Praktiken mit sich gebracht. Auch die Forschungslandschaft rund um das Lehren und das Lernen wurde durch diese Impulse nachhaltig beeinflusst und wirkt ihrerseits weiter auf die Entwicklung von Schule und Unterricht ein.

Eine der Lehren aus diesen Studien war die Anerkennung der Notwendigkeit von Interdisziplinarität: Lehren und Lernen, wissenschaftlich betrieben, kann nur durch das Zusammenspiel pädagogischer, psychologischer, fachwissenschaftlicher und fachdidaktischer Theorien und Befunde befriedigend erklärt und gesteuert werden. In der pädagogischen Praxis kann keine Lerntheorie ohne Bezug auf eine konkrete Inhaltsdomäne und keine Lehrmethode ohne Curriculumsbezug und ohne Beachtung der individuellen Lernvoraussetzungen erfolgreich sein. Die je eigenen Perspektiven und Erkenntnisse der Psychologie, der Pädagogik und der beiden schulisch zentralen Fachdidaktiken Mathematik und Deutsch, vertreten in den Disziplinen der Herausgebenden, sollen in den einzelnen Bänden dieser Reihe jeweils zu einem kohärenten Gesamtbild zusammengeführt werden. Neben der Interdisziplinarität liegt besonderer Wert auf einer – weit verstandenen – Empirie: Erfahrungswissenschaftlich gewonnene Erkenntnisse zum Lehren und Lernen stehen jeweils im Mittelpunkt der Darstellung. Schließlich fokussieren alle Bände der Reihe den Anwendungsbezug: Die entfalteten Themen, Diskurse und Fachgebiete sind jeweils unmittelbar bedeutend für Schule und Unterricht. Insgesamt präsentieren die Bände die wichtigsten unterrichtlich relevanten Forschungsthemen und -ergebnisse aus den unterschiedlichen Disziplinen.

Die vorliegende Reihe umfasst thematisch den Vorschul-, Grundschul- und weiterführenden Schulbereich bis etwa zur zehnten Klassenstufe. Konzipiert ist sie für (zukünftige) Lehrende, auch für PädagogInnen und PsychologInnen in weiteren Anwendungsfeldern im Bildungssystem. Mit dem »Lehren und Lernen« werden die oben angesprochenen politisch-praktischen Veränderungen im pädagogischen und fachlichen Feld und in der Aus- und Weiterbildung von Lehrerinnen und Lehrern aufgegriffen, indem die Ergebnisse der empirischen Forschung in den zentralen Bereichen des Lehrens und Lernens aus interdisziplinärer Perspektive für professionelle Anwenderinnen und Anwender verständlich und kompakt dargestellt werden.

Andreas Gold, Cornelia Rosebrock, Renate Valtin & Rose Vogel

Inhaltsverzeichnis

Geleitwort 5

Vorwort 9

1 Auffassungen von Lernen und inhaltliche Schwerpunkte dieses Buches 13
   1.1   Auffassungen von Lernen 14
   1.2   Inhaltliche Schwerpunkte dieses Buches 27

2 Aufmerksamkeit 31
   2.1   Aufmerksamkeit vs. Konzentration 31
   2.2   Aktivierung, Orientierung und exekutive Kontrolle der Aufmerksamkeit 33

3 Arbeitsgedächtnis und Exekutive Funktionen 40
   3.1   Arbeitsgedächtnis 40
   3.2   Exekutive Funktionen 46

4 Intelligenz und Lernstrategien 52
   4.1   Intelligenz 52
   4.2   Lernstrategien 63

5 Selbstkonzept, Motivation und Selbstregulation 71
   5.1   Selbstkonzept 71
   5.2   Lern- und Leistungsmotivation 77
   5.3   Belohnungsaufschub – eine frühe Kompetenz zur Selbstregulation 81

6 Meilensteine der kognitiven Entwicklung zwischen vier und acht Jahren 86
   6.1   Theory of Mind 87
   6.2   Aufmerksamkeit und Gedächtnis 90
   6.3   Motivationale Entwicklungsveränderungen 94
   6.4   Der Übergang von der Kita in die Grundschule – ein Meilenstein in der kindlichen Entwicklung 98

7	Der Erwerb des Lesens und Schreibens	102
	7.1 Lesen	102
	7.2 Schreiben	107
	7.3 Lehrmethoden	108
8	**Der Erwerb des Rechnens**	**111**
	8.1 Von der Mengenverarbeitung zum Rechnen	111
	8.2 Lehrmethoden	117
9	**Individuelle Risiken für Lernschwierigkeiten**	**120**
	9.1 Allgemeine Risiken: Ungünstige Ausprägungen individueller Merkmale	120
	9.2 Risikomerkmale für das Entstehen von spezifischen Lernstörungen	123
10	**Entwicklungsförderung**	**130**
	10.1 Ziele und Wege der Entwicklungsförderung	130
	10.2 Chancen und Grenzen von Entwicklungsförderung	134
11	**Verringerung individueller Lernrisiken – Förderung spezifischer Inhaltsbereiche und Lernkompetenzen**	**136**
	11.1 Förderung der schriftsprachlichen Vorläuferfertigkeiten	136
	11.2 Förderung der frühen mathematischen Kompetenzen	139
	11.3 Förderung der Konzentration und Aufmerksamkeit	142
	11.4 Förderung intellektueller Fähigkeiten	146
12	**Schlussbemerkung**	**152**
	Literatur	154
	Autorenverzeichnis	172
	Stichwortverzeichnis	173

Vorwort

Die Lernfortschritte von Kindern im Vorschul- und frühen Schulalter sind enorm. Zwischen vier und acht Jahren erlernen Kinder z. B. die eigenen Gedanken zum Gegenstand des Denkens zu machen und immer differenzierter die Perspektiven anderer einzunehmen. Buchstaben bekommen eine Bedeutung, Zahlen werden mit Mengen verknüpft und einige Kinder beginnen damit, eigene Gedanken schriftlich auszudrücken. Ihr Wissen über die Welt und über sich selbst, über ihre eigenen Fähigkeiten und Interessen, nimmt zu und verändert sich. Aber nicht nur das. Auch die Art und Weise, *wie* Kinder lernen, verändert sich in diesem Altersbereich. Das beiläufige spielerische Lernen wird durch den systematisch angeleiteten Erwerb von Fertigkeiten ergänzt und nach der Einschulung teilweise ersetzt. Der Erwerb der Kulturtechniken Lesen, Schreiben und Rechnen eröffnet ihnen eine ganz neue Welt: Sie werden mehr und mehr zu kompetenten Akteuren, die sich ihr Wissen selbstständig aneignen und es auch weitergeben.

Auch wenn dem Lernen im Vorschul- und frühen Schulalter und dem Übergang in die Grundschule seit einigen Jahren deutlich mehr Aufmerksamkeit zuteilwird, fehlt es bisher an einem Werk, das sich dem Lernen in diesem Altersbereich systematisch annimmt. Das vorliegende Buch möchte dazu beitragen, diese Lücke zu schließen. Bewusst fokussiert es dabei auf den Altersbereich, in dem normativ höchst unterschiedlich geprägte Ansätze zum kindlichen Lernen der Elementarpädagogik und der Grundschulpädagogik aufeinandertreffen und versucht damit auch, psychologische Grundlagen für einen rationalen Diskurs von Fragen der Anschlussfähigkeit von Bildung im Übergang vom Kindergarten zur Grundschule zur Verfügung zu stellen.

Lernen lässt sich aus zwei unterschiedlichen Blickwinkeln betrachten: aus der des Lernenden und aus der des Lehrenden. Bei Kindern vor der Einschulung führt die Perspektive des Lehrenden vor allem zu der Frage, wie günstige Lerngelegenheiten bereitgestellt und Förderung stattfinden kann. Im schulischen Kontext führt sie zu der Frage nach Instruktionsmethoden und Lehrprinzipien. Unabhängig vom Kontext können diese Fragen dann besser beantwortet werden, wenn die lehrende und erziehende Person auch die Perspektive der lernenden Kinder kennt und einnehmen kann. Denn erst dann, wenn wir verstehen, wie Kinder die Welt sehen und wie sie sich Wissen aneignen, wie sie Informationen verarbeiten und lernen, können wir ihr Lernen angemessen unterstützen.

Wie also lernen Kinder im vorschulischen und frühen Schulalter? Dieser Frage wird im vorliegenden Buch aus einer pädagogisch und entwicklungspsychologischen Perspektive nachgegangen. Um der aktuellen Forschungslage gerecht zu werden, erläutern wir ganz unterschiedliche theoretische Konzepte bzw. Konstrukte, die teilweise verschiedenen Forschungstraditionen der Psychologie entstammen. Da sind zunächst einige Konzepte, die zum besseren Verständnis der kognitiven Voraussetzungen des Lernens der Kinder beitragen. Sie reichen von eher basalen kognitiven Mechanismen wie der Aufmerksamkeit, dem Arbeitsgedächtnis und den exekutiven Funktionen bis hin zu komplexeren Konstrukten wie Intelligenz und den Lernstrategien und ihrer metakognitiven Regulation. Neben den kognitiven Voraussetzungen spielen für den Lernerfolg von Kindern aber auch Faktoren eine wichtige Rolle, die eher motivationalen und volitionalen Charakter haben, wie etwa das Selbstkonzept oder die Lern- und Leistungsmotivation. Auch diesen individuellen Lernvoraussetzungen widmen wir daher ein Kapitel.

Vor dem Hintergrund der aufgezählten kognitiven und motivational-volitionalen Lernvoraussetzungen beschreiben wir das Erlernen der Kulturtechniken Lesen, Schreiben und Rechen, gehen auf Lernschwierigkeiten als individuelles Risiko für Bildungsmisserfolg ein und präsentieren Maßnahmen zur Förderung spezifischer Fertigkeiten sowie genereller Lernkompetenzen. Die von uns getroffene Auswahl erhebt im Übrigen nicht den Anspruch der Vollständigkeit, geschweige denn einer enzyklopädischen Darstellung.

Die wissenschaftliche Sprache ist eine meist nüchterne, zuweilen auch technische. Wir haben daher versucht, durch griffige und alltagsnahe Beispiele die Lektüre so anschaulich wie möglich zu gestalten. An einigen Stellen des Buches – auch das ist Teil erfolgreichen Lernens – bedarf es jedoch der Wiederholung. Den unterschiedlichen Perspektiven auf das Thema Lernen soll auch dadurch Rechnung getragen werden, dass das Für und Wider normativ umstrittener Ansätze – beispielsweise der gezielten Zusatzförderung – diskutiert, Forschungsbefunde und theoretische Ansätze kritisch hinterfragt, Sachverhalte unter die Lupe genommen und immer wieder der Fokus auf die aus der Perspektive des Kindes relevanten Teilaspekte des Lernens gelegt wird. All dies wird in den einzelnen Kapiteln durch das didaktische Mittel von Kästen hervorgehoben. Diese sind für das Verständnis der Kapitel entbehrlich, ermöglichen aber sinnvolle Vertiefungen relevanter Aspekte. Wir haben uns darum bemüht, durchgängig eine Sprache zu verwenden, die beide Geschlechter umfasst. An einigen wenigen Stellen stand diese Anforderung in Konflikt mit ohnehin schon (zu) langen Sätzen. Wenn es im Text nicht ausdrücklich um Unterschiede zwischen Jungen und Mädchen geht, sind immer Personen beider Geschlechter einbegriffen.

Unser Buch wendet sich an Alle, die Interesse am Lernen im vorschulischen und frühen Schulalter haben. Auch wenn an einigen Stellen hilfreich, so bedarf es bei der Lektüre dieses Buches keiner speziellen Vorkenntnisse psychologischer Begrifflichkeiten. Es richtet sich primär an Studierende und Berufstätige aus dem Bereich der Kindheits-, Elementar- und Grundschulpädagogik, aber auch für Studierende der Psychologie und für Eltern von Kindern im betreffenden Altersbereich kann dieses Buch von Interesse sein. Es hat den Anspruch, alltagstauglich für den pädagogischen Kontext, intellektuell anregend für den interessierten Leser und lehrreich für den am kindlichen Lernen Interessierten zu sein. Dennoch hat es nicht den Charakter eines Handlungsleitfadens, der die vorgestellten Inhalte so aufbereitet, dass sie rezeptartig in der eigenen Kindergartengruppe oder Schulklasse einsetzbar wären. Vielmehr hoffen wir, mit dem Buch wichtige Prozesse, Wirkmechanismen und zu berücksichtigende Bedingungen für erfolgreiches kindliches Lernen so vorzustellen, dass sie zum Reflektieren des eigenen Verhaltens im Umgang mit Kindern anregen. Das Buch soll also vor allem eines: Interesse für das kindliche Lernen wecken bzw. stärken.

Jan-Henning Ehm, Jan Lonnemann und Marcus Hasselhorn

1 Auffassungen von Lernen und inhaltliche Schwerpunkte dieses Buches

Das Lernen im Vorschul- und frühen Schulalter ist äußerst vielfältig. Es reicht vom Erlernen des Fahrradfahrens, dem Aneignen einer Sprache und dem Erwerb des Lesens und Schreibens über die Herausbildung von Vorlieben bzw. Abneigungen (z. B. für Pferde oder Dinosaurier) und die Übernahme möglicher Vorurteile (z. B. »Jungen können besser Rechnen«) sowie die Ausprägung von Angewohnheiten (z. B. Fingernägelkauen) bis hin zur Erkenntnis, dass man manches lieber nicht wiederholen sollte (z. B. eine heiße Herdplatte berühren). Allein die Aufzählung dieser Beispiele macht deutlich, dass Lernen ganz unterschiedliche Bereiche betrifft (z. B. den motorischen oder den sprachlichen Bereich), auf ganz unterschiedliche Weise zustande kommt (z. B. bewusst vs. beiläufig) und dass Lernprozesse von unterschiedlicher Dauer sein können (einmalige Erfahrung vs. langwieriger Prozess).

Kinder unterscheiden sich in ihrer Lernaktivität und in ihrem Lernerfolg. Es zeigen sich also sog. *inter*individuelle Differenzen zwischen gleichaltrigen Kindern. Bei einem einzelnen Kind lässt sich zudem beobachten, dass es nicht immer gleich erfolgreich in seinen Lernbemühungen ist und ihm das Lernen in manchen Bereichen leichter, in anderen hingegen schwerer fällt. Hier spricht man von sog. *intra*individuellen Schwankungen oder Unterschieden. Hinzu kommen solche *intra*individuellen Veränderungen, die zur Folge haben, dass sich das Lernen bzw. Lernmöglichkeiten mit zunehmenden Alter auch qualitativ verändert. Warum sich Kinder in ihrer Lernaktivität und im Lernerfolg unterschieden, warum ihnen das Lernen in manchen Bereichen leichter fällt als in anderen und wie sich ganz allgemein die Lernmöglichkeiten zwischen vier und acht Jahren verändern, soll im Verlauf dieses Buches immer wieder thematisiert werden. Doch zunächst wollen wir uns der Frage widmen, was Lernen überhaupt ist. Wann sprechen wir davon, dass jemand etwas gelernt hat? Hierüber gibt es sehr unterschiedliche Auffassungen. Dennoch lässt sich auf einer allgemeinen Ebene eine einheitliche Vorstellung, d. h. ein definitorischer Kern von Lernen, identifizieren.

> **Definition**
>
> Lernen ist ein Prozess, bei dem es zu überdauernden Änderungen im Verhaltenspotenzial einer Person als Folge von Erfahrungen kommt.

Warum ist hierbei jedoch nicht von Verhalten, sondern von Verhaltenspotenzial die Rede? Von Potenzial wird gesprochen, weil sich das Produkt des Lernens, also das Lernergebnis, nicht notwendigerweise unmittelbar in einem konkret beobachtbaren Verhalten niederschlagen muss. So werden z. B. englische Vokabeln vielleicht nicht direkt im Unterricht, sondern erst bei einem Schüleraustausch ein erstes Mal verwendet. Das Gelernte kann sich also auch erst in zukünftigen Handlungen oder Verhaltensweisen zeigen.

Aber ist Lernen tatsächlich nur die Folge von Erfahrungen? Wie sieht es mit Erkenntnissen aus, die durch Nachdenken erlangt werden? Natürlich kann eine Erkenntnis auch ohne eine unmittelbar vorausgehende Erfahrung entstehen. Ohne jegliche Erfahrungen ist dies jedoch nicht möglich. Damit unterscheidet sich der Prozess des Lernens auch von anderen Mechanismen menschlicher Verhaltensänderungen, wie z. B. Reifungsprozessen, die nicht an Erfahrungen gebunden sind.

1.1 Auffassungen von Lernen

Darüber, was genau Lernprozesse ausmacht, wie eine überdauernde Änderung von Verhaltenspotenzialen charakterisiert ist und welche Art von Erfahrungen geeignet ist, um einen Lernprozess auszulösen, gibt es sehr unterschiedliche Auffassungen. Mit anderen Worten: Es gibt unterschiedliche Lerntheorien. Diese haben sich über die Zeit hinweg deutlich geändert. Die Psychologie des Lernens hat sozusagen in den vergangenen Jahrzehnten selbst einen Lern- und Entwicklungsprozess durchlaufen (Oberauer, 2007; Siegler, 2005). Bis in die 1960er Jahre hinein waren behavioristische Lerntheorien vorherrschend. Im Behaviorismus wurde das Verhalten (behavior) in Abhängigkeit von erfahrenen oder zu erwartenden Konsequenzen untersucht, geistige Vorgänge wurden nicht betrachtet. Im Zuge der sog. kognitiven Wende gerieten daraufhin die inneren (kognitiven) Prozesse, die an Lernprozessen beteiligt sind, stärker in den Fokus der Aufmerksamkeit. So ist das Lernen nach den sozial-kognitiven Theorien abhängig von individuellen kognitiven Voraussetzungen *und* individuell erfahrenen Umweltgegebenheiten. Beispielsweise beruht das Modelllernen auf der Annahme, dass Kinder auch durch Beobachtung anderer lernen. Dies ist jedoch nur möglich, wenn das Gesehene aufmerksam verarbeitet und im Gedächtnis gespeichert werden kann. Informationsverarbeitungstheorien konzentrierten sich in der Folge vor allem auf die dem Lernen zugrunde liegenden Mechanismen und die dafür notwendigen kognitiven Voraussetzungen und Kapazitäten, wie z. B. Aufmerksamkeit und Gedächtnis. Schließlich stellten konstruktivistische Lerntheorien die Lernenden selbst in das Zentrum ihrer Betrachtungen, betonten die Zusammenarbeit mehrerer Individuen und beschrieben Lernen als aktiv zu erbringende Leistung, die gemeinsam innerhalb oder außerhalb pädagogischer Kontexte durch Individuen erbracht wird.

Aber warum sollte man sich mit den unterschiedlichen Theorien näher beschäftigen? Sind sie nicht recht abstrakt und haben damit, wie Lernen wirklich abläuft, nichts zu tun? Dies scheint nur auf den ersten Blick so. Denn betrachtet man die unterschiedlichen Auffassungen des Lernens, so hilft dies, Lernprozesse besser zu verstehen und schließlich einschätzen zu können, welche Faktoren beim Lernen besonders bedeutsam sind. Lerntheorien bilden demnach so etwas wie die Basis für das Verständnis von Lernprozessen. Dabei hat jede Lerntheorie ihren besonderen Fokus und auch (historischen) Verdienst. Daher skizzieren wir im Folgenden die Kernannahmen der wichtigsten Lerntheorien.

Behaviorismus

Die Theorie des Behaviorismus kam zu Beginn des 20. Jahrhunderts auf. In Reaktion auf die psychoanalytische Schule mit ihren empirisch kaum prüfbaren Annahmen legte der Behaviorismus den Fokus darauf, Verhalten mit rein naturwissenschaftlichen Methoden zu erklären. So wurden nur direkt beobachtbare Ereignisse zur Erklärung von Verhalten und Verhaltensänderungen herangezogen. Als Metapher für sämtliche psychische/kognitive Prozesse, die sich (noch) nicht mit naturwissenschaftlichen Methoden objektiv messen, beschreiben und reproduzieren ließen, diente die sog. Black-Box. Also ein schwarzer Kasten, der zwar Eingang und Ausgang besitzt und in dem psychische Prozesse ablaufen, dessen Innenleben für Behavioristen jedoch als nicht beobachtbar galt und daher als uninteressant eingestuft wurde.

Kern des Behaviorismus sind zwei Lernprinzipien: das klassische Konditionieren und das operante Konditionieren (auch: instrumentelles Konditionieren bzw. Lernen durch Konsequenzen). Beide basieren auf dem Prinzip des Lernens durch Assoziationsbildung. Hiernach kann ein Zusammenhang zwischen zwei Ereignissen dann gelernt werden, wenn diese miteinander assoziiert werden. Die Assoziationen bilden sich jedoch bei der klassischen und operanten Konditionierung auf ganz unterschiedliche Weise.

Klassische Konditionierung

Bahnbrechend für die klassische Konditionierung war eine zufällige Beobachtung des russischen Physiologen Iwan Pawlow (1849–1936). Dieser hatte im Rahmen seiner Untersuchungen zu Verdauungsprozessen bei Hunden die Feststellung gemacht, dass Hunde bereits ohne die direkte Darbietung von Futter mit Speichelfluss reagierten. Genauer: Sie zeigten bereits dann Speichelfluss, sobald sie einen Glockenton hörten, der die Fütterung ankündigte. Mit dem Glockenton assoziierten Hunde also das Futter, was zu einer Reaktion, dem Speichelfluss führte. Diese Reaktion stellt somit eine gelernte – konditionierte – Reaktion dar. Beim klassischen Konditionieren wird also eine bereits im Verhaltensrepertoire vorhandene Reaktion auf bestimmte Reize auf einen anderen, neuartigen Reiz transferiert. Dabei werden drei Phasen unterschieden: *Vor der Konditionierung* führt ein unkonditionierter, physiologischer Stimulus (hier das Futter), zu einer unkonditionierten Reaktion (Speichelfluss). *In der Konditionierungsphase* wird durch das Hinzufügen eines neutralen Stimulus (Glockenton) direkt vor der Präsentation des unkonditionierten Stimulus (Futter) der zuvor neutrale Stimulus durch Assoziation zu einem konditionierten Stimulus (Glockenton), auf den eine Reaktion erfolgt.

Nach der Konditionierung reicht die alleinige Präsentation des konditionierten Stimulus (Glockenton) aus, um die konditionierte Reaktion (Speichelfluss) hervorzurufen.

Eine Assoziation zwischen zwei Reizen bildet sich leichter, wenn die Reize zeitlich und räumlich nah beieinander liegen, also *Kontiguität* vorhanden ist. In manchen Fällen kommt es jedoch auch zu einer Konditionierung, wenn mehrere Stunden zwischen den beiden Reizen liegen (z. B. die Assoziation einer Übelkeitsreaktion mit dem Essen des Vorabends). Neben der Kontiguität ist vor allem die *Kontingenz* zwischen zwei Reizen entscheidend für die Konditionierung: Eine konditionierte Reaktion (z. B. Speichelfluss) auf einen neutralen Stimulus (z. B. Glockenton) wird nur dann ausgebildet, wenn der neutrale Stimulus das Auftreten des unkonditionierten Stimulus (z. B. Futter) zuverlässig vorhersagt, also signalisiert.

Reizgeneralisierung und -diskrimination. Eine einmal gelernte Verbindung kann auch auf ähnliche Reize übertragen werden. So zeigte sich bei konsequenter Paarung von Glockenton und Futter, dass Hunde in der Folge auch auf andere Geräusche, wie z. B. Pfeifen, mit Speichelfluss reagierten. Ein ethisch sehr bedenklicher Nachweis dieser *Reizgeneralisierung* gelang John B. Watson um 1920. Er kombinierte beim kleinen Albert das Berühren einer weißen Ratte mit dem Ertönen eines lauten und angsteinflößenden Tons. Daraufhin zeigte Albert nicht nur beim Anblick der Ratte, sondern auch bei ähnlichen Reizen, wie beispielsweise dem Fell eines Hasen, Baumwollbüscheln oder weißen Bärten, Angstreaktionen. Bei der Reizgeneralisierung fallen die Reaktionen umso stärker aus, je ähnlicher sich die Reize sind. Das konzeptuelle Gegenstück zur Reizgeneralisierung ist die Diskrimination (Unterscheidung). Beispielsweise sind Hunde in der Lage zu lernen, nur auf spezifische akustische Reize, aber nicht auf andere Geräusche mit Speichelfluss zu reagieren.

Extinktion und Spontanerholung. Erhält ein Hund nach dem Ertönen der Glocke für längere Zeit kein Futter, dann wird irgendwann der Speichelfluss ausbleiben. Dieses Abschwächen der konditionierten Reaktion durch wiederholte Abwesenheit des unkonditionierten Reizes (Futter) wird als *Extinktion* bezeichnet. Der konditionierte Reiz wird dabei wieder zum neutralen Reiz und die Assoziation mit dem Futter geschwächt, also im gewissen Sinne verlernt. Reiz-Reaktions-Verbindungen können jedoch auch spontan wieder auftreten, wenn auch meist mit geringerer Intensität und kürzerer Dauer. In einem solchen Fall spricht man von *Spontanerholung*.

Fokus: Statistisches Lernen

Das Prinzip des Lernens durch Assoziationsbildung liegt auch anderen lerntheoretischen Ansätzen zugrunde, wie z. B. dem sog. statistischen Lernen. Durch die bloße Aufnahme von Informationen aus unserer Umwelt sind wir in der Lage einzuschätzen, mit welcher Wahrscheinlichkeit ein Ereignis auf ein anderes folgt. Dies wird als *statistisches Lernen* bezeichnet (siehe z. B. Saffran, Aslin & Newport, 1996). So assoziieren wir Reize, die in einem statistisch vorhersagbaren Muster auftreten. Da viele Ereignisse in unserer Umgebung, z. B. die Abfolge von Sprachlauten oder von motorischen Handlungen, in vorhersehbarer Reihenfolge verlaufen, ermöglicht statistisches Lernen, derartige Abfolgen zu antizipieren und nachzuahmen. Das statistische Lernen wurde in verschiedenen Bereichen untersucht (z. B. Musik oder Motorik) und scheint insbesondere beim Spracherwerb eine wichtige Rolle zu spielen (siehe z. B. Breitenstein & Knecht, 2003, für einen Überblick). Experimentelle Studien zeigen z. B., dass Kinder im Grundschulalter in der Lage sind, das Regelwerk einer einfachen künstlichen Grammatik basierend auf der Häufigkeit verschiedener Wortfolgen zu erlernen, ohne bewusst Aufmerksamkeit aufzuwenden.

Operante Konditionierung

Gelernte unwillkürliche Reaktionen (wie z. B. Speichelfluss oder Angst) lassen sich durch die klassische Konditionierung sehr gut erklären. Obwohl viele Forschungsarbeiten zum Konditionieren in Tierversuchen durchgeführt wurden, gilt auch bei uns Menschen: Unser Verhalten wird häufiger als uns bewusst ist, durch einfaches Assoziationslernen gesteuert. Manchmal lösen Düfte wohlige Gefühle ins uns aus, weil wir sie mit schönen Momenten verbinden, andere Gerüche hingegen ungute Gefühle, ja bisweilen sogar Ängste, da wir sie in emotional belastenden Situationen wahrgenommen haben. Wie aber werden Verhaltensweisen erlernt, die nicht auf einer angeborenen, unkonditionierten Reiz-Reaktions-Verbindung basieren, wie beispielsweise die Erledigung der Hausaufgaben oder das häufige Zuspätkommen zu einer Verabredung? Anders gefragt: Was kann man tun, um die Auftretenswahrscheinlichkeit von bestimmten Verhaltensweisen zu erhöhen oder zu verringern? Nach Burrhus F. Skinner (1904–1990), dessen Name wie kein anderer mit dem Konzept der operanten Konditionierung assoziiert ist, ist hierfür die Konsequenz des Verhaltens entscheidend. Ist sie positiv, erhöht sich die Wahrscheinlichkeit, ist sie negativ, verringert sie sich. Genau dies ist Kern der operanten Konditionierung, die in der Alltagssprache oft als »Lernen am Erfolg« oder »Lernen durch Belohnung/Bestrafung« bezeichnet wird. Die Entstehung der Assoziation zwischen der Handlung und der Konsequenz kann durch vier operante Lernprinzipien beschrieben werden. Sie unterscheiden sich danach, ob das Verhalten durch die Konsequenzen verstärkt oder bestraft wird, und ob dies durch Darbietung oder durch den Entzug eines Folgereizes geschieht.

Wie Abbildung 1.1 verdeutlicht, kann die Verstärkung einer Verhaltensweise auf zwei Wegen erfolgen: Entweder, indem als Konsequenz des Verhaltens ein angenehmer Reiz dargeboten wird (positive Verstärkung) oder indem ein unangenehmer Reiz entzogen wird (negative Verstärkung). Bestrafung soll die Wahrscheinlichkeit des Verhaltens verringern und kann ebenfalls auf zwei Wegen erfolgen: Bei der direkten Bestrafung wird als Konsequenz des Verhaltens ein unerwünschter Reiz dargeboten, bei indirekter Bestrafung ein erwünschter Reiz entzogen (▶ Abb. 1.1).

1 Auffassungen von Lernen und inhaltliche Schwerpunkte dieses Buches

Positive Verstärkung großes Lob für Hausaufgaben ⬇ regelmäßige Erfüllung der Hausaufgaben	**Direkte Bestrafung** Maßregelung nach Überqueren einer roten Ampel ⬇ bessere Beachtung der Verkehrsregeln	Hinzufügen
Negative Verstärkung keine Hausaufgaben bei guter Mitarbeit ⬇ häufiger gute Mitarbeit	**Indirekte Bestrafung** Fernsehverbot bei Unordnung ⬇ häufigeres Aufräumen	Entzug
Erhöhung der Wahrscheinlichkeit des Verhaltens	Verringerung der Wahrscheinlichkeit des Verhaltens	

Abb. 1.1: Operante Lernprinzipien: Formen von Verhaltenskonsequenzen, die die Auftretenswahrscheinlichkeit von Verhaltensweisen beeinflussen. Das Beispiel zur negativen Verstärkung setzt voraus, dass Hausaufgaben als negativ empfunden werden. Zudem kann die pädagogische Sinnhaftigkeit des Beispiels in Frage gestellt werden, da der Entzug von Hausaufgaben dazu führen kann, dass diese überhaupt erst als negativ empfunden werden oder sich die negative Sichtweise auf Hausaufgaben verstärkt.

Aber müssen positive Verhaltensweisen systematisch verstärkt werden? Oder kann die Auftretenswahrscheinlichkeit für ein Verhalten nicht auch dadurch erhöht werden, dass es nur hier und da, also insgesamt seltener verstärkt wird? Dies haben sich Skinner und Kollegen auch gefragt und über sog. Verstärkungspläne erforscht. Diese können in zwei Arten unterteilt werden: kontinuierliche und intermittierende Verstärkerpläne. Von kontinuierlichen Plänen wird dann gesprochen, wenn auf ein bestimmtes interessierendes Verhalten stets eine Verstärkung erfolgt, von intermittierenden Plänen, wenn die Verstärkung nicht immer, sondern nach bestimmten Regeln erfolgt. Letztere sind für die pädagogische Praxis von größerer Bedeutung, da nicht jede positive Verhaltensweise (z. B. Meldungen jedes Schülers) kontinuierlich verstärkt werden kann. Intermittierende Pläne lassen sich danach unterscheiden, ob die Verstärker an der verstrichenen Zeit oder an der Anzahl der bereits gezeigten erwünschten Verhaltensweisen ausgerichtet sind und ob sie in einem fixierten oder in einem variablen Rhythmus erfolgen. Beziehen sich die Verstärkungen auf die Anzahl der bereits gezeigten erwünschten Verhaltensweisen, so spricht man von einem Quotenplan. Dieser kann fest (z. B. immer, nachdem das gewünschte Verhalten fünfmal gezeigt wurde) oder variabel sein. Dann erfolgt Verstärkung beispielsweise im ersten Durchlauf, nachdem das gewünschte Verhalten viermal gezeigt wurde, im zweiten Durchlauf, nachdem das gewünschte Verhalten sechsmal gezeigt wurde, durchschnittlich aber auch, nachdem das gewünschte Verhalten fünfmal gezeigt wurde. Beziehen sich die Verstärkungen auf die verstrichene Zeit, spricht man von Intervallplänen. Diese können ebenfalls fest (z. B. Verstärker wird regelmäßig auf die erste erwünschte Verhaltensreaktion in einem festgelegten 10-Minuten-Takt gegeben) oder variabel sein (Verstärkung einmal nach fünf Minuten, einmal nach zehn Minuten, einmal nach 15 Minuten, im Durchschnitt aber auch im 10-Minuten-Takt). Insgesamt führen die intermittierenden Verstärkerpläne, seien es Quoten- oder Intervallpläne, zu länger andauernden Verhaltensreaktionen, da weniger leicht vorhersagbar ist, wann die gewünschte Konsequenz tatsächlich eintreten wird.

Nicht grundlos haben wir uns bisher primär mit der Belohnung als Mittel der Verhaltensformung beschäftigt. Wenn Lernen vor allem als Erwerb neuartiger, erwünschter und weniger als Reduktion unerwünschter Verhaltensweisen aufgefasst wird, sind positive gegenüber negativen oder unangenehmen Empfindungen deutlich verhaltenswirksamer (Maag, 2001). Die pädagogische Praxis zeigt jedoch, dass ein völliger Verzicht auf Bestrafung eher unrealistisch ist. Gerade Ankündigungen indirekter Bestrafungen (z. B. »Wenn du nicht aufräumst, darfst du später nicht den Film schauen«) – meist als (logische) Folgen oder Konsequenzen betitelt – lassen sich oft beobachten. Daher ist es umso wichtiger, sich die Möglichkeiten, vor allem aber auch die Grenzen und Gefahren der Bestrafung zu vergegenwärtigen. Bestrafungen können dann die gewünschte Wirkung haben, wenn

1. sie verstanden, verarbeitet und nicht als extrem ungerecht empfunden werden,
2. sie zeitlich direkt auf die strafwürdige Handlung folgen und in einem Sinnzusammenhang zum »Vergehen« stehen (wer z. B. unerlaubt fernsieht, bekommt seine Lieblingssendung gestrichen),
3. zuvor straffreie Handlungsalternativen aufzeigt werden und
4. die Strafe so gesetzt wird, dass sie auch tatsächlich umgesetzt werden kann.

Der Nachteil von Bestrafungen besteht darin, dass sie oft nur eine begrenzte Wirkung haben. Das unerwünschte Verhalten wird zwar in solchen Situationen nicht mehr gezeigt, in denen es bestraft wurde, dafür nimmt es in anderen Situationen jedoch teilweise noch zu (z. B. häusliches Umfeld vs. Schule). Zudem besteht eine Gefahr darin, dass Bestrafungen zu Abneigung oder Angst gegenüber dem Strafenden führen, unerwünschtes Flucht- bzw. Vermeidungsverhalten oder gar Aggressionen auslösen und sich bei Kindern eine negative Selbstwahrnehmung verfestigen kann (»mit mir schimpfen immer alle«). Bestrafungen führen nicht selten auch dazu, dass unerwünschte Verhaltensweisen unabsichtlich verstärkt werden, da Kinder für ein unerwünschtes Verhalten jene Aufmerksamkeit bekommen, die ihnen sonst verwehrt blieb. Ignoranz, d. h. keinerlei Konsequenz gegenüber der unerwünschten Verhaltensweise, kann hier in manchen Fällen zu einer Verringerung des Verhaltens führen. Interessanterweise kann auch Belohnung manchmal negative Folgen haben. Wir kommen darauf in Kapitel 5 noch einmal zurück (▶ Kap. 5).

Die sozial-kognitive Theorie des Beobachtungslernens

Behavioristische Modelle können zahlreiche Phänomene des Lernens erklären. Ihr größter Verdienst kann darin gesehen werden, eine umfassende Lerntheorie aufgestellt und experimentell, d. h. mit streng wissenschaftlichen Methoden, untersucht zu haben. Allerdings können die recht simplen Mechanismen der klassischen und operanten Konditionierung den Erwerb komplexer Verhaltensweisen, wie z. B. den Erwerb des Fahrradfahrens oder einer Sprache, nicht hinreichend erklären (vgl. Fokus: Statistisches Lernen). Lernen scheint also nicht nur über Verstärkungskontingenzen zu erfolgen. Genau dies postulierte auch der kanadische Psychologe Albert Bandura und führte als zentrales zusätzliches Lernprinzip das Konzept des Modell-Lernens (Lernen durch Beobachtung) ein. Bahnbrechend für seinen zunächst als »sozio-behavioristisch« bezeichneten Ansatz waren Experimente zum Imitieren aggressiver Verhaltensweisen, die sog. Bobo doll studies. Darin zeigte Bandura (1965) Kindergartenkindern einen Film, in dem »Rocky«, eine erwachsene Person, eine lebensgroße Puppe namens »Bobo« handgreiflich traktierte und beschimpfte. Per Zufall waren die Kinder drei verschiedenen Versuchsbedingungen zugeteilt. Die Kinder der ersten Gruppe sahen am Ende des Films, wie Rocky (das »Modell«) durch einen zweiten Erwachsenen gelobt und beschenkt wurde (positive Verstärkung). Die Kinder der zweiten Gruppe sahen, wie Rocky für sein Verhalten getadelt wurde (Bestrafung). Die Kinder der dritten Gruppe sahen nur das aggressive Verhalten von Rocky, ohne positive oder negative Verhaltenskonsequenzen. Nach der Darbietung des Films wurden die Kinder einzeln in einen Raum mit den gleichen Gegenständen geführt. Jedes Kind wurde nun 10 Minuten allein gelassen, verbunden mit dem Angebot, spielen zu können, womit es wolle. Es zeigte sich, dass die Kinder der ersten und der dritten Gruppe häufiger das aggressive Modellverhalten imitierten als die Kinder der zweiten Gruppe. Abschließend bot der Versuchsleiter allen Kindern für jede noch erinnerte aggressive Verhaltensweise aus dem Film eine Belohnung an. Die Kinder aller drei Gruppen zeigten nun gleich häufig aggressive Verhaltensweisen.

Bandura schlussfolgerte, dass die Kinder in allen Gruppen durch Beobachtung gelernt hatten und zwar unabhängig von den Verhaltenskonsequenzen des beobachteten Verhaltens. Ob sie die aggressiven Verhaltensweisen aber auch offen zeigten, ohne dafür belohnt zu werden, hing von den Konsequenzen ab, die sie im Film beobachtet hatten. Bandura konnte also nachweisen, dass *stellvertretende Verstärkung*, d. h. beobachtete Handlungen, die Verstärkung erfuhren, sehr lernwirksam sein können.

In der Folge beschäftigte sich Bandura vor allem mit den drei Teilprozessen des Beobachtungslernens: der Beobachtung, Speicherung und Reproduktion des beobachteten Verhaltens. Dabei gelangte er zu der Auffassung, dass externe Konsequenzen weder ausreichend noch erforderlich sind, sondern vielmehr mentale Prozesse das Verhalten determinieren. Er ergänzte also das Zusammenwirken von Umweltreizen und individuellem Verhalten um die Beschreibung der Prozesse, die sich innerhalb der Person beim Lernen vollziehen, und sprach von einer sozial-kognitiven Lerntheorie (1979). Im Gegensatz zum Behaviorismus liegen die Grundannahmen der sozial-kognitiven Lerntheorie darin, dass (1) die Umwelt nicht nur direkt, sondern auch vermittelt über kognitive Prozesse, wie z. B. die Wahrnehmung und Interpretation der Umwelt, das Verhalten bestimmen kann, (2) die Person selber einen Einfluss auf die Umwelt hat, sie also prägt, und (3) sich Lernen nicht nur in einer Verhaltensänderung, sondern auch in Kognitionen niederschlagen kann (vgl. Definition von Lernen). Dieser nachhaltige Paradigmenwechsel – von der verhaltensorientierten Erforschung und Interpretation des Lernens hin zur Analyse der dabei ablaufenden inneren kognitiven Prozesse – drückte sich noch stärker in den Informationsverarbeitungstheorien aus.

Lernen als Aneignung von Wissen – Informationsverarbeitungstheorien

Erste Modelle, in denen Annahmen über die inneren Prozesse und Mechanismen des Verstehens und Erinnerns von Informationen gemacht wurden, wurden in den 1960er Jahren ausgearbeitet. Inspiriert durch Entwicklungen im Bereich der Kommunikationstechnik und der Computerwissenschaft, wurden sie als Informationsverarbeitungsmodelle bezeichnet, da sie neue Vorstellungen über die Strukturen und Funktionsweisen des menschlichen Gedächtnisses enthalten. Dabei griff man auch häufig auf die Unterscheidung zwischen Architektur (Hardware) und kognitiven Prozessen (Software) zurück.

Die meisten Modelle, die Lernen über Prozesse der Informationsverarbeitung beschreiben, teilen einige Grundannahmen über die Architektur der menschlichen Informationsverarbeitung: Wie bereits in dem wohl bekanntesten frühen Modell dieser Art, dem Mehrspeichermodell von Atkinson und Shiffrin (1968), beruht Lernen demnach auf einem Informationsfluss zwischen drei Speicherkomponenten des Gedächtnissystems – den sensorischen Registern, einem Kurzzeit- oder Arbeitsgedächtnis und einem Langzeitgedächtnis (▶ Abb. 1.2).

Abb. 1.2: Mehrspeichermodell der menschlichen Informationsverarbeitung (in Anlehnung an Atkinson & Shiffrin, 1968)

Wie aus Abbildung 1.2 hervorgeht, ist das sensorische Gedächtnis die erste Funktionseinheit, mit der Individuen die Reize aus der Umwelt registrieren. Hier werden zunächst alle eintretenden Reize in Informationen enkodiert und für sehr kurze Zeit bereit gehalten (bis zu etwa drei Sekunden). Wird den eintreffenden Informationen bewusst Aufmerksamkeit geschenkt, gelangen sie ins Kurzzeitgedächtnis, das wegen seiner vielfältigen Funktionen bei komplexen Lernprozessen schon von Atkinson und Shiffrin (1968) als Arbeitsgedächtnis bezeichnet wurde. Genau hier finden entscheidende Verarbeitungsprozesse statt. Informationen werden nicht nur festgehalten, sondern im Abgleich mit den im Langzeitgedächtnis bereits vorhandenen Informationen bewertet, geordnet und transformiert. Das Langzeitgedächtnis stellt einen permanenten Speicher ohne erkennbare Kapazitätsbegrenzung dar. Es wird häufig mit einem großen Lexikon, einer Datenbank oder mit einer Bibliothek verglichen und lässt sich in wenigstens drei verschiedene Teile unterscheiden: das semantische, das episodische und das prozedurale Gedächtnis.

Das *semantische Gedächtnis* ist der Speicher, der unser Welt-, Allgemein- bzw. Faktenwissen beinhaltet, ohne dass wir uns darüber bewusst sind, wann und bei welchen persönlichen Erfahrungen wir dieses Wissen erworben haben. Wissen und Informationen, die auf Erinnerungen an persönliche Erfahrungen beruhen, werden hingegen im *episodischen Gedächtnis* gespeichert. Das episodische Gedächtnis kann man sich wie eine Art mentalen Film über Dinge vorstellen, die wir selbst gesehen, gehört und gefühlt haben. Das *prozedurale Gedächtnis* enthält Informationen darüber, wie etwas getan wird. Hier ist also Handlungswissen komplexer motorischer Fertigkeiten gespeichert, wie etwa für das Fahrradfahren oder Klavierspielen. Die Einteilung des Langzeitgedächtnisses kann auf einer übergeordneten Ebene auch danach erfolgen, ob das Wissen explizit und bewusst (*explizites Gedächtnis*) oder nicht bewusst erinnert werden kann (*implizites Gedächtnis*). Demnach werden das episodische und das semantische Gedächtnis als Teil des expliziten, das prozedurale Gedächtnis als Teil des impliziten Gedächtnisses angesehen. Dem impliziten Gedächtnis wird zudem die bereits erwähnte Konditionierung zugeordnet wie auch das sog. *Priming*. Unter Priming versteht man das Phänomen, dass die Art und Weise unserer Informationsverarbeitung durch eine vorausgehende (implizite) Aktivierung von Inhalten aus dem Langzeitgedächtnis beeinflusst wird. Beispielsweise können wir Bilder, die wir schon einmal gesehen haben – sogar wenn es mehrere Wochen her ist – schneller benennen als Bilder, die wir zum ersten Mal sehen. Priming kann daher auch als »neuronales Vorglühen« bezeichnet werden.

> **Fokus: Neuropsychologische Befunde zu unterschiedlichen Gedächtnissystemen**
>
> Das Vorhandensein verschiedener Gedächtnissysteme wird durch neuropsychologische Untersuchungen von Patienten mit Hirnschädigungen gestützt. Beispielsweise zeigen manche Patienten massive Schwierigkeiten bei Aufgaben zur Erfassung des Kurzzeitgedächtnisses, wie z. B. bei der Wiederholung vorgesprochener kurzer Telefonnummern, während sie z. B. problemlos die mehrstellige Telefonnummer eines langjährigen Freundes erinnern, also keine Beeinträchtigung im Langzeitgedächtnis aufweisen. Andere Patienten weisen hingegen keine Beeinträchtigung im Kurzzeitgedächtnis auf, zeigen aber einen fast vollständigen Verlust ihrer Fähigkeit, neue Informationen ins Langzeitgedächtnis aufzunehmen oder alte Informationen daraus zu erinnern.

Unterschiedliches Wissen ist also in unterschiedlichen Gedächtnissystemen gespeichert. Aber in welchem Format ist Wissen überhaupt gespeichert? Liegt es z. B.

1.1 Auffassungen von Lernen

als Einzelinformation im Gedächtnis vor oder eher in Form von »Wissenspaketen«? Die am häufigsten herangezogenen Konzepte zur Umschreibung des Repräsentationsformats des im Langzeitgedächtnis gespeicherten Wissens sind *Proposition*, *Schemata* und *Skript*.

Eine Proposition stellt die kleinste abstrakte Wissenseinheit dar. Als grundlegende Einheit des semantischen Gedächtnisses besteht sie aus einem Prädikat und einem oder mehreren Argumenten (Engelkamp, 1976). Beispielsweise besteht die Erinnerung »Letzten Sommer habe ich an der Nordsee Urlaub gemacht« aus dem Prädikat »Urlaub machen« und den Argumenten »ich« (Subjekt), »an der Nordsee« (Ort) und »letzten Sommer« (Zeit). Diese Gedächtniseinheit kann auf verschiedene Weise repräsentiert werden (z. B. verbal oder visuell). Schemata sind abstrakte Wissensstrukturen, die eine sonst unübersichtliche Menge von Informationen strukturieren. Sie repräsentieren nicht einfach logische Definitionen für bestimmte Sachverhalte, sondern verallgemeinerte Erfahrungen, die mit Gegenständen oder Ereignissen gemacht worden sind. Als graphisches Vorstellungsbild eines Schemas eignet sich beispielsweise eine Mind-Map. Schemata (z. B. Orchester) können ihrerseits Subschemata (z. B. Streicher, Bläser) enthalten und selbst in übergeordnete Schemata (z. B. Musik) eingebettet sein. Solche Mind-Maps lassen sich auch als effektive Lerntechniken nutzen. So könnte man z. B. die Informationen der vorherigen Seiten zur Struktur des Langzeitgedächtnisses in einer Mind-Map zusammenfassen. Wenn diese in etwa so aufgebaut ist wie in Abbildung 1.3, wurde das zuvor Beschriebene in ein passendes Schema übersetzt (▶ Abb. 1.3).

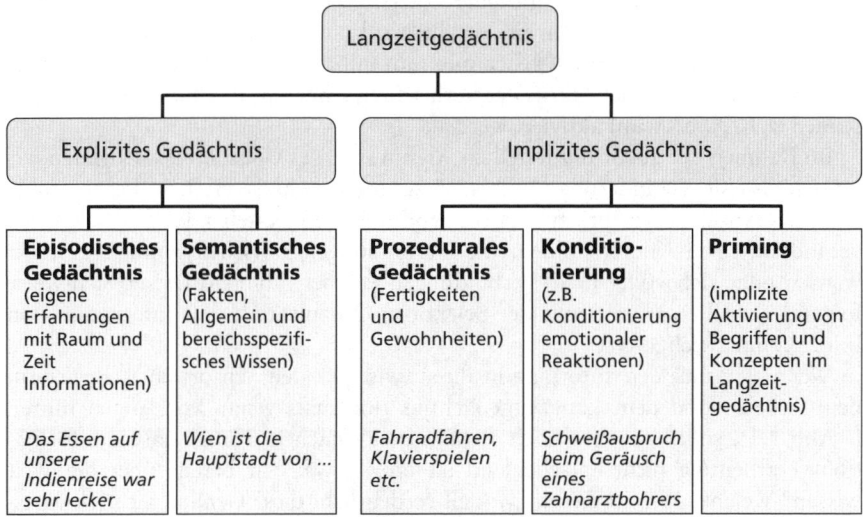

Abb. 1.3: Struktur des Langzeitgedächtnis als Beispiel für ein Schemata (nach Markowitsch, 1994)

Skripte können als komplexe Schemata bzw. als aus mehreren Schemata bestehende Handlungsmuster und Ereignisabfolgen beschrieben werden (Schank &

Abelson, 1977). Sie sind zeitlich und hierarchisch gegliedert und stellen eine Art mentales Regie- oder Drehbuch für typische Szenarien, wie z. B. den Besuch eines Restaurants, dar. Hier finden sich zeitlich aufeinander folgende Komponenten, wie z. B. Eintreten, Platz nehmen und die Bestellung aufgeben. Diese Komponenten bestehen wiederum aus einzelnen Schemata, z. B. wird »Bestellung aufgeben« durch die Schemata »Speisekarte studieren«, »entscheiden«, «Bedienung Gerichte mitteilen« u. a. gebildet.

Die Repräsentationen, seien es Propositionen, Schemata oder Skripte, sind in komplexer Weise miteinander verknüpft. Um die Verknüpfungen zu beschreiben, greift man auf den Begriff des *semantischen Netzwerks* zurück. Dieses kann man sich als (unendlich) großes mehrdimensionales Fischernetz vorstellen, in dem die Konzepte, Schemata und Skripte als »Knoten« eingebunden sind. Zwischen den Knoten gibt es vielfältigste Verbindungen unterschiedlichster Qualität und Stärke. Die Verbindungen und Knoten sind meist in einer Art Stand-by-Modus. Aktiviert ist lediglich das, was einem gerade »durch den Kopf geht« und dadurch zum Inhalt des Arbeitsgedächtnisses wird. Bei der Aktivierung eines Teilbereiches des Netzwerkes gilt das erstmals von Collins und Loftus (1975) beschriebene Prinzip der Aktivierungsausbreitung (»Spreading Activation«). Es besagt, dass die Aktivierung eines Knotens automatisch zu einer Aktivierung der mit ihm verbundenen Nachbarknoten führt, wobei die Stärke dieser weiterführenden Aktivierung von der Qualität und Stärke der Verbindung abhängig ist. So entsteht eine Kaskade von Aktivierungen im Wissensnetzwerk. Fassen wir Abbildung 1.3 z. B. als Teil unseres Wissensnetzwerkes auf, so könnte der Knoten *Langzeitgedächtnis* mit dem (übergeordneten) Knoten *Gedächtnis* und der wiederum mit dem Knoten *Lernen* verbunden sein. Zum Knoten *Lernen* fällt uns dann vielleicht ein »ist äußerst komplex« oder »basiert auf Erfahrungen«. Vom Knoten *Lernen* gehen nun (unzählbar) viele Verbindungen zu anderen Knoten ab, die je nach Stärke der Verbindung schnell (z. B. Schule) oder weniger schnell (z. B. Altersheim) aktiviert werden.

Im Rahmen der zuvor dargestellten Architektur des Gedächtnisses können wir Lernen als eine Veränderung unseres Wissensnetzwerkes verstehen. Lernen führt zur Integration neuer Informationen, wodurch sich bestehende Wissensknoten verändern, neue Knoten bilden, die Verbindungen zwischen Knoten gestärkt werden oder sich völlig neue Verbindungen ergeben können. Dieser Sichtweise folgend wird Lernen also mit der Selektion, Organisation und Integration von Information gleichgesetzt.

Wenn wir uns den Informationsfluss zwischen den sensorischen Registern, dem Arbeits- und dem Langzeitgedächtnis nochmals genau vor Augen führen (▶ Abb. 1.1), sollte uns dies doch etwas stutzig machen. Hängt unsere Informationsverarbeitung nicht entscheidend davon ab, was wir bereits über die Welt wissen? Welcher Pfeil in diesem Modell verdeutlicht dies? Genau, der rückwärtsgerichtete Pfeil vom Langzeit- auf das Arbeitsgedächtnis. Aber Wissen, sei es gerade im Arbeitsgedächtnis präsent oder nur im Langzeitgedächtnis gespeichert, beeinflusst die Informationsaufnahme schon viel früher. Dies wollen wir im folgenden Abschnitt thematisieren. Denn die Betrachtung beider Wirkrichtungen führt uns zu einer differenzierten Auffassung von Lernen: der kognitiv-konstruktivistischen Perspektive.

Lernen als Konstruktion von Wissen – konstruktivistische Lernansätze

Der Übergang von den Informationsverarbeitungstheorien hin zu einer kognitiv-konstruktivistischen Perspektive ist eher fließend. Der manchmal gegebene Hinweis auf einen weiteren Paradigmenwechsel ist nicht ganz angemessen. Denn auch nach der kognitiv-konstruktivistischen Sichtweise wird Lernen als Informationsverarbeitung verstanden. Der Fokus liegt hier jedoch mehr auf dem Verstehen als auf dem Behalten von Information. Durch die Betonung des Verstehens stehen auch eher die Prozesse des Wissenserwerbs als die Formate der Wissensrepräsentation im Vordergrund der Betrachtung. Der Prozess des Wissenserwerbs wird dabei als *Konstruktion von Wissen* verstanden. Was bedeutet dies?

Lernen als aktiver Konstruktionsprozess bedeutet, dass das Individuum die eintreffenden Sinnesreize nicht einfach passiv aufnimmt und – einem mechanischen Regelwerk folgend – automatisch in das Gedächtnis transferiert, sondern sie aktiv auswählt und weiterverarbeitet (Bruning, Schraw, Norby & Ronning, 2004). Die Konstruktion von Wissen beginnt bei der Informationsaufnahme und erfolgt auf Grundlage des bisherigen Wissens. Ein Beispiel mag dies verdeutlichen: Ein Kunstkenner »sieht« bei einem Museumsbesuch die unterschiedlichen Stilrichtungen und kann die Bilder den verschiedenen Epochen zuordnen, während dies dem Laien nicht oder nur durch Anleitung (z. B. Audioguide oder Führung) gelingt. Dabei findet nicht nur eine Aktivierung von Vorwissen, sondern auch ein selektiver Ausleseprozess statt. Abbildung 1.1 sollte also um Pfeile vom Langzeit- und Arbeitsgedächtnis auf das sensorische Register ergänzt werden. Denn was wir sehen, hängt entscheidend davon ab, was wir bereits wissen und womit wir uns gerade beschäftigen.

Wissen wird also nicht passiv aufgenommen oder erworben, sondern aktiv konstruiert. Da es sich dabei stets um eine Interpretation und Bedeutungszuschreibung auf der Basis bereits bestehenden Wissens handelt, entspricht die Repräsentation nie einer exakten Abbildung der Umwelt. Lernen ist also subjektiv. Dies hat zu der richtigen, jedoch leicht missverständlichen These geführt, dass *Wissen an sich nicht vermittelbar ist, sondern nur individuell selbst konstruiert werden kann.* Missverständlich, da die Wissensvermittlung im Zentrum des Lehrens steht. Jedoch richtig, da es der Lehrperson unmöglich ist, Kenntnisse direkt auf den Lerner zu transferieren. Wissen kann nur über einen aktiven Konstruktionsprozess initiiert werden. Dies können Sie z. B. beim Lesen dieses Buches fast greifbar beobachten. Sicherlich ist Ihnen schon aufgefallen, dass Sie das eben Gelesene oft mit eigenen Worten formulieren oder sich bildliche Vorstellungen machen.

Zu den lerntheoretischen Ansätzen des Konstruktivismus gehören auch solche, die *sozialkonstruktivistische Perspektiven* betonen. Ein zentrales Kennzeichen dieser – in sich durchaus heterogenen – Ansätze ist die Betonung des sozialen Charakters des Lernens und der Rolle des Kontextes für den Wissenserwerb. Lernen wird als sozialer Prozess verstanden, bei dem (neues) Wissen dadurch entsteht, dass in der Interaktion mit anderen Personen Konzepte aufgebaut, korrigiert und präzisiert werden und neue Bedeutungen entstehen. Im Gegensatz zu den kognitiv-konstruktivistischen Ansätzen wird Lernen hier also weniger als ein individueller, sondern vielmehr als ein interaktiver Konstruktionsprozess verstanden. Die sozialkonstruktivistischen Ansätze sind besonders gut geeignet, um zu erklären, wie kulturelle Praktiken erworben werden und Lernprozesse zur Integration in eine soziale Gemeinschaft führen.

Als theoretischer Ausgangspunkt der sozialkonstruktivistischen Perspektive werden meist die Arbeiten des russischen Psychologen Lew Wygotski (1896–1934) genannt. Bereits er postulierte, dass Lernen vor allem dann stattfindet, wenn Menschen miteinander in Interaktion treten, miteinander kommunizieren und/ oder sich gegenseitig beobachten. Neuen Aufwind erhielt die sozialkonstruktivistische Perspektive durch Studien, in denen nachgewiesen wurde, dass Schüler oft nicht in der Lage sind, das in der Schule vermittelte Wissen (etwa der Mathematik) zur Lösung von Alltagsproblemen (z. B. Bezahlen an der Kasse) anzuwenden. Damit bleibt die Nutzung des schulisch erlernten Wissens auf den Kontext der Schule beschränkt (Brown, Collins & Duguid, 1989). Sozialkonstruktivistische Ansätze zeichnen sich dadurch aus, dass sie auf Aspekte der sozialen, kulturellen und auch ökologischen Umgebung der Lernenden aufmerksam machen. Sie legen nahe, Lernarrangements so zu gestalten, dass sie den Transfer von Problemlösefertigkeiten unterstützen, etwa durch realitätsnahe Aufgaben- bzw. Problemstellungen, deren Lösung unterschiedliche Perspektiven erfordert. Wissen, das zwischen Personen kommuniziert wird, wird als »geteiltes Wissen« aufgefasst, das individuelle und gemeinsame Anteile enthält, und durch Interaktion mit anderen verändert werden kann (Resnick, 1991).

Zugegeben, die unterschiedlichen Auffassungen von Lernen sind nicht so leicht voneinander abzugrenzen. Sie lassen sich weder ganz klar auf einem zeitlichen Kontinuum abbilden noch kann davon gesprochen werden, dass eine Theorie in der Lage ist, alle Lernprozesse vollständig zu erklären. Vielmehr hat jede Lerntheorie ihren besonderen Fokus und Verdienst. Um Lernphänomene zu erklären, bedienen wir uns daher oftmals verschiedener Ansätze gleich mehrerer Theorien. So kann zusammenfassend gesagt werden, dass Kinder durch Verknüpfungen (assoziativ), durch Verstärkung (instrumentell), durch Beobachtung und durch die konstruktivistische Verarbeitung von Informationen lernen. Tabelle 1.1 zeigt die unterschiedlichen Auffassungen nochmals zusammenfassend auf (▶ Tab. 1.1).

Tab. 1.1: Auffassungen über Lernen innerhalb unterschiedlicher Lerntheorien

Lerntheorie	Auffassung über Lernen
Behaviorismus	Lernen wird als Assoziationsbildung verstanden. Äußere Einflüsse (z. B. Belohnung oder Bestrafung) werden als Ursache für Verhaltensänderungen angesehen.
Sozial-kognitive Lerntheorie	Der Einfluss der sozialen Umwelt führt zu kognitiven Veränderungen und zu Veränderungen im Verhalten.
Informationsverarbeitung	Lernen läuft zielgerichtet und systematisch ab und ist das Ergebnis eines Informationsflusses zwischen sensorischen Registern, Kurzzeit- bzw. Arbeitsgedächtnis und Langzeitgedächtnis.

1.2 Inhaltliche Schwerpunkte dieses Buches

Tab. 1.1: Auffassungen über Lernen innerhalb unterschiedlicher Lerntheorien – Fortsetzung

Lerntheorie	Auffassung über Lernen
Konstruktivismus	Lernen wird als (individueller) Konstruktionsprozess aufgefasst, der von den Lernenden selbst ausgeht. Sozial-konstruktivistische Theorien betonen den sozialen Charakter des Lernens und die Rolle des Kontextes für den Wissenserwerb.

Exkurs: Kulturelle Unterschiede in Auffassungen von Lernen

Neben der Betrachtung verschiedener Lerntheorien können auch die Vorstellungen von Kindern über das Lernen betrachtet werden. Interessanterweise scheinen diese vom jeweiligen kulturellen Hintergrund abzuhängen. Dies konnte z. B. die aus China stammende und seit vielen Jahren in den USA lehrende Erziehungswissenschaftlerin Jin Li (2004) aufzeigen. Dazu gab sie amerikanischen und chinesischen Kindern zwischen vier und sechs Jahren jeweils unterschiedliche Geschichten vor – die eines kleinen Vogels, der nach mehrmaligen Versuchen das Fliegen erlernt und die eines kleinen Bären, der vergeblich versucht, das Fischen zu erlernen – und bat sie, die Geschichte fertig zu erzählen. Die Antworten wertete sie inhaltsanalytisch aus und fand bedeutsame Unterschiede. Während amerikanische Kinder vor allem Begriffe wie Fähigkeit, Kreativität oder Strategie – also eher aufgabenorientierte Aspekte – nannten, benutzten chinesische Kinder vermehrt Begriffe wie Fleiß, Konzentration oder Ausdauer, die Li als tugendorientiert klassifizierte. Darüber hinaus bewerteten chinesische Kinder den scheiternden Bären als deutlich unsympathischer als dies amerikanische Kinder taten. Li erklärt dies mit unterschiedlichen Auffassungen von Lernen: Dem chinesischen Verständnis nach ist Lernen ein Prozess, der weniger von akademischen, sondern vielmehr von sozialen und moralischen Vorstellungen durchdrungen ist. Strengt sich jemand nicht ausreichend an, so wird dies schnell als wenig tugendhaft oder gar unmoralisch angesehen. Nach westlichen Vorstellungen stellt Lernen in erster Linie eine Erweiterung des Wissens bzw. der kognitiven Fähigkeiten dar. Scheitern wird hier mehr als Teil des Lernens angesehen.

1.2 Inhaltliche Schwerpunkte dieses Buches

Die dargestellten Auffassungen von Lernen haben einen ersten Überblick darüber geben können, wie Lernprozesse generell ablaufen. Sie reichen jedoch noch nicht aus, um zu verstehen, warum sich Kinder in ihrer Lernaktivität und in ihrem Lernerfolg unterscheiden und warum ein und dasselbe Kind nicht immer gleich erfolgreich in seinen Lernbemühungen ist. Auch wenn bei den Lerntheorien die allgemeine Beschreibung von Lernprozessen im Vordergrund steht, können sie bereits dabei helfen, Faktoren zu identifizieren, die einen Einfluss auf den Lernerfolg von Kindern haben. Was denken Sie, welche Faktoren könnten eine Rolle spielen? Schreiben Sie Ihre Gedanken doch am besten kurz auf.

Sie haben etwas aufgeschrieben? Gut! Oder Ihnen ist nicht so richtig viel eingefallen? Macht auch nichts, denn in den nächsten Kapiteln werden wir auf die aus Sicht der Pädagogischen Psychologie wesentlichen individuellen Einflussfaktoren bzw. Voraussetzungen kindlichen Lernens eingehen. Dabei setzen wir einen Schwerpunkt auf das Lernen früher schriftsprachlicher und mathematischer Fertigkeiten, weil diese explizit zwischen sechs und acht Jahren im Fokus des Schuleingangsunterrichts stehen. Aus Platzgründen verzichten wir darauf, in diesem Band auch auf den Erwerb und das Erlernen sprachlicher Kompetenzen einzugehen. Dieses Thema würde den engen Rahmen des Bandes sprengen. Außerdem liegen dazu bereits an anderer Stelle gute Übersichten vor (z. B. Kühne, 2003; Tracy, 2008).

Versuchen wir also zunächst, uns einen Überblick über die einzelnen Faktoren bzw. Bereiche individueller Voraussetzungen zu verschaffen. Als Ausgangspunkt hierfür ist der zuvor dargestellte Informationsverarbeitungsansatz gut geeignet. Denn hier wurden bereits wesentliche, für das Lernen bedeutsame Faktoren benannt.

Aufmerksamkeit war als ein solcher Faktor benannt worden. Denn der Lernprozess im engeren Sinne beginnt erst dann, wenn der Lernende den in den sensorischen Registern »festgehaltenen« Reizinformationen seine Aufmerksamkeit zuwendet. Kapitel 2 widmet sich diesem Faktor (▶ Kap. 2). Entscheidend für die weitere Verarbeitung ist, dass die Informationen in das *Arbeitsgedächtnis* gelangen. Bei der Aufnahme und Verarbeitung von Informationen sind zudem eine flexible Aufmerksamkeitslenkung, die kontinuierliche Aktualisierung von Arbeitsgedächtnisrepräsentationen und die Unterdrückung von vorschnellen, aber irrelevanten Reaktionen entscheidend. Solche Prozesse bezeichnet man als *exekutive Funktionen*. In Kapitel 3 werden das Arbeitsgedächtnis und die exekutiven Funktionen ausführlicher dargestellt (▶ Kap. 3).

Wäre dieses Buch vor gut 50 Jahren geschrieben worden, so wäre – auf Grundlage des damaligen Forschungsstandes – wahrscheinlich im Wesentlichen ein Faktor erläutert worden: die allgemeine Intelligenz. Damals galt es als psychologische Binsenweisheit, dass der Lernerfolg einer Person entscheidend durch ihre Intelligenz bestimmt werde. Bis heute finden sich rege Forschungstätigkeiten zum Konstrukt der Intelligenz. Wie kein anderer Faktor wird Intelligenz in der Öffentlichkeit und der breiten pädagogischen Praxis mit Lernerfolg in Verbindung gebracht; sie darf daher bei der Betrachtung der individuellen Voraussetzungen des Lernens nicht fehlen. Intelligentes Lernen macht sich an der Qualität der Informationsverarbeitung bemerkbar, also an den Techniken des Lernens. Lernstrategien werden daher bisweilen auch als sichtbare Anzeichen von Intelligenz eingestuft. Kapitel 4 widmet sich der Intelligenz, gemeinsam mit den Lernstrategien (▶ Kap. 4).

Neben den hier aufgezählten kognitiven Faktoren beeinflussen vor allem auch motivationale Voraussetzungen den Lernerfolg von Kindern. Was ist hierunter genau zu verstehen? Diese Frage zu beantworten fällt nicht leicht, denn Motivation lässt sich in ganz unterschiedliche Komponenten untergliedern, lässt sich doch beispielsweise die fehlende Motivation eines Kindes auf ganz unterschiedliche Faktoren zurückführen. Lernt es nicht, da es kein Interesse an dem Lerngegenstand hat, es sich gar nicht erst zutraut, die Fertigkeit jemals richtig zu erwerben, oder schafft es das Kind einfach nicht, die Lernabsicht tatsächlich umzusetzen? Mit diesen Beispielen sind bereits drei wesentliche motivational-volitionale Faktoren bzw. Konzepte, die für den Lernerfolg bedeutsam sind, angerissen worden: *Lern- und Leistungsmotivation*, *Selbstkonzept* und *Selbstregulation*. Kapitel 5 widmet sich diesen individuellen Voraussetzungen (▶ Kap. 5).

> **Vertiefung: Welche individuelle Voraussetzung ist die Wichtigste für den Lernerfolg?**
>
> Diese Frage wird auch von Psychologen seit jeher immer wieder diskutiert. Je nach theoretischer Perspektive und Forschungsschwerpunkt fällt die Antwort darauf sehr unterschiedlich aus. Forscher, die sich vor allem mit dem Konstrukt der Intelligenz beschäftigen, werden vermutlich diesen Faktor als besonders bedeutsam ansehen. Forscher, die sich intensiv mit den motivationalen Bedingungen des Lernens beschäftigen, werden dem ggf. widersprechen und die Willenskraft (*Volition*) – gerade zur Erlangung langfristiger Ziele – als wesentlichen Faktor bezeichnen (z. B. Duckworth & Seligman, 2012). Unterschiedliche Auffassungen bzw. Schwerpunktsetzungen gibt es aber auch aus einem anderen Grund: Je nachdem, welcher Gegenstandsbereich des Lernens bzw. welche Lernergebnisse betrachtet werden, spielen die unterschiedlichen Einflussfaktoren eine sehr große oder eher eine untergeordnete Rolle. So scheint etwa für den Erwerb des Lesens die phonologische, weniger aber die visuell-räumliche Merkfähigkeit von Bedeutung zu sein (Preßler, Könen, Hasselhorn & Krajewski, 2013). Beim Erwerb der Buchstaben spielt Intelligenz wohl weniger eine Rolle als beim Lösen komplexer mathematischer Aufgaben (Blair & Razza, 2007; Floyd, Evans & McGrew, 2003; Muter & Diethelm, 2001). Zudem kommt es auf die Aufgabenschwierigkeit an: Bei leichten Aufgaben spielt die Motivation oder die Volition wohl weniger eine Rolle als bei schwierigen, und Unterschiede im Vorwissen kommen eventuell nur bei schwierigen, nicht aber bei leichten Aufgaben zum Tragen (Nicholls, 1984). Hinzu kommt, dass sich der Einfluss verschiedener Faktoren auf den Lernerfolg im Alter zwischen vier und acht Jahren systematisch verändert. So kann man sich beispielsweise fragen, ob Lernstrategien auch im Kindergartenalter eine wichtige Rolle spielen oder sie erst im Verlauf der Schulzeit an Bedeutung gewinnen.
>
> Eine eindeutige Antwort auf die Frage, welcher Faktor für den Lernerfolg am wichtigsten ist, kann also nicht gegeben werden. Einigkeit besteht aber darüber, dass es auf das Zusammenwirken unterschiedlicher Faktoren ankommt. Dies ist jedoch noch wenig erforscht. Allerdings wollen wir anhand einzelner Beispiele verdeutlichen, wie unterschiedliche Faktoren zusammenspielen (z. B. Intelligenz und Vorwissen) und auch der Frage nachgehen, ob die besonders hohe Ausprägung eines Faktors, z. B. Motivation, in jedem Fall förderlich für den Lernerfolg ist.

Die Art und Weise, wie Kinder lernen, verändert sich erheblich im Altersbereich zwischen vier und acht Jahren. Um dies zu verdeutlichen, werden wir in Kapitel 6 Meilensteine der kognitiven Entwicklung vorstellen, also auf qualitative Veränderungen oder besonders große Entwicklungssprünge eingehen, die das kindliche Lernen maßgeblich verändern (▶ Kap. 6). Wir werden bewusst Entwicklungsveränderungen in ganz unterschiedlichen Bereichen beschreiben. Mit der Betrachtung der Theory of Mind widmen wir uns einem wichtigen Teil der Denkentwicklung, mit der Automatisierung des innerlichen Nachsprechens (*Rehearsals*) der Entwicklung von Aufmerksamkeit und Gedächtnis und mit der Kausalattribution einem wichtigen Schritt in der motivationalen Entwicklung. Da sich durch den Übergang vom Kindergarten in die Grundschule die äußeren Bedingungen des kindlichen Lernens maßgeblich verändern, gehen wir in diesem Kapitel auch auf diesen Meilenstein ein, der dem Kind von außen gesetzt wird. Dabei werden wir den Begriff der Schulbereitschaft diskutieren und die mit dem Schulstart verbundenen Herausforderungen besprechen.

In den ersten Grundschuljahren lernen Kinder zu lesen, zu schreiben und zu rechnen. Auch wenn der systematische Erwerb dieser Kulturtechniken erst in der Grundschule erfolgt, werden wichtige Voraussetzungen dafür bereits lange vor der Einschulung erworben. Dies wird in Kapitel 7 und in Kapitel 8 verdeutlicht, in denen die wichtigsten Schritte in der Entwicklung des Lesens und Schreibens (▶ Kap. 7) bzw. des Rechnens (▶ Kap. 8) beschrieben werden. Darüber hinaus thematisieren beide Kapitel die jeweiligen Lehrmethoden im schulischen Anfangsunterricht.

Das Erlernen des Lesens, Schreibens und Rechnens fällt einigen Kindern sehr schwer. Hierfür können sehr unterschiedliche Ursachen ausgemacht werden. Unabhängig von den familiären, sozialen und kulturellen Kontexten, in denen Kinder aufwachsen, konnten spezifische individuelle Merkmale und Dispositionen identifiziert werden, die das Risiko für Bildungsmisserfolg deutlich erhöhen. In diesem Fall spricht man von *individuellen Risiken für Lernschwierigkeiten*. Der diesbezügliche Forschungsstand wird in Kapitel 9 skizziert (▶ Kap. 9). Das Vorliegen von individuellen Risiken für Lernschwierigkeiten bedeutet jedoch nicht zwangsläufig, dass sich diese tatsächlich in erheblichen Lernschwierigkeiten oder gar in Lernstörungen manifestieren. Kindliche Stärken werden glücklicherweise oftmals hinreichend gefestigt und ihre Schwächen, gezielt oder auch beiläufig, abgebaut. Durch eine – wie auch immer geartete oder bezeichnete – Entwicklungsförderung kann also manch individuelles Risiko für Lernschwierigkeiten erfolgreich abgebaut werden. Kapitel 10 geht auf die unterschiedlichen Ziele und Wege der Entwicklungsförderung im Allgemeinen ein und skizziert auch deren Chancen und Grenzen (▶ Kap. 10). Kapitel 11 wird in dieser Hinsicht noch konkreter. Es geht auf die Verringerung individueller Lernrisiken ein, indem Maßnahmen zur Förderung spezifischer Inhaltsbereiche und Lernkompetenzen vorgestellt werden (▶ Kap. 11). Neben der Förderung schriftsprachlicher Vorläuferfertigkeiten und früher mathematischer Kompetenzen widmet sich dieses Kapitel auch der Förderung der Aufmerksamkeit und der Förderung intellektueller Kompetenzen. Dabei werden auch gezielte Förderprogramme skizziert.

2 Aufmerksamkeit

Um lernen zu können, ist es notwendig, dass Kinder Aufmerksamkeit aufbringen und sich konzentrieren können. So sollten sie in der Lage sein, die jeweils relevante Information zu beachten und sich möglichst wenig von irrelevanten Informationen ablenken zu lassen. Im Rahmen der anfangs vorgestellten Auffassung von Lernen als Informationsverarbeitungsprozess kommt der Aufmerksamkeit eine zentrale Rolle bei der Informationsaufnahme zu (▶ Kap. 1). So wird davon ausgegangen, dass ein Lernprozess erst dann beginnt, wenn wir eintreffenden Informationen unsere Aufmerksamkeit zuwenden. Aber was genau verbirgt sich hinter dem Begriff Aufmerksamkeit? Im Folgenden werden wir verschiedene Komponenten der Aufmerksamkeit besprechen, beginnend mit der Unterscheidung zwischen Aufmerksamkeit und Konzentration.

2.1 Aufmerksamkeit vs. Konzentration

Die Begriffe Aufmerksamkeit und Konzentration werden umgangssprachlich häufig für die Beschreibung ähnlicher Fähigkeiten verwendet. In englischsprachigen Forschungsarbeiten werden beide Fähigkeiten meist einheitlich als »attention« bezeichnet. Schmidt-Atzert, Büttner und Bühner (2004) haben die Unterschiede zwischen Aufmerksamkeit und Konzentration herausgearbeitet. Sie definieren Aufmerksamkeit als »das selektive Beachten relevanter Reize oder Informationen« und somit als wahrnehmungsnahes Phänomen (Schmidt-Atzert et al., 2004, S. 5). Der Aspekt des selektiven Beachtens wurde bereits von Donald Broadbent (1958) in seiner *Filtertheorie der Aufmerksamkeit* hervorgehoben. Der Aufmerksamkeit bzw. Aufmerksamkeitszuwendung wird dabei die Funktion eines Filters zugeschrieben. Sie wirkt wie ein früh im Prozess der Informationsverarbeitung angesiedelter Engpass oder Flaschenhals, der dafür verantwortlich ist, dass wir nur einige wenige Informationen aufnehmen und weiterverarbeiten. Vergleichbar mit dem Lichtkegel einer Taschenlampe, können wir unsere Aufmerksamkeit auf bestimmte für uns relevante Reize richten. Die Relevanz der Reize wird nach der Zwei-Prozess-Theorie der selektiven Aufmerksamkeit von Neisser (1967) zunächst in einem (1) sog. Diskriminationsprozess beurteilt und daraufhin wird (2) die vorhandene (und begrenzte) Aufmerksamkeitskapazität durch einen Zuweisungsprozess auf die als relevant erachteten Informationsmerkmale ausgerichtet (Fokussierung).

Unter Konzentration versteht man hingegen die »Fähigkeit, unter Bedingungen schnell und genau zu arbeiten, die das Erbringen einer kognitiven Leistung normalerweise erschweren« (Schmidt-Atzert et al., 2004, S. 9). Hier wird der Aspekt der Abschirmung konkurrierender, nicht als relevant erachteter Reize hervorgehoben. Wenn wir uns konzentrieren, versuchen wir also, irrelevante Reize (alles, was nicht im Lichtkegel unserer Taschenlampe erscheint) unbeachtet zu lassen. Sowohl die Selektion relevanter Informationen als auch die Abschirmung irrelevanter Informationen sind schon bei einfachen Lernanforderungen entscheidend für unsere Leistung (siehe Fokus: Das Cocktailparty-Phänomen).

> **Fokus: Das Cocktailparty-Phänomen**
>
> Stellen Sie sich vor, Sie sind auf einer Party. Es ist relativ laut, und im Raum haben sich mehrere kleine Grüppchen gebildet, die sich lautstark unterhalten. Auch Sie sind in ein solches Gespräch vertieft. Plötzlich hören Sie, dass in einer der anderen Gesprächsgruppen Ihr Name fällt, und schon wandert Ihre Aufmerksamkeit zu dem Gespräch der anderen Gruppe, das sie vorher gar nicht wahrgenommen haben. Diese Veränderung in der Ausrichtung bzw. der Fokussierung der Aufmerksamkeit ist als Cocktailparty-Phänomen bekannt geworden (Cherry, 1953). Wood und Cowan (1995) haben es in einem Experiment etwas genauer untersucht. Die Teilnehmerinnen und Teilnehmer bekamen einen Kopfhörer aufgesetzt, der das sog. dichotische Hören ermöglicht: Sie hörten auf jedem Ohr eine andere Stimme. Beide Stimmen lasen einsilbige Wörter vor. Die Aufgabe der Versuchsteilnehmer/innen bestand nun darin, nur auf das rechte Ohr zu achten und so genau wie möglich die über das rechte Ohr gehörten Wörter nachzusprechen (man nennt das »beschatten«). Irgendwann nannte die Stimme auf dem eigentlich nicht zu beachtenden linken Ohr den Namen des Versuchsteilnehmers. Etwa ein Drittel der Teilnehmer hörte dies – andere Namen als der eigene wurden hingegen nicht wahrgenommen. Die Leistung in der Beschattungsaufgabe war währenddessen kurzzeitig beeinträchtigt.

Die Befunde zum Cocktailparty-Phänomen zeigen, dass sich Personen darin unterscheiden, ob und wie leicht sie sich von aufgabenirrelevanten Informationen ablenken lassen. So ließ sich etwa ein Drittel der von Wood und Cowan (1995) untersuchten Personen durch das Hören des eigenen Namens von der durchzuführenden Aufgabe ablenken. Man kann sich sehr gut vorstellen, dass individuelle Differenzen bei der Selektion relevanter Informationen und/oder der Abschirmung irrelevanter Informationen dafür verantwortlich sind, die möglicherweise auch beim gezielten Lernen eine entscheidende Rolle spielen.

Neben der Unterscheidung von Aufmerksamkeit und Konzentration wurden weitere Unterteilungen der Aufmerksamkeit vorgeschlagen. Beispielsweise wird zwischen einer willentlichen und einer unwillentlichen Beachtung von Reizen oder Informationen unterschieden (vgl. Pashler, Johnston & Ruthruff, 2001 für einen

Überblick). Laute Geräusche oder starke Schmerzen beachten wir z. B. unwillentlich und unter Umständen sogar, während wir schlafen. Andere Reize lernen wir als relevant zu betrachten und willentlich zu beachten, z. B. Hinweisreize wie Schilder, die Gefahr signalisieren. Einerseits können wir also manche Reize gar nicht abschirmen, andererseits unterscheiden wir uns aufgrund unserer Lernerfahrung darin, welche Reize wir als relevant betrachten und welche nicht.

2.2 Aktivierung, Orientierung und exekutive Kontrolle der Aufmerksamkeit

Eine weitere einflussreiche Unterteilung der Aufmerksamkeit, die auf neurowissenschaftlichen Befunden beruht, wurde von Michael Posner und Steven Peterson vorgeschlagen (Posner & Petersen, 1990; Petersen & Posner, 2012). Die Unterteilung sieht sog. Aufmerksamkeitsnetzwerke für die Aktivierung, die Orientierung und die exekutive Kontrolle der Aufmerksamkeit vor. Um diese Aufmerksamkeitsnetzwerke bei Kindern erfassen zu können, haben Posner und Kollegen ein computerisiertes Testverfahren entwickelt (Attention Network Test, siehe Rueda et al., 2004). Es lohnt, sich dieses Testverfahren ein wenig genauer anzuschauen, da es gut zur Illustration der typischen Vorgehensweise experimenteller pädagogisch-psychologischer Forschung geeignet ist. Aufgrund der Komplexität des Verfahrens ist für das verstehende Lesen der nächsten Seite dabei vor allem eins erforderlich – Ihre Aufmerksamkeit.

Zur Erfassung des Aufmerksamkeitsnetzwerkes wird eine sog. Flanker-Aufgabe verwendet, in der einem Kind am Computerbildschirm beispielsweise eine Reihe aus fünf Fischen gezeigt wird. Es soll entschieden werden, ob der mittlere Fisch (sog. Zielreiz) nach links oder rechts schwimmt. Die den zu beachtenden Fisch umgebenden Fische (sog. Flankerreize) können entweder die identische (sog. kongruente Durchgänge) oder die entgegen gesetzte Schwimmrichtung haben (sog. inkongruente Durchgänge; ▶ Abb. 2.1).

Um der Aufgabe einen spielerischen Charakter zu verleihen, wird das Kind gebeten, den mittleren Fisch zu füttern, indem es die Taste drückt, die mit der Schwimmrichtung übereinstimmt (linke Taste für Fische, die nach links schauen und umgekehrt). Jeder Durchgang (insgesamt je nach Alter zwischen 100 und 300 Durchgänge) beginnt mit einem sog. Fixationskreuz, das in der Mitte des Computerbildschirms erscheint. In drei Vierteln aller Durchgänge wird dann ein Hinweisreiz eingeblendet, in den restlichen Durchgängen erscheint kein Hinweisreiz. Diese Hinweisreize informieren entweder darüber, dass in Kürze die Fische gezeigt werden und ob die Fische ober- oder unterhalb des Fixationskreuzes erscheinen werden (räumlicher Hinweisreiz) oder nur darüber, dass in Kürze die Fische gezeigt werden (zentraler oder doppelter Hinweisreiz; ▶ Abb. 2.1). Daraufhin erscheinen die Fische auf dem Bildschirm entweder ober- oder unterhalb des Fixationskreuzes

2 Aufmerksamkeit

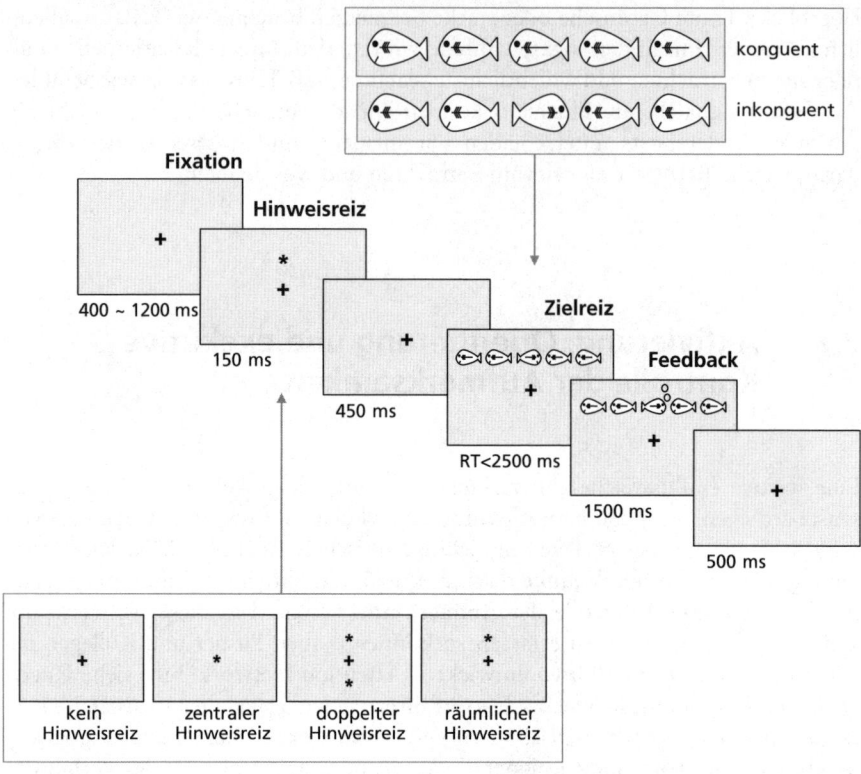

Abb. 2.1: Schematische Darstellung des Attention Network Tests nach Rueda und Kollegen (2004)

und die Kinder sollen so schnell und korrekt wie möglich per Tastendruck antworten. Um die Motivation des Kindes hoch zu halten, sprudeln nach einer korrekten Antwort für kurze Zeit Luftbläschen aus dem Mund des mittleren Fisches und eine Kinderstimme sagt »Hurra«. Im Falle einer falschen Antwort folgt ein kurzer Ton, und der Fisch wird nicht animiert. Basierend auf den Reaktionszeiten (Zeit von der Präsentation der Fische bis zum Tastendruck) und den Fehlern in den einzelnen Durchgängen können Kennwerte für die drei Aufmerksamkeitsnetzwerke berechnet werden, die im Folgenden einzeln beschrieben werden.

Aktivierung der Aufmerksamkeit

Aktivierung bezieht sich auf die Fähigkeit, eine allgemeine Reaktionsbereitschaft herzustellen und aufrechtzuerhalten. Sie wird meist vom Schlaf abgegrenzt. Die sog. *tonische Aktivierung* beschreibt eine allgemeine Aktivierung der Reaktionsbereitschaft, die in Abhängigkeit von der Tageszeit und den jeweiligen Anforderungen schwankt. So ist unsere Reaktionsbereitschaft z. B. nach dem Mittagessen häufig reduziert und in Prüfungssituationen meist erhöht. Die Fähigkeit zu einer

2.2 Aktivierung, Orientierung und exekutive Kontrolle der Aufmerksamkeit

kurzfristigen Steigerung unserer Reaktionsbereitschaft im Hinblick auf ein Warnsignal wird als *phasische Aktivierung* bezeichnet (z. B. beim Ertönen einer Sirene oder beim lauten Klatschen durch die Lehrkraft). Wenn wir über einen längeren Zeitraum einen gleichmäßig hohen Aktivierungsgrad aufrechterhalten und selten äußere Reize auftreten (z. B. geübtes Autofahren auf der Autobahn), spricht man von *Vigilanz*. Erscheinen die Reize häufig und stellen sie zusätzliche Anforderungen an die Wahrnehmung oder das Gedächtnis, handelt es sich um *Daueraufmerksamkeit* (z. B. Autofahren in der Stadt). Sollten Sie sich jetzt also noch an die berichtete Definition von Konzentration erinnern, würde dies dafür sprechen, dass Sie dauerhaft aufmerksam gewesen sind. Vigilanz war hoffentlich nicht erforderlich, denn sie beschreibt andauernde Aufmerksamkeit bei eintöniger Reizfrequenz – dieses Buch sollte hingegen eine hohe Reizfrequenz bieten.

Aber kommen wir zurück zu dem oben beschriebenen Aktivierungsnetzwerk. Wie kann der Kennwert für das Aktivierungsnetzwerk von Kindern, basierend auf ihren Reaktionszeiten im Attention Network Test, berechnet werden? Dazu werden die Reaktionszeiten in den Durchgängen mit doppeltem Hinweisreiz (ober- und unterhalb des Fixationskreuzes; ▶ Abb. 2.1) von den Reaktionszeiten in den Durchgängen ohne Hinweisreiz abgezogen. Auf diese Weise erhält man ein Maß für die erhöhte Reaktionsbereitschaft durch die doppelten Hinweisreize, die sich in verringerten Reaktionszeiten im Vergleich zu den Durchgängen ohne Hinweisreiz niederschlagen sollte. Je stärker Kinder von dem doppelten Hinweisreiz profitieren, desto größer wird also ihr Kennwert für die Aufmerksamkeitsaktivierung.

Kinder sind schon sehr früh in der Lage, eine allgemeine Reaktionsbereitschaft aufzubauen. Die Fähigkeit zur kurzfristigen Steigerung der Reaktionsbereitschaft durch einen Hinweisreiz (phasische Aktivierung) entwickelt sich bis ins Schuleingangsalter. So zeigt sich bis zum Altersbereich von fünf bis sieben Jahren eine Erhöhung des über den Attention Network Test erfassten Kennwertes für das Aktivierungsnetzwerk. Im Vergleich zu den jüngeren Kindern weisen die älteren eine größere Abnahme der Reaktionszeiten nach einem doppelten Hinweisreiz auf. Sie profitieren also stärker von dem doppelten Hinweisreiz als die jüngeren Kinder (Mezzacappa, 2004). Ab einem Alter von acht Jahren wurde bei Kindern hingegen eine stetige Abnahme des Kennwerts für das Aktivierungsnetzwerk mit zunehmendem Alter beobachtet (Pozuelos, Paz-Alonso, Castillo, Fuentes & Rueda, 2014). Bei älteren Schulkindern verringert sich die Differenz zwischen den Reaktionszeiten in den Durchgängen ohne Hinweisreiz und den Reaktionszeiten in den Durchgängen mit doppeltem Hinweisreiz also zunehmend. Insgesamt scheinen demnach jüngere Schulkinder (Erst- und Zweitklässler) stärker von Hinweisreizen zu profitieren als ältere. Dies geht darauf zurück, dass die jüngeren Kinder in Durchgängen ohne Hinweisreiz sehr langsam antworten, was wiederum als Hinweis für Schwierigkeiten bei der Aufrechterhaltung der tonischen Aktivierung angesehen wird (Pozuelos et al., 2014). In der Tat scheinen fünfjährige Kinder im Vergleich zu Achtjährigen (und natürlich auch Erwachsenen) weniger gut in der Lage zu sein, ein optimales Aktivierungsniveau aufrecht zu erhalten (Morrison, 1982). Zudem konnte Mezzacappa (2004) bei fünf- bis siebenjährigen Kindern einen Zusammenhang zwischen der Anzahl an Auslassungsfehlern (keine Reaktion auf den Zielreiz) und dem Alter beobachten. So machten die jüngeren Kinder mehr

Auslassungsfehler, was Posner und Kollegen (2014) als Hinweis auf eine verminderte Vigilanz interpretieren. Diese Befunde zeigen, dass es Kindern im frühen Schulalter trotz sehr gut entwickelter Reaktionsbereitschaft schwer fallen kann, ein optimales Aktivierungsniveau herzustellen und aufrecht zu erhalten. Dies sollte insbesondere im Anfangsunterricht berücksichtigt werden, da es den schulischen Lernerfolg von Kindern maßgeblich beeinflussen kann.

Orientierung der Aufmerksamkeit

Für die Ausrichtung der Aufmerksamkeit sorgt Posner und Petersen (1990) zufolge das sog. Orientierungsnetzwerk. Die Orientierung wird als offen bezeichnet, wenn sie durch Kopf- und/oder Augenbewegungen begleitet wird, und als verdeckt, wenn die Aufmerksamkeit verschoben wird, ohne dabei den Kopf und/oder die Augen zu bewegen. Zudem sind schon Kinder in der Lage, ihre Aufmerksamkeit nicht nur auf einen Reiz, sondern gleichzeitig auf mehrere Reize zu richten (z. B. Unterhalten beim Fahrradfahren). Dies wird als geteilte Aufmerksamkeit bezeichnet.

Das Orientierungsnetzwerk von Kindern wird ebenfalls im Attention Network Test erfasst. Dazu muss man die Reaktionszeiten in den Durchgängen mit räumlichem Hinweisreiz (ober- oder unterhalb des Fixationskreuzes) von den Reaktionszeiten in den Durchgängen mit zentralem Hinweisreiz (an der Position des Fixationskreuzes; ▶ Abb. 2.1) abziehen. Auf diese Weise erhält man ein Maß für den Leistungsvorteil, der durch die Information über die Position des nächsten Zielreizes entsteht. Sowohl in den Durchgängen mit räumlichem Hinweisreiz als auch in den Durchgängen mit zentralem Hinweisreiz sollte die Reaktionsbereitschaft gegenüber den Durchgängen ohne Hinweisreiz erhöht sein. Die korrekte Ausrichtung der Aufmerksamkeit ist jedoch nur in den Durchgängen mit räumlichem Hinweisreiz möglich. Im Vergleich zu den Durchgängen mit zentralem Hinweisreiz sollte es daher zu verringerten Reaktionszeiten in den Durchgängen mit räumlichem Hinweisreiz kommen.

Sollten Sie sich für die Orientierung der Aufmerksamkeit besonders interessieren, ist noch der folgende Hinweis wichtig: Während in der ursprünglichen Version des Attention Network Tests ausschließlich valide räumliche Hinweisreize verwendet wurden, die an der Position des nächsten Zielreizes erscheinen, enthält eine anspruchsvollere Version des Paradigmas auch invalide räumliche Hinweisreize zur Erfassung des Orientierungsnetzwerks. Diese erscheinen dann nicht an der Position des nächsten Zielreizes, sondern an der gegenüberliegenden Position (z. B. Hinweisreiz erscheint oberhalb und Zielreiz unterhalb des Fixationskreuzes; siehe z. B. Pozuelos et al., 2014). Indem die Reaktionszeiten aus den Durchgängen mit validem Hinweisreiz von denen aus Durchgängen mit invalidem räumlichen Hinweisreiz abgezogen werden, erhält man ein Maß für den Leistungsnachteil, der durch die invalide Information über die Position des nächsten Zielreizes entsteht. Dieses Maß gibt Aufschluss darüber, wie schwer es Kindern fällt, sich umorientieren zu müssen.

Ermöglichen uns die beiden beschriebenen Kennwerte, Erkenntnisse über das Orientierungsnetzwerk von Kindern zu erlangen? Betrachtet man das Maß für den Leistungsvorteil, der durch valide räumliche Hinweisreize im Vergleich zu zentralen Hinweisreizen entsteht, so finden sich im Verlauf der Grundschuljahre keine

Altersunterschiede (Rueda et al., 2004). Bei der Betrachtung des Leistungsnachteils durch invalide im Vergleich zu validen räumlichen Hinweisreizen ist dies anders. So zeigen sechs- bis siebenjährige Erstklässler im Vergleich zu älteren Kindern größere Leistungsnachteile durch invalide räumliche Hinweisreize (Pozuelos et al., 2014). Wie ist dies zu erklären? Pozuelos und Kollegen (2014) gehen davon aus, dass jüngere Kinder mehr Schwierigkeiten beim Abwenden und bei der Neuorientierung der Aufmerksamkeit haben als ältere. Genau dies erfordert die Aufgabe mit invaliden Hinweisreizen.

Diejenigen Kinder, denen das Abwenden ihrer Aufmerksamkeit leichter fällt, werden von ihren Eltern eher als Kinder beschrieben, die sich besser beruhigen können, weniger frustriert und weniger empfänglich für negativen Stress (Disstress) sind (Johnson, Posner & Rothbart, 1991). Posner und Rothbart (2007) gehen davon aus, dass Eltern und Erzieher/innen durch ihr eigenes Verhalten Einfluss darauf haben, welche externen Reize Kinder beachten und somit schon früh beeinflussen können, wie Kinder mit Reizen umgehen, die negative Gefühle auslösen. Sie betrachten die Fertigkeit, den Blick von negativen Gefühlen auslösenden Reizen abzuwenden, als einen fundamentalen Aspekt der Selbstregulation (▶ Kap. 3 und ▶ Kap. 5). Man kann sich gut vorstellen, dass Kinder, die sich leicht ablenken lassen und ihre Aufmerksamkeit von ablenkenden Reizen nur schwer wieder abwenden können, vergleichsweise größere Schwierigkeiten beim Lernen haben. So dürfte es z. B. leicht ablenkbaren Kindern schwer fallen, sich im eigenen Zimmer auf ihre Hausaufgaben zu konzentrieren, wenn all ihre Spielsachen zu sehen sind.

Exekutive Kontrolle der Aufmerksamkeit

Neben den Netzwerken für die Aktivierung und die Orientierung der Aufmerksamkeit beschreiben Posner und Kollegen ein weiteres wichtiges Netzwerk, das für die exekutive Kontrolle unserer Aufmerksamkeit sorgt. Die exekutive Kontrolle der Aufmerksamkeit ist für zielgerichtetes Handeln notwendig und beinhaltet die Verteilung von Aufmerksamkeitsressourcen. Sie bezieht sich insbesondere auf die Feststellung von Konflikten zwischen gegensätzlichen Aktivierungen (z. B. widersprüchliche Gedanken und Gefühle oder gegenläufige Reaktionstendenzen) und die Auflösung dieser Konflikte durch die Unterdrückung nicht zielführender Reaktionen. Wenn Sie also gerade den Impuls, auf ihr Smartphone zu schauen, unterdrücken, zeigen Sie eine hohe exekutive Kontrolle Ihrer Aufmerksamkeit. Diese willentliche Kontrolle der Aufmerksamkeit kommt dem Konzentrationsbegriff von Schmidt-Atzert und Kollegen (2004), also der Abschirmung konkurrierender und als irrelevant erachteter Informationen, sehr nahe.

Auch die exekutive Kontrolle der Aufmerksamkeit von Kindern wird im Attention Network Test erfasst. Dafür werden die Reaktionszeiten in kongruenten Durchgängen (alle Fische schwimmen in die gleiche Richtung) von den Reaktionszeiten in inkongruenten Durchgängen (der zu beachtende Fisch schwimmt in die eine Richtung und die ihn umgebenden Fische in die andere) abgezogen. Dieser Kennwert soll Aufschluss darüber geben, wie schwer es Kindern fällt, nicht zielführende Reaktionen zu unterdrücken, da in den inkongruenten Durchgängen im

Unterschied zu den kongruenten Durchgängen ein Konflikt gegenläufiger Reaktionstendenzen durch die nicht übereinstimmende Ausrichtung der Fische hervorgerufen wird (► Abb. 2.1).

Erste Anzeichen eines aktiven Netzwerks zur exekutiven Kontrolle finden sich schon sehr früh bei Kindern im Alter von sieben bis neun Monaten. Lässt man Kinder in diesem Alter beispielsweise dabei zuschauen, wie eine bestimmte Anzahl an Puppen in einen Kasten gelegt wird und zeigt ihnen daraufhin den Inhalt des Kastens, so betrachten sie diesen länger, wenn weniger oder mehr Puppen als erwartet in dem Kasten sind (Wynn, 1992; siehe auch Berger, Tzur & Posner, 2006; ► Kap. 9). Im uns in diesem Band besonders interessierenden Altersbereich gelingt es Kindern zunehmend, einen Konflikt gegenläufiger Reaktionstendenzen durch die Unterdrückung nicht zielführender Reaktionen aufzulösen. So zeigt sich im Altersbereich von sechs bis sieben Jahren mit steigendem Alter eine Abnahme des über den Attention Network Test erfassten Kennwertes für die exekutive Kontrolle (Rueda et al., 2004; siehe auch Mezzacappa, 2004). Jüngere Kinder machen insbesondere in den inkongruenten Durchgängen mehr Fehler als ältere, haben also anscheinend größere Schwierigkeiten bei der Unterdrückung nicht zielführender Reaktionen. Auch im weiteren Entwicklungsverlauf nimmt der Kennwert für die exekutive Kontrolle mit steigendem Alter ab. So weisen sechs- bis siebenjährige Kinder höhere Kennwerte als acht- bis zehnjährige auf (Pozuelos et al., 2014).

Tab. 2.1: Aufmerksamkeitsnetzwerke nach Posner & Petersen (1990) bzw. Petersen & Posner (2012)

Aufmerksamkeitsnetzwerk	Funktion
Aktivierung	Herstellen und Aufrechterhalten einer allgemeinen Reaktionsbereitschaft • tonisch: Schwankungen je nach Tageszeit bzw. Anforderung • phasisch: kurzfristig, im Hinblick auf ein Warnsignal • Vigilanz: über längeren Zeitraum, seltene äußere Reize • Daueraufmerksamkeit: über längeren Zeitraum, häufige äußere Reize, die Wahrnehmungs-/Gedächtnisleistungen erfordern
Orientierung	Ausrichtung der Aufmerksamkeit • offen: durch Kopf- und/oder Augenbewegungen begleitet • verdeckt: nicht durch Kopf- und/oder Augenbewegungen begleitet • geteilt: auf mehrere Reize gleichzeitig
Exekutive Kontrolle	Verteilung von Aufmerksamkeitsressourcen, Feststellung von Konflikten gegensätzlicher Aktivierungen, Auflösung von Konflikten durch Unterdrückung nicht zielführender Reaktionen

In Tabelle 2.1 werden die verschiedenen Aufmerksamkeitsnetzwerke und ihre Funktionen nochmals zusammenfassend aufgeführt. Insgesamt zeigen die Untersu-

2.2 Aktivierung, Orientierung und exekutive Kontrolle der Aufmerksamkeit

chungen zu den Aufmerksamkeitsnetzwerken von Kindern, dass sie im Entwicklungsverlauf von einer eher reaktiven oder reizgesteuerten Form zu einer vermehrt kontrollierten Form der Aufmerksamkeit übergehen. Die kontrollierte Form der Aufmerksamkeit unterstützt die willentliche Handlungskontrolle, die dafür notwendig ist, das eigene Verhalten zu regulieren. Somit wird davon ausgegangen, dass die Aufmerksamkeitsentwicklung zur Entwicklung von selbstreguliertem Verhalten beiträgt (siehe z. B. Rueda, Posner & Rothbart, 2005). Die Regulation des eigenen Verhaltens, also die Selbstregulation, wird wiederum als wichtige Voraussetzung für das schulische Lernen betrachtet (▶ Kap. 5 und ▶ Kap. 7). Einige Kinder haben jedoch Defizite bei den selbstregulativen Fertigkeiten, die als mögliche Ursache der Aufmerksamkeitsdefizit-/Hyperaktivitätsstörung (ADHS) diskutiert werden (für einen Überblick siehe Frölich, Döpfner & Banaschewski, 2014).

3 Arbeitsgedächtnis und Exekutive Funktionen

Aufmerksamkeit – so hat es das vorherige Kapitel aufgezeigt – ist eine wesentliche Voraussetzung des Lernens. Der eigentliche Prozess des Lernens beginnt aber erst dann, wenn die mit Aufmerksamkeit bedachten Informationen in das *Arbeitsgedächtnis* gelangen, denn genau hier finden die entscheidenden Verarbeitungsprozesse statt. Informationen werden nicht nur festgehalten, sondern im Abgleich mit den im Langzeitgedächtnis bereits vorhandenen Informationen bewertet, geordnet und transformiert. Aber wie kann man sich die Struktur des Arbeitsgedächtnisses vorstellen? Verarbeiten wir sprachliche und bildliche Informationen auf ähnliche Weise? Neben der Beantwortung dieser Fragen geht das folgende Kapitel vertiefend auf jene Fertigkeiten ein, die uns planvoll, zielorientiert und überlegt handeln lassen – die sog. *exekutiven Funktionen*. Dabei soll der Frage nachgegangen werden, in welche Teilaspekte sich das exekutive System untergliedern lässt und wie exekutive Funktionen das Lernen beeinflussen.

3.1 Arbeitsgedächtnis

Lernen haben wir als Prozess definiert, bei dem es zu überdauernden Änderungen im Verhaltenspotenzial einer Person kommt. Damit Änderungen aber tatsächlich auch von dauerhafter Natur sind, bedarf es einer Instanz, die die Lernergebnisse langfristig sichert und konserviert: Diese Instanz ist das Langzeitgedächtnis. Lernen ohne diese Gedächtnisinstanz ist also nicht denkbar. Neben dem Langzeitgedächtnis bedarf es für den Lernprozess jedoch eines weiteren Gedächtnissystems. Es handelt sich dabei um den Teil unseres Gedächtnisses, der »arbeitet«, während wir lernen, etwa indem lernrelevante Informationen solange wach- oder bewusst gehalten werden, bis sie hinreichend mit den im Langzeitgedächtnis bereits vorhandenen Informationen abgeglichen und somit neu eingespeichert wurden: das Arbeitsgedächtnis.

Welche Funktionen erfüllt das Arbeitsgedächtnis und welchen Nutzen hat es? Auf diese Fragen ergeben sich aus den einschlägigen Forschungsergebnissen eine Reihe interessanter Antworten. So muss man die Vorstellung, dass es sich beim Arbeitsgedächtnis um einen »passiven« Speicher handelt, definitiv ad acta legen. Während der Verarbeitung von Informationen arbeitet dieses System »aktiv«, deshalb auch der Name Arbeitsgedächtnis. Als relevante Verbindung zwischen der

Wahrnehmung (sensorisches Gedächtnis) und der überdauernden Wissensbasis (Langzeitgedächtnis; ▶ Kap. 1.1, Mehrspeichermodell von Atkinson & Shiffrin) ist das Arbeitsgedächtnis für die vorübergehende Aufnahme, Verarbeitung und Speicherung, aber auch für den Abruf von Informationen aus dem dauerhaft gespeicherten Wissen zuständig. Je besser also das Arbeitsgedächtnis funktioniert, desto leichter können wir lernen. Das ist mittlerweile für eine ganze Reihe typischer Leistungsanforderungen nachgewiesen worden. So hat sich z. B. gezeigt, dass sich eine höhere Leistungsfähigkeit des Arbeitsgedächtnisses günstig auf den frühen Wortschatzerwerb bei Kindern auswirkt (z. B. Weinert, Ebert, Lockl & Kuger, 2012). Ähnliches gilt für die morpho-syntaktischen Aspekte der Sprachbeherrschung. So finden sich bedeutsame Zusammenhänge zwischen der Leistungsfähigkeit des Arbeitsgedächtnisses und dem Erwerb grammatischer Kompetenzen in der Muttersprache von Kindern (vgl. Hasselhorn & Werner, 2000). Auch die Leistungen bei den traditionellen, in der Schule vermittelten Kulturtechniken des Lesens, Schreibens und Rechnens werden in bedeutsamer Weise durch die Leistungsfähigkeit des Arbeitsgedächtnisses beeinflusst (▶ Kap. 7 und ▶ Kap. 8), was sich besonders auch daran zeigt, dass eine geringe Funktionstüchtigkeit des Arbeitsgedächtnisses zu den wichtigsten individuellen Risikofaktoren für die Entstehung schulischer Lernschwierigkeiten gehört (▶ Kap. 9). Das Arbeitsgedächtnis ist also für eine breite Palette kognitiver Anforderungen von Relevanz. Wie aber gelingt es nun dem Arbeitsgedächtnis, Informationen präsent zu halten, zu bearbeiten und in das Langzeitgedächtnis zu überführen? Um dies zu verstehen, ist es hilfreich, einen Blick auf die Funktionsweise und Struktur des Arbeitsgedächtnisses zu werfen.

Der Aufbau des Arbeitsgedächtnisses

In der einschlägigen Literatur findet man eine Vielzahl von Modellvorstellungen zum Arbeitsgedächtnis. Allen diesen Modellen ist gemeinsam, dass sie unter Arbeitsgedächtnis ein kognitives System verstehen, das es ermöglicht, mehrere Informationen vorübergehend zu speichern und miteinander in Beziehung zu setzen. Die wohl prominenteste und in weiten Teilen der Forschung akzeptierte Modellvorstellung stammt von Alan Baddeley (1986, 2012). Experimentelle Studien führten Baddeley zu der Schlussfolgerung, dass die verbreitete Annahme eines eindimensionalen bzw. einsystemigen Arbeitsgedächtnisses nicht geeignet ist, um die beobachtbaren Leistungen bei komplexeren Lern- und Behaltensanforderungen zu erklären. Zwar zeigten sich bei gleichzeitiger Bearbeitung zweier Anforderungen unterschiedlicher Sinnesmodalitäten Leistungseinbußen (z. B. Verarbeitung akustischer Information als eine Aufgabe und visueller Information als weitere Aufgabe). Diese fielen aber weit geringer aus, als man es erwarten sollte, wenn nur eine allgemeine Arbeitsgedächtniskapazität zur Verfügung stünde, die auf beide Anforderungen aufgeteilt wird. Baddeley (1986) postulierte daher, dass das Arbeitsgedächtnis aus verschiedenen modalitätsspezifischen Hilfssystemen zusammengesetzt ist, denen eine modalitätsunspezifische Kontrolleinheit – die zentrale Exekutive – übergeordnet ist. Vor allem die Existenz und Funktionsweise zweier

Hilfssysteme sind mittlerweile empirisch gut belegt: das phonologische (klanglich-sprachliche) und das visuell-räumliche Hilfssystem. Das Modell wurde später von Baddeley um eine weitere Komponente – den episodischen Puffer – erweitert. Der episodische Puffer soll modalitätsübergreifend Informationen speichern und integrieren (▸ Abb. 3.1). Obwohl das Modell von Baddeley nicht das einzige empirisch gut untermauerte Arbeitsgedächtnismodell ist, hat es eine Reihe von Vorzügen. Vor allem bietet es anschauliche Metaphern für die Funktionsweise des Arbeitsgedächtnisses, die auch geeignet sind, Entwicklungsveränderungen (s. u.) und ursächliche Funktionsbeeinträchtigungen, die zu schulischen Lernschwierigkeiten führen (▸ Kap. 9), zu beschreiben.

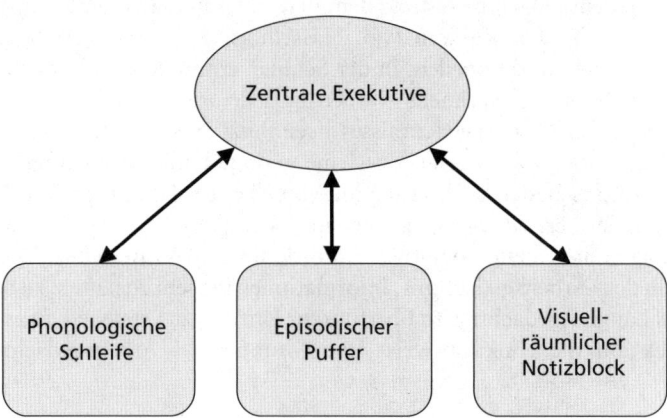

Abb. 3.1: Das Arbeitsgedächtnismodell nach Baddeley (2006)

Phonologisches Arbeitsgedächtnis

Das Konzept des phonologischen Arbeitsgedächtnisses bezieht sich auf das Teilsystem, das für die Verarbeitung sprachlicher Informationen zuständig ist. Baddeley (1986) spricht auch von der »phonologischen Schleife«. Die Schleife selbst besteht wiederum aus zwei Komponenten, einer Art Klangspeicher oder phonetischem Speicher (*phonological store*) und einem Prozess des inneren Nachsprechens (*subvocal rehearsal*). Der phonetische Speicher kann klanglich-sprachliche Informationen für etwa 1.8 Sekunden festhalten – in etwa wie ein Tonband mit sehr geringer Aufnahmekapazität. Das Tonband zeichnet permanent auf, allerdings werden Informationen, die nicht in weiterführende Verarbeitungsprozesse eingebunden sind, nach etwa zwei Sekunden wieder »überschrieben« bzw. vergessen und damit endgültig dem Zugriff für weiterführende Verarbeitungen entzogen. Mit Hilfe des Tonbands gelingt es uns z. B., die letzten Worte eines Satzes zu wiederholen, ohne dass wir dem Gesprochenen tatsächlich Aufmerksamkeit geschenkt haben. Wir können die Worte wiedergeben, da sie im phonetischen Speicher »nachhallen«. Damit wir aber am Ende eines längeren Satzes auch noch wissen, wovon am Anfang des Satzes die Rede war, benötigen wir den subvokalen Rehearsalprozess. Dieser ermöglicht es anhand von aktivem »inneren Nachsprechen« bzw. »inneren Wiederholen«, dass sprachliche Informationen auch über dieses Zeitfenster hinaus im Zugriffsbereich der bewussten Verarbeitung verbleiben. Dass es sich dabei um ein inneres Nachsprechen handelt, zeigt der *Effekt zur artikulatorischen Unterdrückung*. So kann das Rehearsal experimentell unterdrückt werden, indem man Personen bittet, leise ein beliebiges Wort fortwährend aufzusagen. Da es unmöglich ist, gleichzeitig zwei unterschiedliche Inhalte zu artikulieren, verhindert die Durchführung dieser Artikulationsaufgabe das innere Wiederholen. Im Rahmen von Behaltensaufgaben reduziert sich die Behaltensleistung dadurch erheblich (Baddeley, 1991).

Der Rehearsalprozess ergänzt das Tonband zu einer Endlosschleife, weshalb Baddeley die Bezeichnung »phonologische Schleife« verwendete. Das phonologische Arbeitsgedächtnis ermöglicht ihm zufolge nicht nur die Aufnahme und Verarbeitung von akustischer Information, sondern ist auch maßgeblich an der phonetischen Umkodierung hoch-vertrauter und sprachlich fassbarer Informationen beteiligt, selbst wenn diese beispielsweise in Form von Bildern oder Buchstaben dargeboten werden. Nach Baddeley sorgt also das phonologische Arbeitsgedächtnis z. B. dafür, dass Ihnen die hier schriftlich dargebotenen Zeilen beim Lesen als phonologisch-sprachliche Information zur Verfügung stehen.

Die Leistungsfähigkeit des phonologischen Arbeitsgedächtnisses hängt von der Funktionstüchtigkeit seiner beiden Komponenten ab. Als ein guter Indikator für die Gesamtkapazität des phonologischen Arbeitsgedächtnisses kann die *Gedächtnisspanne* angesehen werden. Sie wurde als Methode bereits Ende des 19. Jahrhunderts von Jacobs (1887) eingeführt und ist definiert als die maximale Anzahl von Items (das sind einfache Informationseinheiten wie etwa Ziffern oder Wörter), die eine Person nach einmaliger Darbietung in der richtigen Reihenfolge wiedergeben kann (also z. B. Haus, Baum, Eis, Stuhl). In der Form des Ziffern- oder Zahlennachsprechens ist diese Anforderung übrigens als Untertest in vielen traditionellen Intelligenztestbatterien enthalten. Obwohl die Gedächtnisspanne je nach Art der Items und Darbietungsweise systematischen intraindividuellen Schwankungen unterliegt, sind die beobachtbaren interindividuellen Unterschiede auch schon zwischen gleichaltrigen Kindern relativ stabil.

Zwischen der Gedächtnisspanne und der Sprechrate für das gleiche Itemmaterial findet man eine bedeutsame lineare Beziehung, die im Übrigen material- und altersinvariant ist (z. B. Hasselhorn, 1988). Das bedeutet, dass Personen mit einer höheren Sprechrate, seien es Kinder oder Erwachsene, auch mehr Wörter, Zahlen oder anderes sprachliches Material wiedergeben können als Personen mit einer niedrigeren Sprechrate. Wie aber erfasst man die einzelnen Komponenten? Bezüglich des Prozesses des inneren Nachsprechens hat sich mittlerweile eingebürgert, die Sprechrate als Schätzmaß zu interpretieren. Zur Bestimmung der Funktionstüchtigkeit des phonetischen Speichers (zumindest bei Kindern in dem im Rahmen diesen Bandes betrachteten Altersbereich) wird in der Regel die Präzision des Nachsprechens von Kunstwörtern (z. B. breta, terso oder drofgio) herangezogen. Hier ist also nicht die Quantität – gemessen durch Anzahl der Wörter oder Wortlängen – sondern die Qualität der Wiedergabe entscheidend.

Empirisch ist die Zweiteilung des phonologischen Arbeitsgedächtnisses gut gesichert. Da sich insbesondere im Zusammenhang mit Entwicklungsauffälligkeiten und Lernschwierigkeiten jedoch Phänomene beobachten lassen, für die diese Zweiteilung nicht ausreichend zu sein scheint, haben Hasselhorn, Grube und Mähler (2000) eine weitere Ausdifferenzierung des phonologischen Arbeitsgedächtnisses vorgeschlagen. Danach wird die funktionale Kapazität des phonetischen Speichers durch seine *Größe* sowie seine *Verarbeitungspräzision*, also die Qualität, mit der die im Speicher verarbeiteten Information dort repräsentiert ist, bestimmt. Die Effizienz des inneren Nachsprechens hängt dagegen von seiner *Geschwindigkeit* und dem *Automatisierungsgrad seiner Aktivierung* ab.

> **Fokus: Haben Chinesen eine höhere Gedächtnisspanne?**
>
> Dies legen zumindest die Befunde von Stigler, Lee und Stevenson (1986) auf den ersten Blick nahe. Gegenüber englisch- oder japanischsprachigen Kindern konnten sie zumindest deutlich mehr Zahlen in der Gedächtnisspannenaufgabe wiedergeben. Eine etwas genauere Analyse zeigt jedoch, dass die zur Aussprache chinesischer Zahlen benötigte Zeit deutlich geringer als die der englischen oder japanischen Zahlen ist. Dies kann auf die Anzahl der Silben zurückgeführt werden, die bei chinesischen Zahlen jeweils nur bei einer liegt, bei japanischen meist jedoch bei zwei.

Visuell-räumliches Arbeitsgedächtnis

Während klanglich-sprachliche Informationen im phonologischen Arbeitsgedächtnis verarbeitet werden, erfolgt die Verarbeitung von visuellen und räumlichen Informationen in einem davon unabhängig arbeitenden Hilfssystem. Hier werden sichtbare Eindrücke des Sehens oder der Vorstellung wie Bilder, Formen, Farben und Muster sowie auch Raumanordnungen und Wege verarbeitet. Wenn Sie sich also gerade den Weg zu Ihrer Lieblingspizzeria vorstellen, passiert das genau hier. Die Vorstellungen zur Arbeitsweise dieses visuell-räumlichen Hilfssystems im Arbeitsgedächtnis basieren im Wesentlichen auf Analogien zum Modell des sprachlich-akustischen Hilfssystems. Durchgesetzt hat sich auch hier die Vorstellung eines Hilfssystems, das aus zwei Komponenten besteht: einem eher statischen visuellen Speicher, der Farb- und Forminformation festhält, und einem eher dynamischen räumlichen Wiederholungsprozess, der analog zum subvokalen Wiederholungsprozess arbeitet, räumliche Veränderungen wiederholt und so längerfristig bereithält. Logie (1995) umschreibt diesen Wiederholungsprozess als eine Art »inneren Sehens« bzw. »inneren Schreibens«. Notwendig wurde eine solche Unterscheidung durch Befunde, die eine starke Beeinträchtigung einer visuellen Aufgabe (Behalten einer Farbfolge) durch eine visuelle Zweitaufgabe (Betrachten von irrelevanten Schwarzweißbildern) zeigten, während eine räumliche Zweitaufgabe (räumliches Fingertippen) zu deutlich geringeren Einbußen bei der visuellen Erstaufgabe führte. Umgekehrt wurde eine räumliche Erstaufgabe stärker durch die räumliche als durch die visuelle Zweitaufgabe gestört. Die Erfassung beider Komponenten erfolgt meist anhand computerbasierter Merkaufgaben. So kann die Kapazität des statisch-visuellen Speichers durch die sog. *Matrix-Aufgabe* gemessen werden, bei der visuell präsentierte Matrizen dargeboten und anschließend reproduziert werden müssen. Die Matrizen bestehen aus schwarzen und weißen Feldern, und die Anzahl der schwarzen Felder wird gesteigert, bis das Muster nicht mehr korrekt wiedergegeben werden kann. Die dynamisch-räumliche Komponente kann durch die sog. *Corsi-Block-Aufgabe* erfasst werden, bei der eine sequenzielle Reihenfolge von Feldern vorgegeben wird, die genau in dieser Abfolge wiedergegeben werden muss.

Zentrale Exekutive

Die Koordination der modalitätsspezifischen Hilfssysteme und ihrer Automatismen bei der Verarbeitung klanglich-sprachlicher und visuell-räumlicher Informationen obliegt einer übergeordneten aufmerksamkeitsbasierten Kontrollinstanz, der sog. zentralen Exekutive. Dieser wird die Verantwortung für Regulations- und Kontrollaktivitäten zugeschrieben, wie sie z. B. für absichtliche Lernprozesse erforderlich sind. Daher kann die zentrale Exekutive als die wichtigste, aber bisher am wenigsten verstandene Komponente des Arbeitsgedächtnisses betrachtet werden. So ist z. B. bislang offen, ob es sich bei der zentralen Exekutive eher um ein Einzelsystem mit multiplen Kontrollprozessen handelt oder aber um eine Art Exekutivkomitee mit relativ unabhängigen Teilprozessen. Auch gibt es recht unterschiedliche Auffassungen darüber, welche Steuerungs- und Kontrollprozesse im Einzelnen in den Aufgabenbereich der zentralen Exekutive fallen. In einem Ordnungsversuch der Forschungslage zur zentralen Exekutive benannte Baddeley (1996) vier voneinander abgrenzbare Funktionen, nämlich (a) die selektive Aufmerksamkeit und damit einhergehend die Fähigkeit, irrelevante Informationen zu hemmen bzw. zu unterdrücken, (b) die geteilte Aufmerksamkeit, d. h. die Koordinationskapazität für das zeitgleiche Ausführen zweier Aufgaben, (c) den flexiblen Wechsel von Abrufstrategien und (d) die Aktivierung von Informationen aus dem Langzeitgedächtnis. Vor dem Hintergrund theoretischer Überlegungen und empirischer Befunde hat Baddeley (2012) den Vorschlag gemacht, diese Klassifikation weiter zu vereinfachen und nur die beiden erstgenannten Aufmerksamkeitskomponenten als Funktionen der zentralen Exekutive aufzufassen, da die beiden weiteren Funktionen möglicherweise weniger zentral sind.

Wie man die Leistungen der zentralen Exekutive erfassen kann, wird bis heute diskutiert (vgl. Bull & Espy, 2006). Eine Möglichkeit hierzu sind Rückwärts-Spannenaufgaben, die das aktive Bearbeiten gespeicherter Arbeitsgedächtnisinhalte erfordern. Hierzu werden Items (z. B. Zahlen) in einer bestimmten Reihenfolge vorgegeben, die anschließend in umgekehrter Reihenfolge wiedergegeben werden müssen. Die Längen der Reihen steigen sukzessive an, wobei die längste korrekt reproduzierte Reihenfolge die jeweilige Leistungsspanne darstellt. Dabei ist jedoch eines zu berücksichtigen: Die Aufgaben erfassen neben der zentralen Exekutive ebenfalls die phonologische Schleife, da die Informationen zunächst in der dargebotenen Reihenfolge bewusst gehalten werden müssen, bevor sie in umgekehrter Reihenfolge wiedergegeben werden können. Neben dem Problem, dass die zentrale Exekutive nicht modalitätsfrei erfasst werden kann, finden sich auch Reihenfolgeeffekte. So konnte Ehlert (2007) für die Spannenaufgabe mit Ziffern zeigen, dass es fünf- und sechsjährigen Kindern deutlich leichter fiel, absteigende Zahlenreihen in aufsteigende Zahlenreihen umzuwandeln als umgekehrt. Solchen Reihenfolgeeffekten wird in der Regel entgegengewirkt, indem weder aufsteigende noch absteigende Ziffernfolgen verwendet werden.

Episodischer Puffer

Im letzten Jahrzehnt hat Baddeley (2006) die Existenz eines weiteren Hilfssystems im Arbeitsgedächtnis postuliert, das dafür verantwortlich ist, Informationen modalitätsübergreifend zu speichern und in die bereits im Langzeitgedächtnis vorhandenen Wissensbestände zu integrieren. Der episodische Puffer wurde in das Modell aufgenommen, um das sog. Verknüpfungsproblem zu lösen: Wenn die beiden beschriebenen Subsysteme gespeicherte Informationen nur modalitäts*spezifisch* repräsentieren können, hingegen die modalitäts*übergreifende* zentrale Exekutive über keinen eigenen Speicherplatz verfügt, fehlt im Arbeitsgedächtnis ein Ort, an dem Informationen unterschiedlicher Modalität zusammengefügt werden können. Der episodische Puffer soll diese integrative Funktion erfüllen. Vorstellen kann man sich dies recht gut beim Erwerb der Buchstaben-Laut-Verknüpfungen. Denn hier müssen modalitätsübergreifende Assoziationen zwischen visuellen und phonologischen Merkmalen gebildet werden (Hulme, Goetz, Gooch, Adams & Snowling, 2007).

Insgesamt kann das dargestellte Modell des Arbeitsgedächtnisses nach Baddely viele empirische Phänomene und Gesetzmäßigkeiten der Informationsverarbeitung erklären. Gleichzeitig beschreibt es plausible Mechanismen und Teilfunktionen, die sehr konkrete Vorstellungen über die Arbeit des Arbeitsgedächtnisses beim Lernen liefern. Wie man sich jedoch die Arbeitsweise der zentralen Exekutive konkret vorstellen kann, ist bisher nicht hinreichend geklärt. Auch das modalitätsübergreifende Hilfssystem, der episodische Puffer, wirft Fragen auf und ist Gegenstand aktueller Forschung.

3.2 Exekutive Funktionen

Der Begriff der »exekutiven Funktionen« umfasst eine Vielzahl kognitiver Fertigkeiten. Dazu gehören z. B. das Setzen von (Handlungs-)Zielen und die Überwachung der Zielerreichung, die Regulation der Aufmerksamkeit, die motorische Steuerung oder die Kontrolle und Korrektur von Handlungsergebnissen. Sie liegen vollkommen richtig, wenn Sie hier Prozesse und Aufgaben wiedererkennen, die auch der zentralen Exekutive des Arbeitsgedächtnisses zugeschrieben werden. Die im Folgenden beschriebenen exekutiven Funktionen können in der Tat als Ausdifferenzierung der zentralen Exekutive des Arbeitsgedächtnisses angesehen werden. Bei der Darstellung folgen wir Miyake und Kollegen (2000), die das Konstrukt der exekutiven Funktionen in drei teilweise überlappende Faktoren unterteilt haben (▶ Abb. 3.2):

1. die Inhibition: die Unterdrückung von vorschnellen und dominanten Reaktionen,
2. das Updating: die kontinuierliche Aktualisierung von Arbeitsgedächtnisrepräsentationen und
3. das Shifting/Switching: den flexiblen Aufmerksamkeits- oder Aufgabenwechsel.

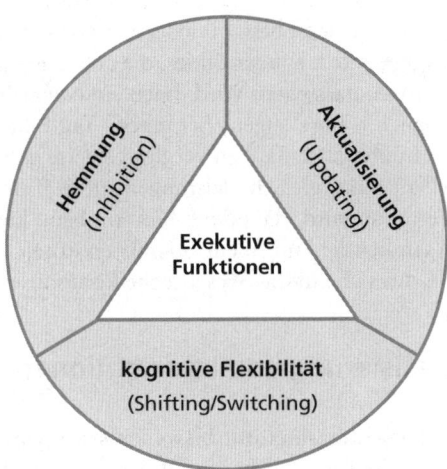

Abb. 3.2: Die Komponenten der zentralen Exekutive nach Miyake und Kollegen (2000)

Inhibition – Hemmung

Der Begriff der Inhibition ist uns bereits im zweiten Kapitel begegnet. Er beschreibt unsere Fertigkeit, eine vorherrschende Reaktion bewusst und absichtsvoll zu unterdrücken bzw. zu hemmen. Auf einer basalen Ebene kann Inhibition daher auch als inneres Stopp-Schild aufgefasst werden, auf einer höheren Ebene als die Fertigkeit, wohlüberlegt und bewusst vorzugehen. Ohne Inhibition wären wir gar nicht in der Lage, der Regel »erst denken, dann handeln« zu folgen. Aber wie zeigen sich unsere Inhibitionsleistungen im Alltag oder in Spielsituationen und wie lassen sie sich erfassen?

Im Unterrichtskontext muss beispielsweise der automatische Impuls unterbunden werden, mit der Antwort auf die Frage der Lehrkraft einfach herauszuplatzen. Sieht ein Kind auf der anderen Straßenseite seinen besten Freund, so sollte es nicht ohne zu schauen die Straße überqueren. Auch erfordert das Spiel »Halli Galli«, bei dem man dann, wenn fünf gleiche Früchte zu sehen sind, so schnell wie möglich auf die Klingel drücken muss, eine erhöhte Impulskontrolle. Sind auf der einen Karte fünf Bananen, auf der anderen jedoch auch zwei, so muss auch hier der Impuls zu drücken unterbunden werden. Inhibition ist also insbesondere in all jenen Situationen erforderlich, in denen es von großem Vorteil ist, kurz inne zu halten und automatischen Impulsen nicht einfach nachzugeben. Dies gilt insbesondere in Momenten, in denen Emotionen hochkochen, soziale Spielregeln beachtet werden müssen oder einfach nur die eigene Sicherheit.

Um die Inhibitionsleistungen von Kindern zu erfassen, wurden verschiedene Aufgaben entwickelt. Die im ersten Kapitel beschriebene Flanker-Aufgabe ist eine solche. Eine weitere häufig verwendete Aufgabe ist die sog. Go/No-Go-Aufgabe. Hierbei sitzen Kinder vor einem Computer und müssen beim Erscheinen eines bestimmten Symbols (z. B. blaues Quadrat) eine Taste drücken, beim Erscheinen eines anderen Symbols (z. B. rotes Quadrat) hingegen den Impuls zum Drücken der Taste inhibieren. Eine andere Möglichkeit besteht in der Verwendung der sog. Day-Night-Aufgabe. In dieser Aufgabe sehen Kinder Bilder, die entweder den Tag (z. B. Sonne) oder die Nacht (z. B. Mond) darstellen. Wird ihnen ein Nacht-Bild vorgelegt, sollen sie so schnell wie möglich »Tag« sagen, bei einem Tag-Bild hingegen »Nacht«. Kinder, die in solchen Inhibitionsaufgaben vergleichsweise gute Leistungen erbringen, weisen tendenziell auch bessere Schulleistungen auf (z. B. St Clair-Thompson & Gathercole, 2006). Vermutet wird, dass die Inhibition beim Lernprozess vor allem der gezielten Aufmerksamkeitslenkung dient. So müssen störende Reize ausgeblendet bzw. inhibiert werden, um sich auf das Wesentliche konzentrieren zu können.

Updating – Aktualisierung von Informationen

Updating wird in der Forschungsliteratur bisweilen synonym mit dem Begriff des Arbeitsgedächtnisses verwendet. Und in der Tat sind wir der Funktion des Updatings in diesem Kapitel bereits begegnet. Denken Sie z. B. an die Aufgaben zur Gedächtnisspanne bei Ziffern oder Wörtern (»Haus, Baum, Eis, Stuhl«). Ändert man hier die Anweisung der Gedächtnisspannen-Aufgabe so, dass nicht die Wiedergabe der dargebotenen Items in der richtigen Reihenfolge erfolgen soll, sondern in der umgekehrten Reihenfolge (korrekte Wiedergabe im Beispiel: Stuhl-Eis-Baum-Haus), dann spricht man von der Gedächtnisspanne rückwärts. Hier geht es nicht um die passive Speicherung und Aufrechterhaltung von Informationen im phonetischen Speicher, sondern um die aktive Überwachung und die kontinuierliche Aktualisierung der Informationen. Genau dies ist der Kern des Updatings: Prüfung eingehender Informationen auf Relevanz und Austausch im Arbeitsgedächtnis gehaltener, aber irrelevanter Informationen durch relevante Informationen. Nach Miyake und Friedman (2012) umfasst dies nicht nur eigehende Informationen, sondern auch Informationen, die im Langzeitgedächtnis gespeichert sind. Auch hier gilt es, nur relevante Informationen bereitzuhalten. Denn werden irrelevante Informationen aus dem Gedächtnis bereitgehalten, findet ggf. eine falsche bzw. ungenügende Verknüpfung mit bereits vorhandenem Wissen statt. Der Lernprozess wird demnach durch das Updating erheblich effizienter.

Vorstellen kann man sich die Bedeutung des Updatings etwa anhand der Schritte beim Bau eines Turms aus Bauklötzen. Die kleineren Klötze sind in der ersten Phase des Turmbaus irrelevant, da es zunächst nur darum geht, ein breites und sicheres

Fundament für den Turm zu schaffen. Besondere Eigenschaften der kleineren Klötze (z. B. Rundungen, Winkel) sind zu diesem Zeitpunkt eher hinderlich. Sie werden dann relevant, wenn sie an der Reihe sind.

Neben Aufgaben zur Gedächtnisspanne rückwärts wird oftmals die sog. *n-back-Aufgabe* verwendet, um das Updating zu erfassen. Dabei werden Kindern nacheinander z. B. Quadrate an verschiedenen Bildschirmpositionen präsentiert (z. B. erst links oben, dann links unten, usw.). Stimmt die Position des präsentierten Quadrats mit der Position überein, an der das Quadrat n Durchgänge zuvor präsentiert wurde, muss eine vorher festgelegte Taste gedrückt werden. Der Faktor n steht für die Anzahl der Durchgänge. Bei $n = 2$ müsste also die Position des präsentierten Quadrats mit der Position abgeglichen werden, an der das Quadrat zwei Durchgänge zuvor präsentiert wurde. Bei Kindern im Vorschul- und frühen Schulalter wird in der Regel ein n von einem, höchstens zwei Durchgängen verwendet (Tsujimoto, Kuwajima & Sawaguchi, 2007).

Shifting/Switching – kognitive Flexibilität

Sich auf stündlich wechselnde Unterrichtsfächer und deren mannigfaltige Anforderungen einzustellen, die sich oft sekündlich ändernden Spielsituationen beim Ballspiel oder auch die Sichtweise anderer Personen einzunehmen, erfordert vor allem eine hohe kognitive Flexibilität. Darunter versteht man die Fertigkeit, sich auf neue Situationen oder Anforderungen einzustellen und zwischen ihnen hin und her zu »switchen«.

So kann man z. B. beim Kartenspiel UNO beobachten, wie gut und schnell es Kindern gelingt, auf Farb- oder Richtungswechsel zu reagieren. Im Schulunterricht der ersten oder zweiten Klasse lässt sich beispielsweise beobachten, wie flexibel Kinder zwischen Additions- und Subtraktionsaufgaben wechseln können. Zur Erfassung der kognitiven Flexibilität werden in der experimentellen Forschung Aufgaben verwendet, in denen es zu plötzlichen Regeländerungen kommt, so z. B. bei der computerbasierten *Herz- und Blumenaufgabe* (Davidson, Amso, Anderson & Diamond, 2006). Diese enthält vier Aufgabenblöcke. Im ersten Block sehen die Kinder ein Herz, das entweder auf der linken oder der rechten Seite des Bildschirms präsentiert wird. Ihre Aufgabe ist es, so schnell wie möglich die Taste zu drücken, die unter der entsprechenden Seite des Bildschirms liegt (z. B. linke Taste, wenn das Herz auf der linken Seite erscheint). Im zweiten Block sehen die Kinder eine Blume, die auch auf der linken oder der rechten Seite des Bildschirms erscheinen kann. Bei der Blume sollen die Kinder jedoch so schnell wie möglich die Taste drücken, die auf der anderen Seite der Blume gelegen ist (z. B. rechte Taste, wenn die Blume auf der linken Seite erscheint). Im dritten und vierten Durchgang werden Herzen und Blumen gemischt präsentiert. Somit müssen die Kinder beide Regeln (Herz – gleiche Seite drücken; Blume – andere Seite drücken) beachten und zwischen ihnen flexibel hin und her wechseln. Die präsentierten Stimuli (Herz und Blume) in dieser Aufgabe sind also bivalent, d. h., sie haben relevante Merkmale für die jeweilige Reaktion, und die richtige Reaktion bei einem Stimulus ist die falsche Reaktion beim anderen Stimulus (Diamond, 2013).

Kinder, die in Aufgaben zur Erfassung der kognitiven Flexibilität vergleichsweise gute Leistungen zeigen, weisen tendenziell auch bessere mathematische und schriftsprachliche Kompetenzen auf (siehe z. B. Yeniad, Malda, Mesman, van IJzendoorn & Pieper, 2013). Während davon ausgegangen wird, dass ein flexibles Wechseln von Rechenstrategien insbesondere für die Bearbeitung komplexer mathematischer Problemstellungen notwendig ist, konnte bisher noch nicht eindeutig geklärt werden, welche Rolle die kognitive Flexibilität bei schriftsprachlichen Prozessen spielt (Yeniad et al., 2013).

> **Diskussion: Exekutive Funktionen und Bilingualität**
>
> Wenn Sie sich im fremdsprachigen Ausland befinden, ist Ihnen sicherlich schon aufgefallen, dass Sie – sofern Sie die dortige Sprache in ihren Grundzügen beherrschen – etwas Zeit brauchen, um wieder in die Sprache »hineinzukommen«. Bei Kindern, die zweisprachig aufgewachsen sind, ist eine solche Gewöhnungszeit (fast) undenkbar. In Abhängigkeit ihrer Gesprächspartner wechseln sie mit Leichtigkeit ständig die Sprache. Sie »switchen« also zwischen den Sprachen hin und her. Diese Beobachtung wurde lange Zeit als Beleg für die Vermutung angesehen, dass zweisprachig aufgewachsene Kinder über eine besonders hohe kognitive Flexibilität verfügen (Bialystok, 2001). Neuere empirische Analysen sprechen allerdings dafür, dass sich das gleichzeitige Erlernen zweier Sprachen weniger auf die kognitive Flexibilität auswirkt als vielmehr auf die Inhibitionsleistungen der Kinder (siehe z. B. Bialystok & Martin, 2004). Guttentag, Haith, Goodman und Hauch (1984) konnten zeigen, dass bei bilingualen Personen beide Sprachen während des Sprachprozesses aktiv sind. Nach Bialystok (2001) kommt es nicht zu einer sprachlichen Verwirrung, da die nicht benötigte Sprache kurzfristig inhibiert wird. Die Fähigkeit zur Inhibition scheint also beim Switching eine entscheidende Rolle zu spielen. So erfordert das Switching zwischen verschiedenen Sprachen die Inhibition der jeweils nicht relevanten Sprache (Carlson & Meltzoff, 2008).

Gemeinsamkeiten exekutiver Funktionen

Inhibition, Updating und Shifting/Switching werden als verschiedene exekutive Funktionen betrachtet, die Lernprozesse in jeweils unterschiedlicher Weise beeinflussen. Allerdings weisen sie auch Überschneidungen auf. So verfügen Kinder, die in einem der drei Bereiche vergleichsweise hohe Leistungen zeigen, meist auch über hohe Kapazitäten in den anderen beiden Bereichen. Wie lässt sich diese Gemeinsamkeit erklären? Miyake und Kollegen (2000) haben darauf hingewiesen, dass sowohl Updating- als auch Shifting-Aufgaben inhibitorische Elemente aufweisen. Beim Updating spielt die Hemmung irrelevanter neu eintreffender bzw. nicht weiter benötigter Informationen ein wichtige Rolle und beim Shifting beispielsweise die Hemmung nicht mehr aktueller Regeln. So betonen Miyake und Friedman (2012), dass eine zentrale Voraussetzung für inhibitorische Prozesse in der aktiven Aufrechterhaltung von Aufgabenzielen und aufgabenrelevanten Informationen und in der Nutzung dieser Informationen zur Beeinflussung grundlegender Verarbeitungsprozesse liegt. Hierin sehen sie ein entscheidendes Bindeglied zwischen den drei exekutiven Funktionen.

Auch wenn in der Forschung häufig angestrebt wird, die einzelnen exekutiven Funktionen separat voneinander zu erfassen, finden sich in der Literatur auch Versuche, exekutive Funktionen möglichst umfassend zu erheben. Dies scheint mit einer recht simplen Aufgabe, der sog. Head-Toes-Knees-Shoulders-Aufgabe (HTKS-Aufgabe; Ponitz, McClelland, Matthews & Morrison, 2009), möglich zu sein. Die HTKS-Aufgabe beinhaltet drei Blöcke mit bis zu vier verschiedenen Anweisungen (»Berühre deinen Kopf«, »Berühre deine Füße«, »Berühre deine Schultern« und »Berühre deine Knie«). Im ersten Block sollen die Kinder einfach den Anweisungen folgen. Daraufhin sollen sie einen Regelwechsel durchführen (z. B. ihren Kopf berühren, nachdem sie gebeten wurden, ihre Füße zu berühren). Im dritten Block erfolgt dann ein weiterer Regelwechsel (z. B. Kopf berühren nach der Anweisung, die Knie zu berühren). Die Aufgabe erfordert somit, spontane Handlungen zu unterdrücken (Inhibition), vorgegebenen Regeln zu folgen und dies kontinuierlich zu überwachen (Updating) sowie Regelwechsel zu beachten (Shifting/Switching). Die Leistung von Kindern in der HTKS-Aufgabe trägt in bedeutsamer Weise zur Vorhersage mathematischer, schriftsprachlicher und auch selbstregulativer Fertigkeiten im Grundschulalter bei (Ponitz et al., 2009; von Suchodoletz et al., 2014). Aufgrund ihrer Bedeutung für die Selbstregulation wird den exekutiven Funktionen auch eine wichtige Rolle bei der Beurteilung der Schulbereitschaft zugesprochen. Denn beim Schuleintritt sind Kinder mit Herausforderungen konfrontiert, die erhöhte selbstregulative Fertigkeiten erfordern (▶ Kap. 6).

Aufgrund ihres übergeordneten Charakters ermöglichen exekutive Funktionen also, dass andere basalere Prozesse, wie z. B. die Bereitstellung von Wissen aus dem Langzeitgedächtnis oder die dauerhafte Aufrechterhaltung der Aufmerksamkeit, im koordinierten Zusammenspiel situationsangemessen und zielgeleitet stattfinden können. Exekutive Funktionen scheinen vor allem dann von besonderer Bedeutung zu sein, wenn nicht auf automatisierte Verhaltensweisen, altbekanntes Wissen oder vorhandene, erfolgversprechende Problemlösestrategien zurückgegriffen werden kann oder darf. Daher beeinflusst ihr Einsatz das Denken und Verhalten insbesondere in neuen, unerwarteten und komplexen Situationen. Die Vorstellung der Existenz solcher übergeordneter und bereichsübergreifend nutzbarer kognitiver Fähigkeiten ist allerdings viel älter als das Konstrukt der exekutiven Funktionen. Auf dieser Vorstellung basierten bereits die ersten empirischen Arbeiten zur Intelligenz am Ende des 19. Jahrhunderts. Von daher ist es naheliegend, das Konstrukt der Intelligenz im folgenden Kapitel etwas genauer unter die Lupe zu nehmen.

4 Intelligenz und Lernstrategien

Nicht nur die Aufmerksamkeit, das Arbeitsgedächtnis und die exekutiven Funktionen sind bedeutsam für die Qualität und Intensität, mit der Informationen im Lernprozess verarbeitet werden. Von entscheidender Bedeutung ist auch ein weiterer grundlegender Faktor: die Intelligenz. Um einen Überblick darüber zu vermitteln, welche Auffassungen es von Intelligenz gibt, widmet sich das folgende Kapitel zunächst verschiedenen Intelligenzmodellen. Daraufhin wird auf die Denkentwicklung von Kindern eingegangen und das Zusammenspiel von Intelligenz und Vorwissen diskutiert. Der zweite Teil dieses Kapitels befasst sich mit den Lernstrategien von Kindern. Denn Lernstrategien – so werden wir versuchen aufzuzeigen – können die Güte der Informationsverarbeitung und den Erfolg des Lernens in erheblichem Umfang beeinflussen. Wir werden uns damit beschäftigen, welche Lernstrategien junge Kinder verwenden und wie diese Strategien das Lernen beeinflussen. Dies soll zu einem vertieften Verständnis darüber führen, wie Kinder das Lernen lernen.

4.1 Intelligenz

Kaum ein anderes Konstrukt in der Psychologie wurde schon so lange und so oft untersucht wie das der Intelligenz. Auch in jüngerer Zeit erlebt der Begriff der Intelligenz wieder einmal Hochkonjunktur. Bisweilen hat man den Eindruck, dass ein inflationärer Gebrauch um sich greift: Von Körperintelligenz, sozialer und emotionaler Intelligenz, visueller, kultureller, moralischer oder gar spiritueller Intelligenz ist dabei die Rede.

Auch ranken sich um kein anderes Konstrukt der Psychologie vergleichbar viele Mythen und Glaubenssätze. Sie reichen von der Annahme, dass jedes Kind hochbegabt sei oder dass die Schule Kinder dumm macht, bis hin zur Annahme, dass man Intelligenz trainieren kann (oder auch nicht) – gerade letzteres werden wir noch thematisieren. An der Begriffsvielfalt, aber auch an der Entstehung von Mythen ist die Wissenschaft nicht ganz unbeteiligt. So ging etwa Lewis M. Terman, der Pionier der Hochbegabtenforschung, davon aus, dass sich unter den hochbegabten Probanden seiner Langzeitstudie – also solchen mit einem außergewöhnlich hohen Intelligenzniveau – später überdurchschnittlich viele Nobelpreisträger finden lassen würden. Dies war nicht der Fall. Carol Dweck berichtet in ihrem Buch

Self-theories (1999) von einem bedeutsamen Wissenschaftler, der – ein paar Jahre nach Erhalt des Nobelpreises – seinen IQ testen ließ. Das Ergebnis überraschte: Es fiel deutlich niedriger aus als erwartet. Daraufhin gab der Wissenschaftler freimütig zu Protokoll, dass er es niemals für möglich gehalten habe, mit solch einem IQ einen Nobelpreis zu gewinnen. Hätte er vorher seinen IQ gekannt, hätte er niemals eine wissenschaftliche Karriere eingeschlagen.

Für den Erhalt eines Nobelpreises scheint außerordentlich hohe Intelligenz also nicht ganz so wichtig zu sein, wie oftmals angenommen (vgl. Kell, Lubinski & Benbow, 2013). Lässt sich daraus schlussfolgern, dass Intelligenz auch wenig mit Lernerfolg zu tun hat? Ist Intelligenz etwa auch für den Spracherwerb oder schulische Leistungen von geringer Bedeutung? Dies kann klar verneint werden. Es gibt kein anderes Merkmal individueller Verhaltenspotenziale, das zur Vorhersage einer so breiten Palette von Leistungen und Lernerfolgen geeignet ist wie die allgemeine Intelligenz (siehe Übersicht bei Rost, 2009).

Aber was versteht man eigentlich unter Intelligenz? Im Verlauf der nun über 100-jährigen Intelligenzforschung wurden viele verschiedene Antworten auf diese Frage gegeben und es wird nach wie vor darüber diskutiert. Auch wenn die verschiedenen Vorstellungen teilweise weit auseinander gehen, ist man sich in der Forschung relativ einig darüber, dass es um kognitive Grundfähigkeiten des Menschen geht, die insbesondere bei der Lösung neuartiger kognitiver Anforderungen von großer Bedeutung sind, in denen das verfügbare Vorwissen zur Bewältigung einer Aufgabe zu gering ist.

Die wichtigsten Unterschiede in den theoretischen Herangehensweisen an das Konzept der Intelligenz werden beim Vergleich der psychometrischen (quantitativen) und der strukturgenetischen (qualitativen) Perspektive deutlich. Der psychometrische Ansatz verfolgt das Ziel, einzelne, unterscheidbare Dimensionen der Intelligenz als Fähigkeiten zu beschreiben und die Beziehung dieser Fähigkeiten unter Verwendung komplexer statistischer Verfahren zu bestimmen. Dieser Ansatz führt zu standardisierten und normierten Intelligenztests, die es erlauben, die Intelligenz einzelner Personen festzustellen und dabei Aussagen über die relative Position einer Person in der Gruppe der Gleichaltrigen hinsichtlich ihrer Intelligenz zu machen. Empirische Grundlage dieses Intelligenzbegriffs bildet dabei die Anzahl der richtig gelösten Aufgaben in einem Testverfahren. Im Gegensatz zur psychometrischen Betrachtung versucht der strukturgenetische Ansatz zu erklären, wie es zur richtigen bzw. zur falschen Lösung bei der Bewältigung vorgegebener intellektueller Anforderungen kommt. Dieser Ansatz fokussiert also die Analyse der Denkprozesse, mit denen Kinder intellektuelle Anforderungen bewältigen.

Beiden Ansätzen wollen wir hier nachgehen. Mit Hilfe des psychometrischen Ansatzes wollen wir die Frage beantworten, was genau unter Intelligenz zu verstehen ist und wie sich Intelligenz von anderen Konstrukten abgrenzen lässt. Daher gehen wir zunächst auf die unterschiedlichen Intelligenzmodelle ein. Den strukturgenetischen Ansatz wollen wir nutzen, um besser zu verstehen, wie Kinder denken, d. h., wie sich ihre höheren geistigen Fähigkeiten des logischen, kausalen und wissenschaftlichen Denkens herausbilden. Daher fokussieren wir in einem weiteren Schritt auf die Denkentwicklung.

Intelligenzmodelle

Ohne Zweifel hat die psychometrische Forschung die Auffassung von der Natur der Intelligenz am stärksten beeinflusst. Eine der grundlegenden Fragestellungen war und ist die, ob und in welchem Maße sich Intelligenz als einheitliche Fähigkeit darstellt oder ob sie aus mehreren Faktoren besteht. Die unterschiedlichen Auffassungen lassen sich in globale, hierarchische und mehrdimensionale Modelle einteilen.

Als die Urväter der psychometrischen Intelligenzforschung können Alfred Binet und Théodore Simon angesehen werden. Denn sie waren es, die vom französischen Erziehungsministerium schon Ende des 19. Jahrhunderts damit beauftragt wurden, ein praktikables Testverfahren zu entwickeln, mit dessen Hilfe sich lernschwache Schüler zuverlässig identifizieren und als sonderschulbedürftig erkennen lassen sollten. Die beiden genannten Psychologen sahen Intelligenz als globale Fähigkeit an. Demgegenüber wird in hierarchischen Modellen die Intelligenz als eine Fähigkeit aufgefasst, die sich aus mehreren Komponenten zusammensetzt, die wiederum verschiedenen Hierarchiestufen angehören können. Die erste Theorie dieser Art, die noch heute von einigen Intelligenzforschern bevorzugt wird, begründete 1923 der britische Psychologe Charles Spearman (1863–1945). Durch den Vergleich verschiedener Intelligenztests, die er an einer Gruppe junger Erwachsener durchgeführt hatte, fand er heraus, dass die verschiedenen Tests über eine große Stichprobe hinweg statistisch überzufällig ähnliche individuelle Ergebnisse erbrachten. Dies führte ihn zu der Schlussfolgerung, dass es einen übergeordneten und allgemeingültigen Faktor geben müsse, der die Intelligenz eines Menschen bestimmt. Diesen bezeichnete er als Generalfaktor der Intelligenz (auch g-Faktor der Intelligenz oder allgemeine Intelligenz genannt). Neben dem g-Faktor gibt es seinem Zwei-Faktoren-Modell nach sog. Spezialfaktoren (s-Faktoren), wie z. B. »sprachliches Können« oder »mathematische Begabung«. Dem Spearmanschen Modell zufolge ist an jeder intelligenten Aufgabenlösung neben dem g-Faktor auch mindestens ein s-Faktor beteiligt.

> **Fokus: Intelligenzquotient**
>
> Der Intelligenzquotient (IQ) ist eine Kenngröße zur Bewertung des intellektuellen Leistungsvermögens und wird mit einem Intelligenztest ermittelt. Die im Test erbrachte Leistung einer Person wird mit einer Normstichprobe der jeweiligen Referenzgruppe (z. B. Kinder im Alter von sechs Jahren) verglichen. In jeder Altersgruppe ist der Durchschnitts- bzw. Mittelwert des IQ gleich und liegt bei 100. Als individuell durchschnittlich gelten Intelligenzwerte, die im Bereich zwischen 85 und 115 IQ-Punkten liegen. Dieser Wert bestimmt sich aus der Festlegung, dass Werte, die im Bereich von bis zu einer Standardabweichung (beim IQ-Test sind das 15 Punkte) liegen, als im Bereich des »unauffälligen Durchschnitts« bewertet werden. Je weiter der IQ vom Mittelwert abweicht, desto seltener finden sich Personen, die einen ähnlichen IQ besitzen. So erreichen nur etwa 2 Prozent aller Menschen einen IQ von 130 oder mehr und gelten damit als hochbegabt.

Raymond Bernard Cattell (1905-1998) griff den Gedanken des Generalfaktors auf und unterteilte ihn auf einer untergeordneten Ebene in zwei Subdimensionen, die fluide (oder flüssige) und die kristalline (auch kristallisierte) Intelligenz. Die fluide Intelligenz bezieht sich auf die Basisprozesse des Denkens (z. B. Verarbeitungsgeschwindigkeit) und wird als überwiegend genetisch determiniert betrachtet. Die kristalline Intelligenz umfasst alle Fertigkeiten, die im Laufe des Lebens erlernt bzw. durch die Umwelt bestimmt werden und gilt daher als eher kulturabhängig.

Gegenüber hierarchischen Modellen postulieren mehrdimensionale Modelle mehrere gleichberechtigte, voneinander unabhängige Intelligenzfaktoren. So verwarf etwa Louis Thurstone (1887-1955) in seinem Primärfaktorenmodell die Vorstellung eines generellen, übergeordneten Intelligenzfaktors. Nach Thurstone bilden vielmehr sieben intellektuelle Primärfaktoren die Grundlage der menschlichen Intelligenz: Sprachverständnis, Rechenfertigkeiten, Raumvorstellung, Gedächtnis, schlussfolgerndes Denken, Wortflüssigkeit und Auffassungsgeschwindigkeit. Diese Faktoren werden weiterhin häufig mit der Intelligenz in Verbindung gebracht, ihre Unabhängigkeit konnte jedoch empirisch nicht aufgezeigt werden (vgl. Rost, 2009).

Exkurs: Multiple Intelligenzen

Ob soziale, emotionale, kulturelle oder linguistische Intelligenz, die Neukonzeption des Intelligenzbegriffs hat Hochkonjunktur und findet in weiten Teilen der Bevölkerung Anhänger. Eine der Leitfiguren des Wirbels um die Ausdehnung des Intelligenzbegriffs ist der Erziehungswissenschaftler Howard Gardner. In seiner *Theorie der multiplen Intelligenzen* (Gardner, 1983, 2006) unterteilt er die Intelligenz nicht nur in bereichsspezifische Einheiten – ähnlich dem mehrdimensionalen Ansatz – sondern verortet sie auch in voneinander unabhängigen neuronalen Schaltkreisen. Gardner kritisiert die einseitige Betonung mathematischer und verbaler Fertigkeiten in herkömmlichen IQ-Tests, plädiert für eine Ausweitung und postuliert acht Typen von Intelligenzen, wie z. B. die visuellräumliche, die musikalische oder auch die naturalistische Intelligenz. Gut sieben Jahre später traf der von John Mayer und Peter Salovey eingebrachte und in der Folge von Daniel Goleman verbreitete Begriff der *emotionalen Intelligenz* auf ein noch größeres Echo (Goleman, 1995). Der Begriff beschreibt die Fähigkeit, eigene und fremde Gefühle (korrekt) wahrzunehmen, zu verstehen und zu beeinflussen. Der Erfolg des Ansatzes der multiplen Intelligenzen bei Eltern, pädagogischen Fachkräften und Lehrkräften ist nicht verwunderlich, passt er doch gut zu dem Bild, dass alle Kinder einzigartig sind. Übersehen wird dabei jedoch meist die Gefahr, dass der Intelligenzbegriff zunehmend bedeutungslos und unscharf wird. Anstelle der Verwendung des Begriffs der Intelligenz sollte in vielen Fällen wohl eher von Einstellungen, Überzeugungen, Fertigkeiten oder Ähnlichem die Rede sein (Gruber & Stamouli, 2015; Locke, 2005; Rost, 2009).

Rechtfertigen die Befunde bisheriger Intelligenzforschung die Schlussfolgerung, dass Generalfaktormodelle der Intelligenz die erklärungskräftigsten Intelligenzmodelle darstellen? Dies wäre etwas voreilig, da eine Reihe von Fragen bisher ungeklärt sind.

So kann etwa ein einzelner Intelligenzfaktor nicht erklären, wie es zum Wachstum oder auch zum Abfall kognitiver Leistungsmöglichkeiten kommt. Am Beispiel der erwähnten Cattellschen Unterscheidung zwischen fluider und kristalliner Intelligenz lässt sich dieses Grundproblem gut beschreiben. So ist mit dem Alter ein schnellerer Rückgang der fluiden im Vergleich zur kristallinen Intelligenz zu beobachten (McArdle, Hamagami, Meredith & Bradway, 2000). Ein nicht weiter ausdifferenziertes Generalfaktormodell kann diese unterschiedlichen Entwicklungsverläufe nicht erklären. Eine geeignete Erklärung liefert hierbei vielmehr die Annahme, dass die Primärfaktoren der Intelligenz zunächst unabhängig voneinander sind und sich erst im Verlauf der Entwicklung substantielle Überscheidungen ergeben (van der Maas et al., 2006). Tatsächlich konnten beispielsweise McArdle und Kollegen (2000) aufzeigen, dass sich die Entwicklung der fluiden Intelligenz und die Gedächtnisentwicklung gegenseitig positiv beeinflussen. Van der Maas und Kollegen (2006) sehen darin einen Hinweis darauf, dass es keinen übergeordneten g-Faktor gibt. Bartholomew, Deary und Lawn (2009) postulieren, dass der g-Faktor ein Epiphänomen darstelle, das nur auftrete, da für die Bewältigung jeder Testaufgabe unterschiedliche, aber miteinander zusammenhängende Fähigkeiten erforderlich seien. Ob es tatsächlich einen übergeordneten und allgemeinen Intelligenzfaktor gibt oder ob dieser eher ein Epiphänomen ist, lässt sich gegenwärtig nicht eindeutig entscheiden.

Die psychometrische Forschung zur Intelligenz zielt primär auf die Beschreibung und Explikation von einzelnen unterscheidbaren Fähigkeiten ab, d. h., sie fokussiert vor allem Strukturfragen der Intelligenz. Eine etwas andere Perspektive wird in Informationsverarbeitungsmodellen zur Intelligenz eingenommen. So werden die während der Informationsverarbeitung ablaufenden grundlegenden kognitiven Prozesse näher betrachtet. Wie bereits ausgeführt (▶ Kap. 3), stellt das Arbeitsgedächtnis die wesentliche Schaltzentrale der Informationsverarbeitung dar. Hier werden Informationen aufrechterhalten, manipuliert und verarbeitet. Insofern sollte die Bearbeitung von Aufgaben zur Erfassung der Intelligenz stets unser Arbeitsgedächtnis beanspruchen. Dies hat zunächst Kyllonen und Christal (1990), später auch Oberauer, Schulze, Wilhelm und Süß (2005) zu der Überlegung geführt, dass der g-Faktor bzw. die allgemeine Intelligenz und das Arbeitsgedächtnis im Wesentlichen deckungsgleich sind. Und tatsächlich finden sich hohe bis sehr hohe Zusammenhänge zwischen beiden (Kane, Hambrick & Conway, 2005; Oberauer et al., 2005; vgl. Ackerman, Beier & Boyle, 2005). Rechtfertigen jedoch diese hohen Korrelationen die Schlussfolgerung, dass Intelligenz mit der Kapazität des Arbeitsgedächtnisses gleichzusetzen ist? Wohl eher nicht. Denn zum einen werden in den genannten Studien Aufgaben zur Erfassung der generellen Intelligenz verwendet, die eher als Arbeitsgedächtnismaße anzusehen sind (z. B. mentale Rotation), zum anderen ist die Gleichsetzung auch aus theoretischer Sicht umstritten. Denn logisches Denken als Grundoperation der Intelligenz beinhaltet vor allem das flexible Ableiten und Anwenden von Regeln. Erklärt man Kindern die entsprechenden Regeln, bzw. frischt ihr Wissen darüber auf, so erhöht sich nicht nur ihre Leistung in einem Intelligenztest, sondern es ergibt sich auch eine höhere Korrelation zum Arbeitsgedächtnis (Loesche, Wiley & Hasselhorn, 2015). Beschränkt man sich auf diese Auffassung von Intelligenz, so kann man zu der Schlussfolgerung kommen, dass das Arbeitsgedächtnis als eine Art »Flaschenhals« fungiert (Hasselhorn & Gold, 2013), durch den die Informationen müssen, bevor auf ihrer Grundlage (logische) Schlussfolgerungen gezogen werden können. Das Arbeitsgedächtnis wie auch das Wissen um mögliche Lösungsstrategien stellen demnach wesentliche Bausteine der allgemeinen Intelligenz dar (vgl. Süß, Oberauer, Wittmann, Wilhelm & Schulze 2002). Kindern mit hohen Arbeitsgedächtniskapazitäten gelingt es leichter, zu den richtigen Schlussfolgerungen zu kommen, da sie die relevanten Informationen besser und länger bereithalten können. Dies kann man sich recht gut beim Lösen von sog. figuralen Matrizen-Aufgaben vorstellen, einem beliebten Aufgabentypus bei Tests zur Erfassung der fluiden Intelligenz. Bei diesen Aufgaben wird den Kindern die Zeichnung eines figuralen, aber abstrakten Musters vorgelegt. Das Muster besteht aus verschiedenen Teilen, von denen eines bei der Vorlage ausgelassen wurde (▶ Abb. 4.1). Die Aufgabe des Kindes besteht darin, aus einer Reihe möglicher Ergänzungsteile dasjenige auszuwählen, das das unvollständig gezeichnet Muster richtig komplettiert. Hierbei müssen ganz unterschiedliche Merkmale des vorgegebenen Musters erkannt und im Arbeitsgedächtnis bereitgehalten werden.

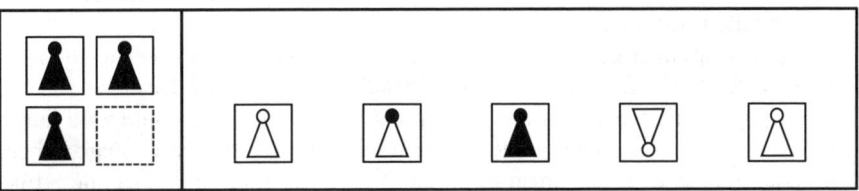

Abb. 4.1: Beispielaufgabe aus dem Untertest Matrizen des CFT 1-R. Gesucht wird die das Muster richtig ergänzende Figur (nach Weiß & Osterland, 2012)

Betrachten wir Intelligenz vor diesem Hintergrund nochmals aus der Perspektive von Raymond B. Cattell, der zwischen einer allgemein fluiden und einer allgemein kristallinen Intelligenz unterschied, dann lässt sich erkennen, dass die Strukturen und Mechanismen der Informationsverarbeitung durchaus als Bausteine der Intelligenz aufgefasst werden können. Die fluide Intelligenz bezieht sich auf die Basisprozesse des Denkens, die im höchsten Maße durch Strukturen und Mechanismen der Informationsverarbeitung wie Aufmerksamkeit, Arbeitsgedächtnis, Inhibition und kognitive Flexibilität beeinflusst werden. Die kristalline Intelligenz umfasst dagegen alle Fertigkeiten, die im Laufe des Lebens erlernt werden und somit Inhalt des Langzeitgedächtnisses bzw. des Vorwissens werden, d. h., sie ist das Ergebnis von Lernprozessen. Die durchaus spannende Frage ist die, wie kristalline (Vorwissen) und fluide Intelligenz zusammenspielen? Nicht nur auf diese Frage werden wir im folgenden Abschnitt eingehen.

Denkentwicklung

Die unterschiedlichen Intelligenzmodelle verschaffen uns einen Überblick darüber, welche, teils sehr unterschiedlichen Fähigkeiten mit Intelligenz in Verbindung gebracht werden. Zudem kann man über Intelligenztests die Leistungsfähigkeit eines Kindes mit der anderer Kinder vergleichen und individuelle Stärken und Schwächen identifizieren (ob es z. B. eher sprachlich begabt ist oder ein gutes räumliches Vorstellungsvermögen besitzt). Jedoch erfährt man stets nur, welche Testaufgaben richtig und welche nicht richtig gelöst wurden. Eine Antwort auf die Frage, welche Denkprozesse zur Lösung führten, bzw. wie es zu falschen Lösungen kam, können weder Intelligenzmodelle noch die Ergebnisse von Intelligenztests geben. Dies ist aber für das Verständnis darüber, wie Kinder lernen, sehr wichtig. Daher nehmen wir im Folgenden gezielt eine entwicklungspsychologische Perspektive ein und widmen uns der Denkentwicklung. Unser heutiges Verständnis der kindlichen Denkentwicklung basiert weitgehend auf den Arbeiten von Jean Piaget (1896–1980), der 1919 in Binets Laboratorium in Paris arbeitete. Piaget war fasziniert von den Denkfehlern der Kinder, da ihm diese einen Einblick in die Eigenart des kindlichen Denkens und speziell in die Unterschiede zwischen dem Denken des Kindes und dem des Erwachsenen vermittelten. Noch heute gilt die vom Schweizer Entwicklungspsychologen schon in den 30er Jahren des letzten Jahrhunderts vorgelegte Konzeption zur Entwicklung des Denkens als Markenzeichen des strukturgenetischen Ansatzes.

Piagets Grundüberzeugung war, dass die kognitive Entwicklung von Kindern als eine Sequenz qualitativ unterschiedlicher Stadien des logischen Denkens abläuft. Der Prozess der Konstruktion von Erkenntnis beginnt bei Geburt und wird durch das Wechselspiel von zwei komplementären adaptiven Prozessen vorangetrieben, der *Assimilation*, d. h. der Integration von Neuem in bestehende mentale Strukturen und der *Akkommodation*, der Anpassung bestehender mentaler Strukturen als Reaktion auf Umweltanforderungen. Im Verlauf der Entwicklung durchläuft das Kind eine geordnete Sequenz von kognitiven Stadien, die jeweils durch eine Reorganisation der Erkenntnismöglichkeiten auf qualitativ höherem Niveau gekennzeichnet sind. Piaget unterschied vier Hauptstadien der kognitiven Entwicklung in Kindheit und Jugendalter: das sensumotorische (Geburt bis 2 Jahre), das präoperatorische (2 bis 7 Jahre) und das konkret operatorische Stadium (7 bis 11) sowie das Stadium der formalen Operationen (11 bis 15 Jahre). Der uns in diesem Band besonders interessierende Altersbereich betrifft also das präoperatorische und das konkret-operatorische Stadium. Was ist nach Piaget charakteristisch für diese Stadien? Im präoperatorischen Stadium denken Kinder symbolisch-repräsentational und können somit Vergangenheit und Zukunft repräsentieren, sowie fiktive Vorstellungswelten kreieren. Sie erwerben Sprache als wichtigstes Kommunikationsmittel. Ihr Denken ist nach Piaget jedoch eingeschränkt und häufig fokussiert auf einzelne, in der Wahrnehmung hervorstechende Aspekte eines Ereignisses oder einer Handlung. Piaget sprach in diesem Zusammenhang von *Zentrierung*. Üblicherweise unterscheidet man zwischen intellektueller und sozialer Zentrierung. Ein typisches Beispiel für die intellektuelle Zentrierung im Denken von Vorschulkindern sind Fehleinschätzungen bei der Beurteilung konstanter, jedoch transformierter Mengen. So betrachten Kinder in diesem Stadium das Umschütten einer Flüssigkeit von einem breiten in ein schmales Gefäß als eine Veränderung in der Menge der Flüssigkeit. Die soziale Zentrierung im Vorschulalter äußert sich in einer Konzentration auf die eigene visuelle Perspektive. Dies konnte

Piaget anhand eines unter dem Namen »3-Berge-Versuch« berühmt gewordenen Experiments aufzeigen. Dabei werden die Kinder vor eine Landschaft aus drei Pappmaché-Bergen gesetzt. Auf der anderen Seite der Landschaft sitzt eine Puppe. Die Kinder sollen nun die Berglandschaft aus der Perspektive der Puppe beschreiben. Die Beschreibungen jüngerer Kinder sind dabei oft durch die eigene Perspektive verzerrt. Daher hat Piaget die damit verbundenen Phänomene, die sich auch im Sprachgebrauch der Kinder niederschlagen, als »Egozentrismus« bezeichnet. Erst im Stadium des konkret-operatorischen Denkens, so Piaget, überwinden Kinder diese Einschränkungen und schlussfolgern logisch (bezogen auf konkrete Objekte und Ereignisse) auf der Basis fundamentaler Konzepte wie Raum, Zeit und Kausalität.

Neuere Studien zeigen jedoch, dass jüngere Vorschulkinder durchaus schon über eine basale Form der Perspektivendifferenzierung verfügen und wissen, dass es verschiedene Perspektiven gibt (Flavell, 1999). Sie können allerdings noch nicht beschreiben, wie etwas aus der Perspektive einer anderen Person aussieht. Auch konnte für verschiedene Arten von Denkleistungen gezeigt werden, dass das Scheitern jüngerer Kinder in komplexen Aufgaben auf Defizite im Inhaltswissen oder auf die Schwierigkeit des Aufgabenformats zurückzuführen ist. Insgesamt scheint die von Piaget vorgenommene Festlegung von konkreten individuellen Entwicklungsstufen nicht immer eindeutig möglich zu sein. Beispielsweise zeigte sich, dass Kinder in Inhaltsbereichen, die ihnen vertraut sind, logische Denkoperationen auf einer höheren Stufe als in weniger vertrauten Inhaltsbereichen vollziehen können. So sind richtige Analogieschlüsse schon bei Drei- bis Vierjährigen zu beobachten. Sie verstehen beispielsweise oftmals schon die Analogie: Schokolade verhält sich zu geschmolzener Schokolade wie Schneemann zu Wasser. Insgesamt scheint es eine beträchtliche Kontinuität in diesen Denkleistungen über die Lebensspanne zu geben, insofern, als erfolgreiches Schlussfolgern bei Kindern und Erwachsenen den gleichen Prinzipien folgt und durch ähnliche Faktoren beeinflusst wird, sofern sie über das relevante Wissen verfügen (Goswami & Brown, 1989). Stern (2005) hat daraus die Schlussfolgerung gezogen, dass sich die Entwicklung der Intelligenz nicht im Sinne eines stufenweise »besseren Denkens« vollzieht, sondern im Sinne eines zunehmend »besseren Wissens« von der Welt.

Das Denken im Altersbereich zwischen vier und acht Jahren wird typischerweise benutzt, um Wissen anzuhäufen. Insofern dient es einem basalen (wissenschaftlichen) Verstehen der Welt. Die Grundlage hierfür bildet das Verständnis kausaler Prinzipien. Im Folgenden wollen wir daher auf das kausale und das wissenschaftliche Denken eingehen.

Kausales Denken

Die Entwicklung des Denkens ist eng verknüpft mit dem Verständnis grundlegender kausaler Prinzipien. Da bei vielen Ereignissen die Ursache nicht unmittelbar erkennbar ist, wird diese aus bestimmten Merkmalen des Ereignisses abgeleitet. Menschen nehmen an, dass ein Ereignis X ein Ereignis Y verursacht, wenn X zeitlich vor Y liegt (Prioritätsprinzip) und X und Y wiederholt gemeinsam beobachtet werden (Kovariationsprinzip). Diese grundlegenden Prinzipien werden von Erwachsenen inhaltsunabhängig genutzt, um Ursache-Wirkungs-Zusammenhänge zu erschließen.

Die Kausalerklärungen von vier- und fünfjährige Kindern werden von Erwachsenen oftmals als fehlerhaft eingestuft. So findet man beispielsweise Erklärungen wie: Die Sonne scheint, weil sie will, dass das Eis schmilzt. Aus derartigen kindlichen Kausalerklärungen schloss Piaget, dass Kinder im präoperatorischen Stadium lediglich über ein intentionales, nicht aber über ein mechanisches Kausalschema verfügen, sie also nicht nur menschliches Verhalten, sondern auch physikalische Phänomene als die Folge absichtlicher Handlungen (nicht nur von Lebewesen) ansehen. Beachtet man jedoch das Vorwissen der Kinder und reduziert die Aufgabenanforderungen auf ein Minimum, so lässt sich zeigen, dass vierjährige Kinder kausale Schlüsse nach den gleichen Prinzipien wie Erwachsene ziehen. Dies konnten Schulz und Gopnik (2004) in einem Experiment zeigen. Darin beobachteten Kinder eine Äffchen-Handpuppe, die an unterschiedlichen Blumen (eine rote, eine gelbe und eine blaue) schnupperte und bei manchen immer niesen musste. Zunächst schnupperte das Äffchen an der roten und blauen Blume und musste jedes Mal, wenn es an den Blumen schnupperte, niesen. Als nächstes wurde die gelbe zusammen mit der blauen Blume präsentiert. Schnupperte das Äffchen an an den Blumen, musste es auch niesen. Wurde die blaue Blume durch den Versuchsleiter entfernt und durch die gelbe ersetzt, musste es nicht niesen. Die Kinder sollten nun angeben, welche Blume das Äffchen zum Niesen brachte. Gut 79 Prozent der Vierjährigen gaben bei der Frage danach, welche Blume das Äffchen zum Niesen brachte, sachlich korrekt die blaue Blume als Ursache an, d. h., sie beachteten die Systematik der Abhängigkeit zwischen zwei Ereignissen und suchten nach plausiblen Mechanismen der Verursachung.

Wissenschaftliches Denken

Wissenschaftliches Denken kann als absichtliches Denken mit dem Ziel, das Wissen zu erweitern, verstanden werden (Kuhn, 2002). Um wissenschaftlich zu denken, muss zunächst zwischen einem Sachverhalt und dem Nachdenken über einen Sachverhalt, also zwischen Evidenz und Hypothese unterschieden werden können. Um durch einen Test Evidenz für eine Hypothese zu erlangen, müssen Kinder wie Wissenschaftlerinnen oder Wissenschaftler vorgehen, d. h., Variablen müssen isoliert, manipuliert und kontrolliert werden.

Das grundlegende Verständnis des Unterschieds zwischen Evidenz und Hypothese entwickelt sich nach Wellman und Lagattuta (2004) deutlich früher als Piaget annahm, nämlich schon mit etwa drei Jahren. Allerdings hängt dies entscheidend von der Komplexität der Aufgabenstellung bzw. von der Art der Informationsverarbeitungs-Anforderungen an die Kinder ab. In weniger komplexen Aufgaben (wenn nur ein Kausalfaktor mit einem Ergebnis zusammenhängt, z. B. der Konsum von Süßigkeiten mit Karies) können schon Fünfjährige die Daten, die ihnen in Form von Bildkärtchen oder in Form von Balkendiagrammen vorgelegt werden, richtig interpretieren und verstehen zudem, dass eine Geschichtenfigur, der »falsche Daten« vorgelegt werden, zu einer abweichenden Interpretation kommen würde (Ruffman, Perner, Olson & Doherty, 1993). Wird die Aufgabenkomplexität erhöht (mehrere Kausalfaktoren) antworten selbst Grundschulkinder eher vorurteilsgeleitet, d. h., sie lassen sich bei der Interpretation der Daten von ihren eigenen Überzeugungen über Zusammenhänge leiten, statt evidenzbasiert zu antworten. Werden das Vorwissen und ihre theoretischen Annahmen kontrolliert, z. B. durch die Verlagerung der Anforderung in einen künstlichen Aufgabenkontext (z. B. Marsmenschen), in dem die Kinder keine eigenen Vorstellungen und Überzeugungen über eine Ursache-Wirkung-Relation haben, erzielen sie bessere Leistungen als in einem realistischen Kontext, in dem die Evidenz im Widerspruch zu den eigenen subjektiven Theorien steht.

> **Fokus: Unterscheidung zwischen Hypothesenprüfung und Effektproduktion**
>
> Der Frage, ob Erst- und Zweitklässler zwischen Hypothesenprüfung und Effektproduktion unterscheiden können, gingen Sodian, Zaitchik und Carey (1991) in einer Studie nach. Dazu wurde eine Geschichte von zwei Kindern erzählt, die in ihrem Haus eine Maus bemerkt hatten, sie aber nicht sehen konnten, da die Maus nur nachts aus ihrem Versteck kam. Die Kinder wollten nun entweder durch ein Experiment herausfinden, ob eine Maus groß oder klein war (Hypothesenprüfung), oder die Maus füttern (Effektproduktion). In beiden Versuchsbedingungen sollten die Kinder jeweils zwischen zwei Schachteln mit großer und kleiner Öffnung, in die jeweils Käse gelegt worden war, wählen und ihre Wahl begründen. Können Kinder zwischen Hypothesenprüfung und Effektproduktion unterscheiden, sollten sie in den beiden Bedingungen unterschiedliche Schachteln wählen. Bei mehr als der Hälfte der untersuchten Erstklässler und gut 86 Prozent der Zweitklässler war genau dies der Fall. In der Bedingung »Hypothesenprüfung« gelang es den Kindern zwischen einem unschlüssigen Test (große Öffnung) bzw. einem schlüssigen Test (kleine Öffnung) zu unterscheiden und ihre Wahl zu begründen. In der Bedingung »Effektproduktion« wählten die Kinder hingegen die Schachtel mit der großen Öffnung. So konnten sie sicherstellen, dass die Maus, ob groß oder klein, den Käse bekommt. Kinder können demnach schon im frühen Grundschulalter zwischen einem widersprüchlichen (inkonklusiven) und einem logisch stimmigen (konklusiven) Test unterscheiden und die Prüfung einer einfachen Hypothese durch ein Experiment von der Produktion positiver Effekte abgrenzen.

Die Fähigkeit, auch in komplexen Problemdomänen systematisch Hypothesen zu prüfen und Evidenz zu evaluieren, verbessert sich im Alter zwischen vier und acht Jahren. Ausschlaggebend dafür ist vor allem eine Zunahme der Informationsverarbeitungskapazität, der erhebliche Wissenszuwachs und die Entwicklung eines metabegrifflichen Verständnisses (Kuhn & Pearsall, 2000). Letzteres bezieht sich auf die sich langsam herausbildende Fähigkeit zur Introspektion und Überwachung der eigenen Gedanken, die es ermöglicht, eigene Gedanken, die wiederum falsch oder richtig sein können, als Basis einer Theorie zu verstehen. Die dafür notwendigen Entwicklungsschritte werden in Kapitel 6 dargestellt (▶ Kap. 6). Da aber auch das Wissen von der Welt bei der Lösung von komplexen Anforderungen von großer Bedeutung zu sein scheint, widmen wir uns zunächst der Frage, wie Intelligenz und Vorwissen zusammenspielen.

Zusammenspiel von Intelligenz und Vorwissen

Nahezu alle Lernprozesse sind das Ergebnis kumulativer, d. h. aufeinander aufbauender Lernprozesse. Das Wissen, über das wir bereits verfügen, ist also nicht nur Inhalt unseres Langzeitgedächtnisses geworden – es ist zugleich eine der wesentlichen individuellen Voraussetzungen bzw. Bedingungen für weiteres Lernen. Mit anderen Worten: Je mehr Vorwissen eine Person erworben hat, desto günstiger sind die Bedingungen dafür, sich in weiteren Lernprozessen neues Wissen anzueignen. Dies konnte in unterschiedlichen Inhaltsbereichen durch den Vergleich von Experten und Novizen aufgezeigt werden. Experten unterscheiden sich von Novizen darin, dass sie auf dem Gebiet ihrer Expertise über ein umfangreiches und wohlgeordnetes Wissen sowie über reichhaltige Erfahrungen verfügen. Im Altersbereich bis acht Jahre sind ausgeprägte Expertisen wohl bestenfalls eine Ausnahme. Jedoch können Ergebnisse aus Untersuchungen mit älteren Kindern den Einfluss von Vorwissen exemplarisch verdeutlichen. So konnte z. B. gezeigt werden, dass Schachmeister, Erwachsene wie Kinder, gegenüber weniger geübten Schachspielern und Anfängern bei der Rekonstruktion von nur kurz dargebotenen Schachkonstellationen deutlich überlegen sind (Chi, 1978). Schneider, Körkel und Weinert (1989) gingen noch einen Schritt weiter und kontrastierten den Einfluss von Intelligenz und Vorwissen auf die Behaltensleistung. Dazu wählten sie die Inhaltsdomäne »Wissen über Fußball« aus, bei der das Ausmaß des Vorwissens nicht in einem bedeutsamen Zusammenhang zur allgemeinen Intelligenz steht. Nach der Erfassung des spezifischen Fußballwissens und der allgemeinen Intelligenz wurden Kinder der dritten bis siebten Klassenstufe vier Gruppen zugeordnet: (1) unterdurchschnittliche Intelligenz, unterdurchschnittliches Wissen; (2) unterdurchschnittliche Intelligenz, überdurchschnittliches Wissen; (3) überdurchschnittliche Intelligenz, unterdurchschnittliches Wissen; (4) überdurchschnittliche Intelligenz, überdurchschnittliches Wissen. Anschließend wurde den Kindern eine Geschichte vorgelesen, die vom Verlauf eines Fußballspiels handelte und deren Inhalt sie später wiedergeben sollten. Die spannende Frage war nun, wie sich Gruppe 2 und 3 zueinander verhalten würden. Die Ergebnisse waren eindeutig: Weniger intelligente Fußballexperten (Gruppe 2) konnten deutlich mehr Informationen aus dem Text reproduzieren als intelligentere Novizen (Gruppe 3). Schlägt Vorwissen also die Intelligenz? Diese Frage kann nicht eindeutig beantwortet werden, zeigen sich doch in den meisten anderen Inhaltsbereichen deutliche Zusammenhänge zwischen dem inhaltlichen Vorwissen und der allgemeinen Intelligenz. Dies weist darauf hin, dass der Erwerb von Vorwissen in der Regel den intelligenteren Personen leichter fällt (Schneider, 1997). Die beschriebenen Studien zeigen aber deutlich auf, dass bei hoher Intelligenz ein gutes bereichsspezifisches Vorwissen nicht entbehrlich ist. Ein reichhaltiges Vorwissen kann einen Mangel an allgemeiner Intelligenz jedoch bis zu einem gewissen Grade kompensieren (siehe auch Stern & Schumacher, 2004).

Die grundlegende Frage, warum es intelligenten Kindern leichter fällt zu lernen, ist aus dieser Perspektive leicht zu beantworten: Sie verfügen bereits über mehr Wissen. Oder wie es Neubauer und Stern (2008) ausdrücken: Lernen macht intelligent. Intelligenz ist also beides: eine wichtige Voraussetzung für künftiges Lernen und zugleich das Ergebnis komplexer Lern- und Entwicklungsprozesse in den unterschiedlichen Lernumgebungen.

4.2 Lernstrategien

Unser Arbeitsgedächtnis (▶ Kap. 3) hat nur eine begrenzte Kapazität. Wir können Informationen also nur für eine kurze Zeit im Arbeitsgedächtnis halten. Auch für Kinder beträgt die Behaltenszeit nur wenige Sekunden. Es sei denn, sie wenden Strategien an, um die Behaltenszeit zu verlängern. Was aber genau sind eigentlich derartige Lernstrategien? Darunter versteht man Prozesse bzw. Aktivitäten, die auf ein Lern- oder Behaltensziel ausgerichtet sind und die über die obligatorischen Vorgänge bei der Bearbeitung einer Lernanforderung hinausgehen. Sie sind bewusstseinsfähig, werden in der Regel spontan und situationsspezifisch eingesetzt und setzen sich aus einzelnen Lerntechniken und -prozeduren zusammen (vgl. Hasselhorn & Labuhn, 2010).

Als sinnvoll erwiesen hat sich die Unterscheidung zwischen *kognitiven* und *metakognitiven Lernstrategien*. Hinzu kommen sog. *Stützstrategien* des externen Ressourcenmanagements, also alle Bemühungen zur Optimierung der Lernumwelt, z. B. durch eine angemessene Gestaltung des Arbeits- bzw. Lernplatzes, die Einrichtung von Pausen oder auch die Lerngruppenbildung. Auf diese das Lernarrangement betreffende Stützstrategien soll an dieser Stelle nicht weiter eingegangen werden, da ihre Nutzung keine Rückschlüsse auf die Intelligenz der Kinder erlaubt und weniger als psychologische Erkenntnis angesehen werden kann (▶ Kap. 11.3). Vielmehr werden auf den folgenden Seiten kognitive und metakognitive Lernstrategien thematisiert und ihre Bedeutung für das Lernen im Alter zwischen vier und acht Jahren skizziert.

Kognitive Lernstrategien

Als kognitive Lernstrategien werden Prozesse und Mechanismen bezeichnet, die die Informationsaufnahme, ihre Verarbeitung und Speicherung betreffen. Sie können phänomenologisch in Oberflächen- (vor allem Wiederholungsstrategien) und Tiefenstrategien (z. B. Organisations- und Elaborationsstrategien) unterteilt werden. Was sind die wesentlichen Unterschiede zwischen diesen Strategien und wann kommen welche Strategien zum Einsatz?

4 Intelligenz und Lernstrategien

Wiederholungsstrategien sind geeignet, neu erworbenen Lernstoff möglichst präzise ins Langzeitgedächtnis einzuspeichern. Prototypisch für die Wiederholungsstrategien ist das Auswendiglernen. Interessanterweise kann man bisweilen bei besonders intelligenten Kindern bereits im Kindergarten beobachten, dass sie durch das mehrfache Vorlesen von Geschichten in Reimform (z. B. Max & Moritz) sich diese so gut einprägen, dass sie sie schon bald mühelos aufsagen können. Wiederholungsstrategien werden den Oberflächenstrategien zugeordnet, da hier das Erlangen eines tiefergreifenden Verständnisses nicht im Fokus steht, sondern lediglich die Verfügbarkeit der neuen Lerninhalte durch Auswendiglernen anvisiert wird. So müssen z. B. die Kinder beim Auswendiglernen von Max & Moritz gar nicht alle darin vorkommenden Wörter kennen oder gar verstehen.

Demgegenüber ist bei *Elaborationsstrategien* das Ziel, neue Lerninhalte möglichst gut zu verstehen und mit bisherigem Wissen zu verknüpfen. Dies kann z. B. durch verbale oder bildliche Anreicherung, Verknüpfung mit Alltagsbeispielen und persönlichen Erlebnissen oder Analogiebildung geschehen. Zu Recht darf vermutet werden, dass diese Variante von Lernstrategien vor allem in schulischen Lernkontexten zunehmend an Bedeutung gewinnt. Um vorliegende (komplexe) Informationen in eine leichter zu verarbeitende Form zu transformieren, werden *Organisationsstrategien* angewendet. Bei Kindergartenkindern lassen sich z. B. im Sortieren von Bausteinen nach Größe oder Farbe erste Vorläufer von Organisationsstrategien beobachten, die sich bei älteren Kinder im Unterstreichen wichtiger Textsegmente oder Anfertigen von Diagrammen und Skizzen manifestieren. Würden Sie sich z. B. zu jedem Kapitel dieses Buches Stichpunkte machen, so würden Sie eine Organisationsstrategie anwenden (und dabei womöglich auch elaborieren). Während also der Einsatz der Oberflächenstrategien lediglich dem Faktenlernen dient, soll der Einsatz von Tiefenstrategien dazu führen, Lerninhalte zu verstehen und fest zu verankern.

> **Diskussion: Auswendiglernen vs. tiefgreifendes Verstehen**
>
> Lernstrategien werden oftmals dann eingesetzt, wenn Fakten auswendig gelernt werden sollen. Das beginnt spätestens mit Schuleintritt (z. B. Auswendiglernen der Zahlzerlegungen im Zehnerraum in Klasse 1 oder des ABC in Klasse 2). Insbesondere viele neuere konstruktivistische Ansätze der Fachdidaktiken verleiten mitunter zu der Auffassung, das Auswendiglernen eher als überholte Form des Lernens einzustufen. Auswendiglernen verhindere, so die weitverbreitete Ansicht, tiefgreifende Verstehensprozesse. Und in der Tat kann es z. B. im mathematischen Bereich problematisch sein, wenn man sich auf das Auswendiglernen beschränkt, also das kleine Einmaleins z. B. wiedergeben kann, ohne ein Verständnis für die jeweiligen Mengen und den Zahlenraum. In diesem Fall hätte man die Zahlen rein klanglich abgespeichert – Ähnliches lässt sich im Übrigen auch bei vielen Vier- und Fünfjährigen beobachten, die ihre Eltern durch ihre Zählfertigkeiten beeindrucken, jedoch noch ohne jedes Verständnis für die zugrundeliegenden Mengen-Zahlen-Verknüpfungen. Ein Verzicht auf jedwedes Auswendiglernen hätte jedoch fatale Konsequenzen für langfristigen

Lernerfolg. Ohne oftmals durch Auswendiglernen oder viele Wiederholungen entstehendes schnell abrufbares und automatisch verfügbares Wissen käme es permanent zu einer Überlastung des Arbeitsgedächtnisses und damit zu Lernmisserfolgen, die umso deutlicher ausfallen, je geringer die Arbeitsgedächtniskapazität eines Kindes ist. Prinzipiell gilt dies auch noch im Erwachsenenalter: Würden Sie z. B. den Inhalt dieses Buches in einer für Sie noch wenig vertrauten Sprache lesen, so würden Sie wahrscheinlich deutlich mehr Kapazität für das Entziffern der einzelnen Wörter benötigen und dadurch weniger Kapazität für das Verstehen der Inhalte zur Verfügung haben. Eine durch Auswendiglernen und häufige Wiederholung entstehende Automatisierung einer Fertigkeit kann also als eine Gelingensbedingung für Verstehensprozesse betrachtet werden. Wenn Auswendiglernen sinnvoll in verständnisförderndes Lernen eingebettet ist, kann es daher zum tiefgreifenden Verstehen erheblich beitragen.

Metakognitive Lernstrategien

In der entwicklungspsychologischen Gedächtnisforschung der 70er Jahre des letzten Jahrhunderts ging man der Frage nach, auf was die deutlichen Verbesserungen der Lern- und Gedächtnisleistungen, die man bei Kindern mit zunehmendem Alter beobachten kann, zurückzuführen sind. Die nachhaltigste Antwort auf diese Frage gab der amerikanische Entwicklungspsychologe John H. Flavell (1971), indem er darauf hinwies, dass ein wesentlicher Faktor dieser zunehmenden Leistungsfähigkeit das ebenfalls zunehmende Wissen über das eigene Gedächtnis, also eine Art *Meta*gedächtnis, sei. Die griechische Vorsilbe »meta« verweist dabei auf den übergeordneten Charakter dieses Wissens. Schon bald wurde diese Grundidee von Flavell auf alle weiteren kognitiven Prozesse verallgemeinert und der Begriff der Metakognition (vgl. Hasselhorn & Artelt, in Druck; Hasselhorn & Labuhn, 2008) eingeführt. Das Konzept der Metakognition wird als Sammelbegriff für eine Reihe von Phänomenen verwendet, die mit dem Wissen und der Kontrolle über die eigenen kognitiven Prozesse (z. B. Denken, Lernen, Gedächtnis) zu tun haben; d. h., kognitive Zustände oder Funktionen sind die Objekte, über die reflektiert wird. Auch metakognitive Strategien gehören in die Rubrik der Metakognition. Sie beziehen sich einerseits auf verständnisüberwachende Aktivitäten im Zuge von Lern- und Denkprozessen. Einfachste Formen solcher Aktivitäten finden sich schon bei Vier- und Fünfjährigen. Z. B. wenn ein Kind beim Ratespiel nicht gleich die erste in den Sinn kommende Antwort ausposaunt, sondern zunächst innehält und noch einmal überprüft, ob die Antwort wirklich in jeder Hinsicht auf die Frage passt. Andererseits zählt man auch selbstregulatorische Aktivitäten während des Lernens zu den metakognitiven Lernstrategien. Es handelt sich also um situationsübergreifende Prozesse der Steuerung und Kontrolle der kognitiven Prozesse im engeren Sinne. Sollten Sie z. B. gerade merken, dass Ihre Gedanken immer wieder beim Lesen dieses Buches von den Inhalten der Lektüre abschweifen, so ist das zunächst nur eine metakognitive Einsicht. Nutzen Sie diese dann auch, um ihr Lernverhalten zu ändern – etwa indem Sie sich darüber klar werden, welches andere (für das Lernen irrelevante) Thema sie ablenkt und sie sich einen Block und Stift nehmen und sich überlegen, welche weiteren Vorgehensweisen sie jetzt nutzen könnten, um das Ziel zu erreichen, die Inhalte dieses Textes zu verstehen, dann haben Sie sich eine metakognitive Lernstrategie zu Nutze gemacht.

Metakognitive Lernstrategien sind also nicht unabhängig von kognitiven Lernstrategien, sondern überwachen, regulieren und begleiten diese während des Lernens. Kommt es Ihnen so vor, als hätten Sie so etwas Ähnliches in diesem Buch schon gelesen? Das ist durchaus der Fall. Solche Aktivitäten des Überwachens und Regulierens eigener Lernprozesse werden auch der zentralen Exekutive des Arbeitsgedächtnisses und den exekutiven Funktionen zugeschrieben (► Kap. 3).

Erwerb von Lernstrategien

Beim Erwerb einer konkreten Lernstrategie durchlaufen Kinder häufig drei Stadien, in denen noch kein spontaner und effektiver Einsatz der Strategien möglich ist. Im ersten Stadium des Strategieerwerbs bringen die Kinder eine Strategie weder spontan hervor, noch sind sie in der Lage sie nachzuahmen, wenn ihnen etwa eine pädagogische Fachkraft kompetent die einzelnen Schritte der Strategieumsetzung vormacht. Es scheint ihnen an den für die Strategieanwendung notwendigen kognitiven Voraussetzungen zu fehlen, die für eine angemessene Vermittlung zwischen Lernanforderung und Lernleistung sorgen. Daher wird diese frühe Phase des Strategieerwerbs auch als *Mediationsdefizit* bezeichnet.

Im zweiten Stadium des Strategieerwerbs, dem Stadium des sog. *Produktionsdefizits*, befinden sich Kinder dann, wenn sie zwar von einer Strategie profitieren, die man ihnen vorgibt und ihnen ihren Einsatz beibringt, diese aber nicht spontan einsetzen. Im Stadium des Produktionsdefizits verfügen Kinder also prinzipiell über die kognitiven Voraussetzungen, die erforderlich sind, um eine konkrete Lernstrategie erfolgreich auszuführen, sie tun dies aber nur nach entsprechender Hilfestellung. Für Lehrkräfte im Schuleingangsunterricht ist dieses Phänomen häufig Anlass zur Frustration. So zeigen sie oftmals den Kindern eine Strategie (z. B. die angemessene Nutzung von Fingern für das Lösen einfacher Additionsaufgaben im Zehnerraum), die diese nach ausführlicher Demonstration auch richtig umsetzen können, aber schon am nächsten Tag scheint nichts davon hängen geblieben zu sein; die Kinder zeigen zumindest keine Anstalten, die gestern so ausführlich eingeübte Strategie bei Aufgaben der gleichen Art spontan (also ohne erneute Hilfestellung) zu nutzen. Das Produktionsdefizit ist vermutlich darin begründet, dass das (metakognitive) Wissen über die Nützlichkeit einer Strategie noch nicht hinreichend ausgebildet ist (vgl. Lehmann & Hasselhorn, 2009).

Im dritten Stadium des Strategieerwerbs, dem Stadium des sog. *Nutzungsdefizits*, setzen Kinder zwar Lernstrategien spontan und selbstständig ein, profitieren allerdings nicht oder nur kaum von ihnen. D. h., sie zeigen keine nennenswert bessere Lernleistung im Vergleich zu ihrem bisherigen Lernverhalten ohne Nutzung der neuen Strategie. Eine mögliche Erklärung liegt darin, dass der Einsatz der neu erworbenen Strategie noch nicht ausreichend automatisiert ist. Anstatt das Arbeitsgedächtnis zu entlasten, führt ihr Einsatz vorübergehend zu einer stärkeren

Belastung, so dass nicht mehr genügend Kapazität für das Einprägen der relevanten Informationen zur Verfügung steht. Zudem kann es schlichtweg am (metakognitiven) Wissen darüber fehlen, welche Strategien wann angemessen und nützlich sind. Da es in diesem Stadium des Strategieerwerbs ja grundsätzlich zur spontanen Nutzung der Strategie durch das Kind kommt, diese Nutzung allerdings noch ineffizient bleibt, hat Hasselhorn (1995) vorgeschlagen, nicht von einem Nutzungsdefizit zu sprechen, sondern von einem Stadium der *Nutzungsineffizienz*. Seine Überwindung erfolgt nach und nach. So zeigt sich die Effizienz der Strategienutzung in der Regel erst bei leichteren Lernanforderungen, bevor sie sich auch bei schwierigeren Aufgaben als effizient erweist.

Die Vorstellung einer festgelegten Abfolge von Stadien des Strategieerwerbs liefert eine gute Erklärung für Altersveränderung in der Nutzung einfacher (meist sprachbasierter) Merkstrategien, wie sie bevorzugt in der experimentellen Gedächtnisforschung zum Einsatz kommen. Bei der Erklärung von Strategien in komplexeren alltagsnahen Lernanforderungen stößt das Modell der geordneten Stufenabfolge jedoch an seine Grenzen. In minutiösen Detailbeobachtungen des Gebrauchs von Strategien beim Lernen einfacher arithmetischer Gesetzmäßigkeiten von Kindern ab dem Alter von vier Jahren hat der Amerikaner Robert Siegler festgestellt, dass Kinder schon beim Erwerb von Strategien zum Lösen einfacher Rechenaufgaben eine Reihe ganz unterschiedlicher Vorgehensweisen ausprobieren (z. B. Siegler & Shrager, 1984). Im Laufe der Entwicklung erfinden Kinder eine Vielzahl von Strategien und probieren diese immer wieder aus, um die vielfältigen Lernanforderungen ihres Kindergarten- oder Schulalltags bewältigen zu können. Siegler (1996) spricht in diesem Zusammenhang von *multiplem Strategiegebrauch*. Je nach Art der Anforderung und je nach Lernziel werden bestimmte (in der Vergangenheit erfolgreiche) Strategien mit der Zeit häufiger verwendet, während andere, die sich als weniger effektiv erwiesen haben, seltener benutzt werden. Diese Sichtweise impliziert, dass die Entwicklung kognitiver Lernstrategien eben nicht nur als stufenweise Ablösung der weniger angemessenen Strategien durch zunehmend verfeinerte und effizientere Strategien aufzufassen ist. Vielmehr ist davon auszugehen, dass Strategien in einer Art Nutzungswettstreit miteinander liegen. Kinder lernen, eine bevorzugte Strategie gezielter zu nutzen. Sie lernen aber auch, dass es sinnvoll ist, weitere Strategien im Verhaltensrepertoire zu haben. Die Nutzungshäufigkeit von Strategien ändert sich mit dem Lebensalter. So kann es im Laufe der Entwicklung einer Strategie dazu kommen, dass es zu einem bestimmten Zeitpunkt einen Nutzungshöhepunkt gibt und die Nutzung danach wieder abnimmt. Es kommt auch vor, dass Strategien zu einem späteren Zeitpunkt eine neuerliche Renaissance erfahren, wenn nämlich eine »alte« Strategie in neuen Kontexten wieder als hilfreich erlebt wird. Das gilt nicht nur für Kinder. Wenn Sie z. B. das Wort Tendovaginopathie (Sehnenscheidenentzündung) sehen, können Sie es ggf. nicht direkt aus ihrem mentalen Lexikon abrufen, sondern müssen es – wie früher auch einfache Wörter – lautierend lesen. Sie greifen also auf eine Strategie zurück, die beim Erwerb des Lesens höchst wichtig war, ihrem jetzigen Leseverhalten bei bekannten Wörtern jedoch nicht mehr entspricht und für das Verständnis komplexer Texte höchst ineffektiv wäre. Eine Folge dieses Phänomens ist, dass wir auf jeder Altersstufe vielfältige Strategien beobachten können.

Lernstrategien bei Vier- bis Achtjährigen

Im Vorschulalter haben Kinder nach Pramling (1990) anfangs eine Vorstellung vom *Lernen als Tun*. Durch fortlaufende Reflexion, d. h., Anregung zum Nachdenken darüber, ob, was und vor allem, wie sie etwas gelernt haben, können Kinder zu einem Verständnis von *Lernen als Wissenserwerb* gelangen. Otto, Perels und Schmitz (2011) argumentieren, dass dies auch schon im Vorschulalter geschehen kann, beispielsweise, wenn Kindergartenkinder von ihren Erzieherinnen oder Erziehern häufiger zur Selbstbeobachtung angeleitet werden. Auch das sog. *Scaffolding* – ein Interaktionsprinzip, bei dem der Erwachsene zunächst ein Gerüst in Form von Anleitungen, Denkanstößen und Hilfestellungen zur Verfügung stellt und sich in der Folge immer stärker zurückzieht – kann dazu beitragen. Nach Veenman, van Hout-Wolters und Afflerbach (2006) verfügen Vorschulkinder über rudimentäre metakognitive Lernstrategien. Einen deutlichen Schub erfährt die Lernstrategieentwicklung dann durch die Beschulung. Morrison, Smith und Dow-Ehrensberger (1995) verglichen z. B. gleichaltrige Kindergarten- und Schulkinder hinsichtlich ihrer Behaltensleistung von Bildkarten. Während sich zum Schulbeginn der Schulkinder noch keine Unterschiede zeigten, schnitten die Schulkinder am Ende ihres ersten Schuljahres deutlich besser ab als die Kindergartenkinder. Als ausschlaggebend für diese Leistungssteigerung scheint insbesondere die gedächtnisbezogene Sprache von Lehrkräften zu sein. So konnten etwa Coffman, Ornstein, McCall und Curren (2008) zeigen, dass Schülerinnen und Schüler in Klassen, in denen Lehrkräfte besonders häufig Anleitungen oder Instruktionen zur Nutzung von Lernstrategien gaben (z. B. »wenn Du Dir dazu ein Bild im Kopf ausmalst, kann Dir das helfen, Dich später besser daran zu erinnern«) sowie zum Nachdenken über das eigene Lernen anregten (z. B. »Wie hast Du das gemacht, dass Du Dir das gemerkt hast?«), auch tatsächlich bessere Behaltensleistungen zeigten. Diese und ähnliche Befunde zeigen sehr deutlich, dass strategische Kompetenzen durchaus – im Vorschul- und frühen Schulalter jedoch eher indirekt – lehrbar sind.

> **Fokus: Elternverhalten und Lernstrategien**
>
> Zahlreiche Belege dokumentieren, dass das Verhalten von Eltern ihren Kindern gegenüber von Bedeutung für die Herausbildung von Lernstrategien ist (vgl. Baker, 1994). Carr, Kurtz, Schneider, Turner und Borkowski (1989) erfassten z. B. die Angaben von Eltern Achtjähriger in Deutschland und den USA bezüglich häuslicher Hilfestellungen für den Erwerb von Lernstrategien. Im Vergleich zu amerikanischen Eltern berichteten die deutschen Eltern vermehrt, mit ihren Kindern strategische Spiele zu spielen und ihre Hausaufgaben zu kontrollieren. Wie das im Vergleich zu den amerikanischen Kindern deutlich besser entwickelte strategische Verhalten der untersuchten deutschen Achtjährigen bei Aufgaben zum Auswendiglernen nahelegt, scheint dies einen günstigen Einfluss auf die Entwicklung von Lern- und Behaltensstrategien zu haben.

Die eigenständige Nutzung metakognitiver Lernstrategien setzt ein angemessenes metakognitives Wissen voraus. Möglicherweise entwickelt sich dies erst in der späten Kindheit, so dass in dem hier fokussierten Altersbereich zwischen vier und acht Jahren noch gar kein Wissen dieser Art verfügbar ist und damit auch gar nicht mit einer eigenständigen Nutzung metakognitiver Lernstrategien zu rechnen ist. Mit dieser Fragestellung haben sich Haberkorn, Lockl, Pohl, Ebert und Weinert (2014) auseinander gesetzt. Insbesondere haben sie die Frage aufgeworfen, ob das Wissen über Lernen bei Erstklässlern noch rudimentär ist oder bereits so ausdifferenziert ist, dass es als Grundlage für die Nutzung metakognitiver Strategien herangezogen werden könnte. Dazu bearbeiteten Grundschulkinder am Ende der ersten und am Ende der zweiten Klasse eine Testbatterie zur Erfassung des Wissens über metakognitive Lernstrategien. Die Auswertungen ergaben, dass schon bei den Erstklässlern ein ausdifferenziertes Wissen über verschiedene Lernanforderungen und daraus folgende unterschiedliche Bedarfe an Lernstrategien feststellbar ist. Offensichtlich haben Kinder schon in der ersten Klasse ein nach verschiedenen strategischen Vorgehensweisen ausdifferenziertes metakognitives Wissen zur Bewältigung von Lernanforderungen, auch wenn die gezielte Nutzung dieses Wissens in der Regel bei den meisten Kindern erst ab dem neunten Lebensjahr beobachtbar ist (vgl. Hasselhorn, 2011).

Bedeutung für das Lernen

Am Ende dieses Kapitels wollen wir nochmals auf die These eingehen, dass intelligentes Lernen vor allem Lernen unter Nutzung geeigneter Lernstrategien bedeutet. Anders gefragt: Warum sind Lernstrategien nun wichtig für das Lernen? Die Antwort auf diese Frage ist eigentlich recht plausibel: Sie erleichtern das Lernen. Sie helfen uns dabei, Informationen aufzunehmen, zu verarbeiten und später wieder verfügbar zu machen. Gelingt es beispielsweise durch eine Elaborationsstrategie, das gerade Gelesene aktiv in bereits vorhandenes Wissen zu integrieren oder aus einer Vielzahl von Informationen die relevanten herauszusuchen und sinnvoll zueinander in Beziehung zu setzen – also eine Organisationsstrategie anzuwenden – stehen dem Arbeitsgedächtnis mehr Ressourcen zur Verfügung. Wenn ich zudem weiß, unter welchen Bedingungen ich welche Inhalte besonders gut lernen kann, mir die Inhalte und Grenzen des eigenen Wissens bewusst sind, ich Lernprozesse plane, überwache und steuere – also metakognitive Lernstrategien anwende – erleichtert mir dies das Lernen enorm. Wang, Haertel und Walberg (1990) gehen davon aus, dass metakognitive Fertigkeiten einen der einflussreichsten Faktoren auf den Lernerfolg darstellen. Die Kenntnis und Anwendung von Lernstrategien bildet nach Meinung vieler Forscher die Voraussetzung für effektives und selbständiges Lernen. So vertreten z. B. Zimmerman und Martinez-Pons (1990) die Position, dass erst die Kenntnis von Strategien und Regulationstechniken den Lernenden erlaubt, selbständig zu lernen. Auch Schiefele und Pekrun (1996) stufen die Lernstrategien als zentrales Element für die Selbststeuerung des Lernens ein. Entsprechend setzen viele Trainings, deren Ziel in der Förderung selbstregulatorischer Fertigkeiten liegt, gerade auf die Vermittlung von Lernstrategien und ihrer metakognitiven Regulation (Gürtler, 2003; Otto et al., 2011).

> **Fokus: Verknüpfung von Intelligenz und Lernstrategien**
>
> Wie wir im vorherigen Abschnitt erfahren haben, existiert eine ganze Palette an Erweiterungen des Intelligenzbegriffs. Hierzu zählt auch der von Robert Sternberg etablierte Begriff der sog. Erfolgsintelligenz, die sich aus analytischer, praktischer und kreativer Intelligenz ergibt. Nach Sternberg (1998, S. 157) sind »Menschen mit der höchsten Erfolgsintelligenz nicht notwendigerweise jene mit der höchsten Intelligenz in allen drei Formen. Vielmehr sind sie – in Schule und Beruf – in der Lage, ihre Stärken optimal zu nutzen, ihre Schwächen zu kompensieren und aus ihren Fähigkeiten das Beste zu machen«. Warum führen wir dieses Zitat hier an? Folgt man Sternbergs Aussage, müssen Personen mit einer hohen Erfolgsintelligenz also auch über gute metakognitive Lernstrategien verfügen. Denn nur wer z. B. Wissen über das eigene kognitive System besitzt, ist in der Lage, seine Stärken optimal zu nutzen. Insofern verknüpft Sternberg also den Begriff der Intelligenz mit dem Konstrukt der Lernstrategien. In populärwissenschaftlicher Manier könnte man in diesem Zusammenhang z. B. von Lernintelligenz sprechen.

5 Selbstkonzept, Motivation und Selbstregulation

Schießt ein Fußballer nach langer Zeit endlich mal wieder ein Tor, so wird häufig gesagt, dass er dadurch viel Selbstvertrauen gewinne. Strengt sich ein Schüler in einem Fach besonders an, in einem anderen allerdings weniger, wird dies häufig mit dem Interesse des Schülers an den Fächern in Verbindung gebracht. Unterbricht ein fünfjähriges Kind, das sich vorgenommen hat, seiner Mutter zum Geburtstag ein Bild zu malen, seine Aktivität, weil es das Gejohle anderer Kinder vom Spielplatz vernimmt, so spricht man von fehlender Selbstdisziplin oder Willenskraft des Kindes. Diese drei Beispiele beleuchten unterschiedliche Facetten, die für das Lernen und die kindliche Entwicklung ganz allgemein von großer Bedeutung sind: Selbstkonzept, Motivation und die volitionale Kompetenz des Belohnungsaufschubs, eine zentrale Facette der kindlichen Willenskraft und Selbstdisziplin.

Was aber versteht man eigentlich unter Selbstkonzept, und was hat das mit den eigenen Lernerfolgen und Fähigkeiten zu tun? Warum ist Motivation so wichtig für das erfolgreiche Lernen? Und warum haben Kinder mit einer ausgeprägten Fähigkeit, Belohnungen aufzuschieben, oftmals die besseren langfristigen Lernerfolge? Neben der Beantwortung dieser Fragen soll in diesem Kapitel dargestellt werden, wie sich das Selbstkonzept entwickelt, warum Motivation wann besonders lernförderlich sein kann und wie die Fähigkeit zum Belohnungsaufschub beeinflusst werden kann.

5.1 Selbstkonzept

Mit dem Begriff Selbstkonzept werden Vorstellungen, Einschätzungen und Bewertungen von Merkmalen der eigenen Person bezeichnet. Je nachdem auf welche Merkmalsbereiche sich die Selbsteinschätzungen beziehen, spricht man vom sozialen Selbstkonzept (Einschätzung der Beziehung zu Gleichaltrigen und Eltern), vom körperlichen Selbstkonzept (Bewertung des eigenen Aussehens und der eigenen Fitness) oder – und hierauf wollen wir uns in diesem Abschnitt beschränken – vom schulischen Selbstkonzept (international: academic selfconcept). Wie man schon am Adjektiv »schulisch« (akademisch) ablesen kann, hat dieser Forschungsansatz seine Ursprünge in der Forschung des Lernverhaltens von Schülerinnen und Schülern. Da in einigen Ländern der Schuleintritt schon mit vier Jahren erfolgt (z. B. Niederlande, Australien), liegen aus dieser Forschungstradition auch einige Befunde für den Altersbereich von vier bis acht Jahren vor. Die Selbstbeschreibungen im akademischen Bereich können sich auf entsprechende Lebensbereiche (z. B. »Ich bin ein guter Schüler«) oder auch auf einzelne Fächer oder Leistungsbereiche (z. B. »Ich kann gut lesen«) beziehen. Hier wird deutlich, wie differenziert schon Kinder ihre eigenen Fähigkeiten und Leistungen wahrnehmen. Dazu aber später mehr.

Das, was wir über unsere eigenen Fähigkeiten denken und wie wir diese bewerten, beeinflusst unser Handeln. Glauben wir, gut im Fußballspielen zu sein, spielen wir auch öfter Fußball und werden mit der Zeit darin tatsächlich immer besser. Mit anderen Worten: Unser Selbstkonzept beeinflusst auf lange Sicht unsere tatsächlichen Fähigkeiten. Daher ist es nicht verwunderlich, dass die Förderung eines positiven Selbstkonzepts als ein wichtiges Erziehungsziel gilt (Renner, Martschinke, Munser-Kiefer & Steinmüller, 2011). Umgekehrt gilt aber auch, dass unsere Fähigkeiten unser Selbstkonzept beeinflussen. Man spricht daher von einem wechselseitigen (reziproken) Zusammenhang zwischen Selbstkonzept und Fähigkeit. Wie kommt es zu diesen unterschiedlichen Wirkrichtungen und wie bildet sich das Selbstkonzept bei Kindern heraus?

Für die Entwicklung des akademischen, auf schulrelevante Leistungen bezogenen Selbstkonzepts gibt zweifelsohne der Schuleintritt einen besonderen Impuls. Auch wenn Kinder im Kindergartenalter, beispielsweise durch Zahlenspiele oder das »Lesen« von Büchern in der Leseecke des Kindergartens, erste Vorstellungen über ihre eigenen mathematischen und verbalen Fähigkeiten gewinnen (Marsh, Ellis & Craven, 2002), beginnt die tatsächliche Auseinandersetzung mit diesen Fertigkeiten erst in der Grundschule. Erst hier werden sie systematisch dazu angeleitet, sich Lesen, Schreiben und Rechnen anzueignen. Sie erhalten dabei erstmals gezielte Rückmeldungen zu ihren Leistungen und können sich darauf basierend mit anderen Schülern vergleichen. Wie kann man sich nun die Selbstkonzeptentwicklung im Grundschulalter vorstellen? Kurz nach Schuleintritt zeigen fast alle Kinder ein sehr positives akademisches Selbstkonzept, und nicht wenige Kinder halten sich für die Besten ihrer Klasse (Ehm, Duzy & Hasselhorn, 2011). Unabhängig von den bestehenden deutlichen Leistungsunterschieden zeigen nahezu alle Kinder im letzten Jahr vor der Einschulung und am Anfang der ersten Klasse einen »kindlichen Überoptimismus« und bewerten ihre eigenen Fähigkeiten als sehr gut. Nur wenige Kinder in diesem Alter glauben, sie hätten eher durchschnittliche oder gar geringe Fähigkeiten. Dementsprechend ist der Zusammenhang zwischen schulischer Leistung und Selbstkonzept kurz nach Schuleintritt noch nicht sehr eng (Chapman & Tunmer, 1997). Im Verlauf der Grundschule kommt es dann zunehmend zu einer realistischeren Einschätzung der eigenen Kompetenzen, und es entwickeln sich fach- und fähigkeitsspezifische Selbstkonzeptfacetten. Eine realistischere Einschätzung bedeutet aufgrund der überoptimistischen Ausgangslage zur Einschulungszeit meist, dass das akademische Selbstkonzept sinkt. Allerdings finden sich bei fast allen Schulkindern auch einzelne Bereiche, in denen das Selbstkonzept auf einem hohen Niveau bleibt oder sogar noch ansteigt (Eccles, Wigfield, Harold & Blumenfeld, 1993).

> **Fokus: Kindlicher Überoptimismus**
>
> Das Selbstkonzept von Kindern entspricht besonders beim Schuleintritt meistens nicht den tatsächlichen Leistungen, sondern ist deutlich überhöht. Ob sich dies eher positiv oder negativ auf ihre weitere Leistungsentwicklung auswirkt, kann nicht mit Bestimmtheit gesagt werden. Aufgrund des allgemein positiven empirischen Zusammenhangs zwischen Selbstkonzept und Leistung könnte ein sehr positives Selbstkonzept der eigenen Fähigkeiten zu einer erhöhten Motivation und somit zu besseren schulischen Leistungen führen (Guay, Marsh & Boivin, 2003). Paradoxerweise zeigen Kinder mit einem unrealistisch positiven Selbstkonzept jedoch manchmal auch eine erlernte Hilflosigkeit, ein Zustand, bei dem Ereignisse als unkontrollierbar erscheinen (z. B. das Gefühl:»Ich kann eh nichts daran ändern«) und der eng mit geringer Lern- und Leistungsmotivation in Verbindung steht (Milich, 1994). Auch investieren Schüler mit Lernschwierigkeiten, die ihre Leistungen überschätzen, weniger Lernzeit und nehmen seltener Hilfe in Anspruch als Schüler, die sich weniger überschätzen (Stone & May, 2002). In diesen Fällen könnte ein überhöhtes Selbstkonzept lediglich die Funktion haben, den Selbstwert der Kinder zu schützen. Ein überhöhtes Selbstkonzept ist demnach nicht per se zu befürworten, sondern nur dann, wenn dies damit einhergeht, dass die Kinder selbstbewusst und zuversichtlich schwierige Anforderungen in Angriff nehmen. Glaubt z. B. ein Kind mit bisher eher unterentwickelten fußballerischen Fertigkeiten daran, ein super Fußballer zu sein, so kann das dazu führen, dass es einem Verein beitritt, viele der entsprechenden Fertigkeiten trainiert und dadurch tatsächlich mit der Zeit ein richtig guter Fußballspieler wird.

Direkte und indirekte Leistungsrückmeldungen wichtiger Bezugspersonen (z. B. Eltern, Erzieherin, Lehrkraft) sind für die Ausdifferenzierung fach- und fähigkeitsspezifischer Selbstkonzepte sehr wichtig (Blöte, 1995). Ohne Rückmeldung anderer Personen ist es Kindern zudem nicht möglich, ihre eigenen Fähigkeiten mit denen anderer Kinder zu vergleichen. Im Alter von vier bis sechs Jahren werden Kinder nur selten gezielt und in strukturierter Form mit realistischen Leistungsrückmeldungen konfrontiert. Auch der Schulanfangsunterricht stellt oftmals noch eine Art Schonraum dar, in dem insbesondere auf demotivierend wirkende Leistungsrückmeldungen verzichtet wird. Im Verlaufe der Grundschulzeit, nicht zuletzt durch die Einführung von Noten, erhalten Schulkinder dann jedoch vermehrt Rückmeldung über ihre eigenen Leistungen (Zeinz, 2006).

Wie solche Leistungsrückmeldungen das Selbstkonzept beeinflussen, hängt vom kognitiven Entwicklungsstand der Kinder ab. Besonders deutlich wird dies am Beispiel der differenzierenden Kausalattribution (▶ Kap. 6.3). Damit ist eine Ursachenzuschreibung bei subjektiv erlebtem Erfolg oder Misserfolg gemeint. Eine differenzierende Kausalattribution setzt voraus, dass Kinder erbrachte Leistungen auf internale, d. h., in der eigenen Person liegende Faktoren zurückführen und zwischen den Konsequenzen von Anstrengung (einem internal variablen Faktor) und tatsächlicher Fähigkeit (einem internal stabilen Faktor) unterscheiden können.

Attribuiert ein Kind z. B. eigenen Erfolg nur auf Anstrengung, so glaubt es auch, durch mehr oder weniger Anstrengung gute oder weniger gute Leistungen zu erbringen. Nach Nicholls (1978) gelingt sechsjährigen Kindern eine derartig differenzierte Kausalattribution noch nicht wirklich. Erst ab dem achten Lebensjahr, so Nicholls, haben Kinder ein hinreichendes Verständnis der wechselseitigen Beziehung zwischen Fähigkeit, Anstrengung und Leistung erworben. Demnach könnte neben den »schonenden« Leistungsrückmeldungen durch Erwachsene auch die Unfähigkeit zur differenzierenden Ursachenzuschreibung ein Grund für das unrealistisch hohe Selbstkonzept von Schulanfängern sein.

Bei der Verarbeitung und Interpretation von Leistungsrückmeldungen und Erfahrungen aus Leistungssituationen spielen neben der Ursachenzuschreibung vor allem Vergleichsprozesse eine bedeutende Rolle. Diese sind recht komplex, da hierbei sowohl unterschiedliche Referenzrahmen (vergleiche ich meine eigene Leistung im Fußballspielen mit der Leistung meiner Klassenkameraden oder mit meiner eigenen Leistung beim Wettrennen) als auch Referenzwerte (Vergleichsmaßstäbe) von Bedeutung sind. Hinzu kommt, dass die unterschiedlichen Referenzrahmen gleichzeitig verwendet werden. So vergleichen Achtjährige ihre eigenen Leistungen oftmals nicht nur mit den Leistungen anderer Schüler (hier spricht man vom externalen Referenzrahmen bzw. vom sozialen Vergleich), sondern sie vergleichen auch ihre eigenen Leistungen in einem Bereich mit der eigenen Leistung in anderen Bereichen (hier spricht man vom internalen Referenzrahmen bzw. vom dimensionalen Vergleich). Unabhängig von der Art des Referenzrahmens ist der gewählte Referenzwert ausschlaggebend für die Ausprägung des Selbstkonzepts. Beim sozialen Vergleich etwa hat es für das Selbstkonzept unterschiedliche Konsequenzen, ob sich ein Schüler leistungsstärkere (Aufwärtsvergleich) oder leistungsschwächere Schüler (Abwärtsvergleich) als Vergleichsmaßstab auswählt (Dickhäuser & Galfe, 2004).

Die angesprochenen sozialen Vergleichsprozesse stellen bereits am Anfang der Grundschule den zentralen psychischen Mechanismus der Selbstkonzeptentwicklung dar (Butler, 1998; Gabriel, Kastens, Poloczek, Schoreit & Lipowsky, 2010). Die Zunahme in der Nutzung sozialer Vergleichsinformationen zwischen sechs und acht Jahren lässt sich gut in der Selbstbeschreibung der Kinder ablesen. Beschreiben sich Schulanfänger meist noch über Aussagen wie »Ich bin ein Mädchen/Junge«, so finden sich bei Achtjährigen bereits vermehrt Aussagen in der Selbstbeschreibung, die direkte soziale Vergleiche beinhalten (z. B. »Ich bin besser in Mathematik als...«). Dabei liefern vor allem die Erfahrungen, die das Kind in seiner Klasse gemacht hat, wichtige Vergleichsinformationen. Die Schulklasse setzt sich aus einer überschaubaren Anzahl von Kindern zusammen, die sich regelmäßig sehen, von den selben Lehrkräften unterrichtet und bewertet werden und sich darüberhinaus hinsichtlich verschiedener Merkmale, wie z. B. Alter, ähnlich sind. Dabei vollziehen die Kinder, wie schon von Festinger (1954) in seiner Ähnlichkeitshypothese postuliert, insbesondere soziale Vergleiche mit Mitschülern, die ihnen selbst sehr ähneln, da der Informationsgewinn aus solchen Vergleichen für sie am höchsten ist.

Als Folge solcher sozialen Vergleiche kann man den sog. Fischteicheffekt (»Big-Fish-Little-Pond-Effect«; Marsh, 1987) beobachten, der die Auswirkungen der Leistungsstärke einer Bezugsgruppe (z. B. Schulklasse) auf das Selbstkonzept des einzelnen Kindes beschreibt. Diesem Effekt zufolge ist die wahrgenommene relative Position (Rangreihe) des Einzelnen in der Klasse für die Ausprägung des Selbstkonzepts ausschlaggebend. Wie Abbildung 5.1 zeigt, haben Schulkinder mit vergleichbaren Leistungen je nach Leistungsstärke der Klasse (Referenzwert) deutlich unterschiedliche Selbstkonzepte. Während sich die Schülerin bzw. der Schüler in der leistungsstarken Klasse A eher klein vorkommt (kleiner Fisch im großen Teich), nimmt sich der Schüler in Klasse B wahrscheinlich als sehr groß wahr (großer Fisch im kleinen Teich) (▶ Abb. 5.1). Dieser Fischteicheffekt lässt sich bereits in der ersten Grundschulklasse nachweisen (Gabriel et al., 2010).

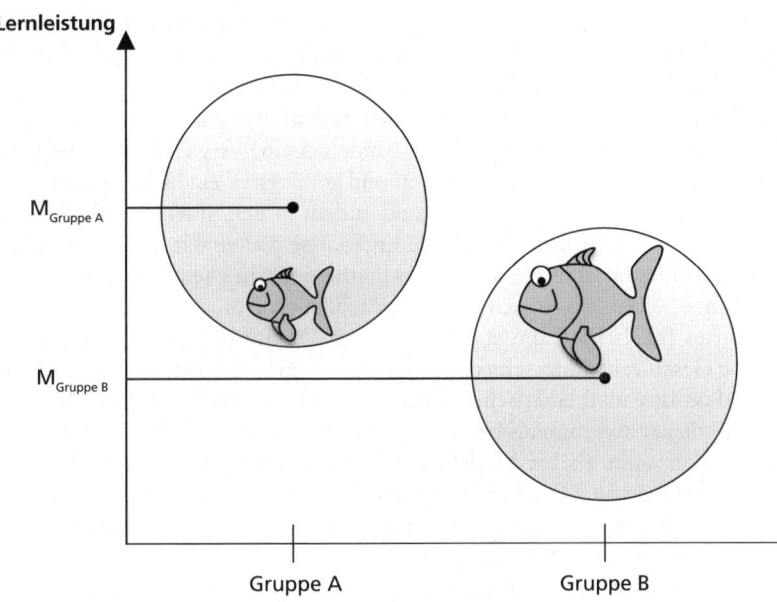

Abb. 5.1: Fischteicheffekt nach Marsh (1987) (M_{Gruppe} gibt die durchschnittliche Leistungsstärke der Lerngruppe wieder, der das jeweilige Kind angehört.)

Bei den dimensionalen Vergleichen werden die eigenen Fähigkeiten in einem Bereich mit den eigenen Fähigkeiten in einem anderen Bereich verglichen (Marsh, 1986). Die Bedeutung dimensionaler Vergleichsprozesse für die Entwicklung des Selbstkonzepts wird vor allem durch die überraschenden Befunde zur Bereichsspezifität des akademischen Selbstkonzepts bei älteren Grundschulkindern deutlich. Da Schüler, die gut im Fach Mathematik sind, meist auch gute Leistungen im Fach Deutsch zeigen, wurde zunächst angenommen, dass Schüler mit einem hohen Selbstkonzept im Fach Deutsch auch über ein hohes mathematisches Selbstkonzept verfügen. Interessanterweise zeigten sich jedoch in empirischen Untersuchungen durchgängig nur geringe bzw. gar keine statistischen Zusammenhänge zwischen dem Selbstkonzept in Mathematik und dem in Deutsch. Diesen fehlenden Zusammenhang führte Marsh (1986) auf dimensionale Vergleichsprozesse bei der

Selbsteinschätzung zurück. Nimmt ein Kind z. B. wahr, dass es besser in Mathematik als in Deutsch ist, kann dies einen Kontrasteffekt hervorrufen, der zur Folge hat, dass es seine Leistungen im mathematischen Bereich aufwertet, seine Leistungen in Deutsch – obwohl nur geringfügig unterschiedlich – hingegen abwertet. Dementsprechend haben Leistungsrückmeldungen in einem Bereich meist auch Konsequenzen für das Selbstkonzept in einem anderen Bereich.

Dimensionale Vergleiche dieser Art können bei Kindern bereits vor Schuleintritt beobachtet werden. Die beschriebenen Kontrasteffekte spielen allerdings in dem hier interessierenden Altersbereich kaum eine Rolle. Dennoch werden zwischen vier und acht Jahren bereits einzelne Facetten des Selbstkonzepts, auch das sprachliche und mathematische Selbstkonzept, unterschieden (Marsh et al., 2002). Robuste Kontrasteffekte finden sich dann in der Mitte der Grundschulzeit (Ehm, Lindberg & Hasselhorn, 2014). Man darf vermuten, dass die Vergabe von Noten die Nutzung dimensionaler Vergleiche bei Kindern forciert.

Bei der Entwicklung des akademischen Selbstkonzepts finden sich auch Geschlechtsunterschiede. So zeigt sich bei Mädchen eine vergleichsweise realistische Selbsteinschätzung etwa mit acht Jahren und somit etwa ein halbes Jahr früher als bei Jungen. Geschlechtsunterschiede sind zudem in den unterschiedlichen Selbstkonzeptbereichen zu beobachten. Viele Ergebnisse deuten darauf hin, dass Jungen bereits im Kindergartenalter ein höheres mathematisches Selbstkonzept aufweisen als Mädchen, wohingegen sich in der sprachlichen Domäne (z. B. im Lesen) ein umgekehrtes Bild zeigt (Ehm et al., 2011). Im Verlauf der Grundschule scheinen sich diese Geschlechtsunterschiede weiter zu verstärken. So schlussfolgert Helmke (1998), dass das mathematische Selbstkonzept im Verlauf der Grundschule bei Mädchen stärker abnimmt als bei Jungen, das sprachliche Selbstkonzept bei Jungen jedoch stärker sinkt als bei Mädchen. Die bisweilen in der Literatur berichteten Leistungsvorteile von Mädchen im sprachlichen Bereich und von Jungen im mathematischen Bereich werden oftmals mit entsprechenden Geschlechtsunterschieden im Selbstkonzept in Verbindung gebracht.

Nur wenige motivationale Konstrukte erfuhren in den letzten Jahren so viel Aufmerksamkeit in der Forschung wie das Selbstkonzept. Ein Grund dafür liegt zweifelsohne an der Erkenntnis, dass das Selbstkonzept die Leistung beeinflusst. Bei jeder Aufgabe, an die sich Kinder heranwagen, spielt zumindest implizit eine Rolle, ob sie sich die Bewältigung der Aufgabe zutrauen. Fühlen sie sich der Aufgabe nicht gewachsen, wagen sie sich nur zögerlich oder gar nicht an neue Herausforderungen. Das geht auch uns Erwachsenen noch so. Jüngere Studien zeigen jedoch, dass der Einfluss des Selbstkonzepts auf die Leistung bei Kindern geringer zu sein scheint als ursprünglich gedacht bzw. erhofft (Ehm, Hasselhorn & Schmiedek, 2016; Praetorius, Kastens, Hartig & Lipowsky, 2016). Vor allem bei Kindern im Grundschulalter scheint eher die Leistung das Selbstkonzept zu beeinflussen und weniger das Selbstkonzept die Leistung. Eine reine Förderung des Selbstkonzepts als Ansatz der Lernförderung in diesem Alter kann daher als wenig vielversprechend angesehen werden. Eine Selbstkonzeptförderung ist ohnehin für Kinder in diesem Alter kaum erforderlich, denn erfreulicherweise verfügen Kinder im Altersbereich zwischen vier und acht Jahren meist über ein äußerst positives Selbstkonzept. Das Selbstkonzept kann dann die Leistung positiv beeinflussen, wenn zusätzlich weitere motivationale Bedingungen gegeben sind. Hierauf wird im folgenden Abschnitt näher eingegangen.

5.2 Lern- und Leistungsmotivation

Was bringt Kinder dazu, sich mit einem Gegenstand oder Thema intensiv auseinander zu setzen? Ist es nur ein entsprechend positives Selbstkonzept? Und warum malen manche Kinder gleich nach dem Kindergarten zu Hause weiter oder suchen auch nach der Schule nach Rechenaufgaben, die sie zu lösen versuchen? Mit Fragen dieser Art hat sich die Motivationsforschung beschäftigt. Motivation wird in diesem Bereich definiert als innerer Zustand, der Verhalten aktiviert, die Richtung des Verhaltens vorgibt und dafür sorgt, dass das Verhalten auch umgesetzt wird. Mitunter wird sie auch als die »psychische Energie« unseres Verhaltens bezeichnet. Motivation bezieht sich auf einen situativen Zustand einer Person und ist daher von einem Motiv als zeitüberdauerndes Persönlichkeitsmerkmal abzugrenzen. Für das Lernen von besonderer Bedeutung ist die Lern- und Leistungsmotivation. Diese beiden Begriffe werden in der Literatur recht unterschiedlich verwendet. Einige Autoren benutzen beide Begriffe synonym, andere sehen hierin grundsätzlich verschiedene Facetten der für das Lernen relevanten psychischen Energie. So unterscheidet Rheinberg (1986) zwischen Lernmotivation, bei der Lernzuwachs das Ziel ist, auf das sich das eigene Verhalten ausrichtet, und Leistungsmotivation, bei der »die Selbstbewertung eigener Tüchtigkeit« im Vordergrund steht.

Lernmotivation

Mit Lernmotivation bezeichnet man den Wunsch bzw. die Absicht, bestimmte Inhalte oder Fertigkeiten zu lernen (Schiefele, 2008). Offen bleibt bei dieser Definition, aus welchen Gründen bzw. mit welcher Zielsetzung eine Person lernt (warum lesen Sie z. B. gerade dieses Buch?). Die Frage nach den Gründen hat zu einer regen Forschungstätigkeit und einer Reihe unterschiedlicher Erklärungsansätze geführt. Edward Deci und Richard Ryan (1985) gehen davon aus, dass jedem Menschen eine angeborene Tendenz zum Lernen und damit zur eigenen Weiterentwicklung innewohnt. Dies machen sie unter anderem an Beobachtungen von spielenden Kindern fest, die häufig einer Tätigkeit völlig versunken nachgehen. Oftmals hat es den Anschein, dass diese Tätigkeiten kein Ziel außer der Handlung selbst besitzen (im heutigen Sprachgebrauch wird dies im Übrigen häufig als Flow-Erleben bezeichnet). Als möglicher Grund für die Ausführung solcher Tätigkeiten wird der auch in der Umgangssprache mittlerweile weit verbreitete Begriff der intrinsischen Motivation herangezogen. Intrinsische Motivation wird definiert als der Wunsch oder die Absicht, eine bestimmte Lernhandlung um ihrer selbst willen durchzuführen, weil diese beispielsweise als interessant, spannend oder herausfordernd erscheint (Krapp, 2010). Dabei kann die Lernhandlung durch die Eigenschaften des Gegenstandes ausgelöst werden (gegenstandszentrierte intrinsische Motivation) oder aber durch die Freude an der Ausführung einer Handlung (tätigkeitszentrierte intrinsische Motivation). Das kindliche Spielen liefert ein gutes Beispiel für die tätigkeitszentrierte intrinsische Motivation. Bei angeleiteten Lernprozessen (z. B. im Schuleingangsunterricht) spielt hingegen die gegenstandszentrierte intrinsische Motivation eine größere Rolle. Das Interesse am Gegenstand führt dazu, dass der Lernende die Beschäftigung mit dem Lernstoff als etwas Angenehmes und Belohnendes empfindet. Nicht verwunderlich ist daher, dass genau diese Form der Motivation für das Lernen äußerst günstig ist (Schiefele & Schreyer, 1994). Zudem wird auch die enge Verknüpfung der intrinsischen Motivation mit dem Interesse deutlich: Hat ein Gegenstand bzw. eine Fragestellung unser Interesse geweckt, so wollen wir mehr über diese Sache erfahren, uns ausführlicher informieren und das eigene Wissen immer wieder aktualisieren. Das in der Kindheit erworbene Interesse an einer Sache begleitet uns oftmals unser Leben lang, wird Teil unseres Selbstkonzeptes (z. B. »Ich kenne mich sehr gut mit Pflanzen aus«) und kann auch die spätere Berufswahl erheblich beeinflussen (Schiefele, Krapp & Schreyer 1993). Uns interessierende Tätigkeiten fallen uns also sehr leicht, und wir brauchen keine Motivationshilfen von außen, um sie auszuüben. Hinzu kommt, dass wir dabei meist hellwach sind, unsere Aufmerksamkeit fokussiert ist und wir Dinge, an denen wir Interesse haben, besser im Gedächtnis abspeichern (Krapp, 2010). Nicht verwunderlich ist daher, dass Lehrkräfte darum bemüht sind, ihren Unterricht so zu gestalten, dass sie das Interesse der Schülerinnen und Schüler wecken. Dies ist jedoch leichter gesagt als getan, da sich Lernende deutlich darin unterscheiden, ob sie eine Lernsituation für interessant halten oder nicht. So wird oftmals ein und dieselbe Lernsituation von manchen Kindern der Lerngruppe als interessant, von anderen aber als uninteressant empfunden. Die Neugier von Kindern wird dann geweckt, wenn neue Informationen bereitgestellt werden, die für die Kinder überraschend und unerwartet sind, oder gar den bisher vorhandenen Überzeugungen der Kinder widersprechen. Genau wie bei spannenden Geschichten, möchten Kinder dann unbedingt herausfinden, wo die Lösung ist bzw. was richtig und was falsch ist.

> **Fokus: Interesse wecken – Naturwissenschaften in der Kita**
>
> In den letzten Jahren gab es vermehrt Bemühungen, schon Kindergartenkinder an naturwissenschaftliche Fragestellungen heranzuführen. Dahinter steckt die Hoffnung, das Interesse an naturwissenschaftlichen Inhalten nicht nur kurzfristig zu wecken, sondern auch langfristig so zu verankern, dass Kinder später vermehrt Berufe des technik- und naturwissenschaftlichen Spektrums wählen. Durch einfache Experimente sollen Zusammenhänge aus Natur und Technik, vermehrt auch aus den Bereichen Physik und Chemie, spielerisch verdeutlicht werden. Gezielte Weiterbildungen des pädagogischen Fachpersonals, die von Unternehmen, Verbänden und Hochschulen unterstützt werden, sollen dazu führen, diese Inhalte verstärkt in den Kindergartenalltag zu integrieren (vgl.

> Prenzel, Reiss & Hasselhorn, 2009). Gemessen an der Beteiligung sind die von der Stiftung »Haus der kleinen Forscher« angeregten Aktivitäten und Projekte erfolgreich. Ob sich dadurch aber tatsächlich das Interesse an naturwissenschaftlichen Fächern nachhaltig beeinflussen lässt, ist aufgrund der vielen Einflussfaktoren nur schwer nachzuweisen.

Aus der Lehr- und Lernforschung kennen wir neben dem Interesse weitere wichtige Bedingungen, die für die Entstehung der intrinsischen Motivation günstig sind. Eine dieser Bedingungen wurde bereits im Zusammenhang mit dem Selbstkonzept (s. o.) skizziert. So lernen Kinder aktiver und investieren mehr Anstrengung, wenn sie ein Kompetenzerleben haben und folglich der Überzeugung sind, durch eigenes Handeln auch schwierige Anforderungen meistern zu können (positive Erwartungshaltung). Ein gutes Selbstkonzept ist hierfür die Basis. Deci und Ryan (1985) betonen darüber hinaus, dass Lernen insbesondere dann intrinsisch motiviert ist, wenn man sich als selbstbestimmt und autonom wahrnimmt. Können Schülerinnen und Schüler beispielsweise eigenständig Lernthemen aussuchen, so identifizieren sie sich damit stärker und haben oftmals Spaß beim Lernen (Guay, Lessard & Dubois, 2016). Auch kann das Erleben sozialer Eingebundenheit, beispielsweise bei einer gemeinsamen Lernaktivität, die Motivation zum Lernen positiv beeinflussen (Deci & Ryan, 1985). In ihrer Selbstbestimmungstheorie intrinsischer Motivation benennen Deci und Ryan (1985) folglich drei Voraussetzungen für das Entstehen derselben: Autonomie, Kompetenzerleben und soziale Eingebundenheit.

Der intrinsischen Motivation wird die extrinsische Motivation gegenübergestellt. Von extrinsischer Motivation spricht man dann, wenn der Handlungsgrund bzw. die Veranlassung der Handlung außerhalb der Person zu finden ist. Lernhandlungen werden durchgeführt, um positive Folgen (z. B. ein gute Note) herbeizuführen oder negative Folgen zu vermeiden. Von vielen pädagogischen Fachkräften wird Belohnung und Bestrafung jedoch nur ungerne mit Motivation in Verbindung gebracht. Befürchtet wird nicht nur, dass sich durch extrinsische Anreize keine intrinsische Motivation ausbildet, sondern auch, dass eine bereits vorhandene intrinsische Motivation geschwächt wird, wenn das, was man aus freien Stücken tut, zusätzlich von außen belohnt wird. In der Forschung werden diese Befürchtungen kontrovers diskutiert. Von der die intrinsische Motivation untergrabenen Wirkung von Belohnung überzeugt sind beispielsweise Deci, Koestner und Ryan (1999), die in einer zusammenfassenden Analyse mehrerer Forschungsarbeiten (sog. Metaanalyse) von negativen Effekten extrinsischer Anreize auf die intrinsische Motivation berichten. Sie sprechen in diesem Zusammenhang von einem Korrumpierungseffekt: Wird man für etwas, was man ohnehin gerne tut, zusätzlich belohnt, nimmt man das eigene Verhalten als »überveranlasst« wahr, und die primäre intrinsische Motivation wird verdrängt. Fällt dann der äußere Anreiz weg, reduziert sich auch das ursprünglich intrinsisch motivierte Verhalten (Lepper, Greene & Nisbett, 1973). Im Gegensatz dazu berichten Eisenberger, Pierce und Cameron (1999) nicht nur von einer Verbesserung der Leistung, sondern sogar von einer Steigerung der intrinsischen Motivation durch extrinsische Anreize beim schulischen Lernen. Außer Frage steht, dass Belohnungen die Anstrengungsbereitschaft zumindest kurzfristig positiv beeinflussen können und sich manchmal erst durch eine »erzwungene« Beschäftigung Interesse an einem Thema entwickelt. Entwickelt sich jedoch kein Interesse, erlebt man das Lernen meist als wenig positiv und das Gelernte wird schnell wieder vergessen. Auch wenn von deutlich unterschiedlicher Qualität, so können beim Lernen also verschiedene motivationale Werkzeuge eingesetzt werden. Als Faustregel gilt, auf Belohnung und Bestrafung zu verzichten, sofern die Anstrengungsbereitschaft auch intrinsisch vorhanden ist.

Leistungsmotivation

Jede Form der Lernmotivation ist darauf ausgerichtet, eine Lernhandlung erfolgreich abzuschließen. Ob eine Lernhandlung als erfolgreich wahrgenommen wird, lässt sich anhand der subjektiven Bewertungen der jeweils erreichten Leistungen erkennen. Diese Bewertungen eigener Lernergebnisse basieren in der Regel auf einem selbst gesetzten oder als verbindlich akzeptierten Tüchtigkeitsmaßstab und bilden die Grundlage der Leistungsmotivation. Generell spricht man daher von »leistungsmotiviert«, wenn Personen ihre Tüchtigkeit unter Beweis zu stellen versuchen. Da zumindest im schulischen Kontext die Handlungen eines Kindes fortwährend an vorgegebenen Gütestandards (Bildungsstandards) gemessen werden, wird der Leistungsmotivation eine Schlüsselrolle bei der erfolgreichen Bewältigung schulischer Herausforderungen zugeschrieben. Aber wie entwickelt sich die Leistungsmotivation überhaupt und woran erkennt man, ob ein Kind leistungsmotiviert handelt?

Leistungsmotiviertes Handeln lässt sich an den Reaktionen von Personen auf eigenen Erfolg und Misserfolg erkennen. Die Emotionen Stolz und Scham sind bei Kindern der in diesem Band fokussierten Altersgruppe ein Indikator für den Grad an Übereinstimmung der eigenen Leistungen mit anerkannten Gütemaßstäben. Für das Kind wichtige Bezugspersonen (vor allem Eltern) spielen bei der Entstehung bzw. Übernahme von Gütemaßstäben für das eigene Leistungshandeln eine wesentliche Rolle (Stipek, Recchia & McClintic, 1992). Insbesondere die Wertschätzung bzw. Missbilligung von Bezugspersonen bestimmen, was Kinder als Güte- bzw. Tüchtigkeitsmaßstab verinnerlichen, bzw. auf welche Verhaltensweisen und Leistungen sie stolz und auf welche sie weniger stolz sein können. Nach Holodynski (2006) ist die Bewertung des eigenen Handelns anhand von Tüchtigkeitsmaßstäben im Vorschulalter noch an die direkte Interaktion mit einer Bezugsperson gekoppelt. Stolz und Scham zeigen sich nicht in Alleinsituationen, sondern nur bei Anwesenheit von Bezugspersonen. Autonomes leistungsmotiviertes Handeln auf der Basis selbstgesetzter tüchtigkeitsbezogener Bewertungsmaßstäbe sind bei den meisten Kindern hingegen erst etwa ab dem Schulalter – also mit etwa sechs Jahren – zu beobachten (vgl. Stipek et al., 1992).

Ab diesem Alter reagieren Kinder bei subjektiv erlebten Erfolgen in schwierigeren Aufgaben eher mit Stolz und bei Misserfolgen in leichteren Aufgaben eher mit Scham, auch ohne dass jeweils eine Bezugsperson anwesend ist. Es scheint also in Leistungssituationen zu einer Art Abgleich zwischen Leistungserwartungen und

Leistungsbewertungen zu kommen. Diese Vorstellung wird schon seit langem in der Motivationsforschung als Erwartungs-mal-Wert-Ansatz der Leistungsmotivation bezeichnet (Atkinson, 1957). Die Motivation zur Durchführung einer Handlung ergibt sich in diesem Modell aus dem Produkt der Erfolgserwartung und dem Anreiz des Erfolgs. Die Erwartung ist dabei die von der Person eingeschätzte subjektive Wahrscheinlichkeit, eine Aufgabe erfolgreich zu bewältigen, d. h., sie nimmt mit steigender Schwierigkeit der Aufgabe ab. Der Anreiz des Erfolges ist primär ein Effekt, nämlich Stolz, und steht in inverser Beziehung zur Erfolgswahrscheinlichkeit. Eine subjektiv als leicht wahrgenommene Aufgabe hat zwar eine hohe Erfolgswahrscheinlichkeit, da aber der Erfolgsanreiz sehr klein ist, fällt auch der Wunsch zu handeln (= Leistungsmotivation) bei solchen Aufgaben eher gering aus. Umgekehrt motiviert auch eine subjektiv sehr schwierige Aufgabe trotz eines hohen Erfolgsanreizes nicht zum Handeln, da hier nunmehr die Erfolgswahrscheinlichkeit als zu gering eingeschätzt wird. Dieser Erklärungsansatz der Leistungsmotivation geht davon aus, dass eine mittlere Aufgabenschwierigkeit als besonders motivierend wahrgenommen wird, da hier die Wahrscheinlichkeit für den Erfolg und der Anreiz des Erfolges meist als ausreichend hoch betrachtet werden. Für Kinder im Alter zwischen sechs und acht Jahren trifft dies in den meisten Fällen auch zu.

5.3 Belohnungsaufschub – eine frühe Kompetenz zur Selbstregulation

Schätzen Kinder ihre eigenen Fähigkeiten sehr hoch ein und zeigen gleichzeitig eine hohe intrinsische Motivation, so sind dies sehr gute Voraussetzungen dafür, Lernabsichten zu bilden. Aber ob (und wenn ja: wie hartnäckig) diese Absichten dann tatsächlich in die Tat umgesetzt werden, ist von weiteren individuellen Voraussetzungen abhängig (Heckhausen, 1989). Bekanntlich ist ja die Absicht, ein Verhalten auszuführen, nicht identisch mit der Umsetzung. Hier kommt eine weitere Komponente mit ins Spiel, die im Alltag meist mit »Selbstdisziplin« oder »Willenskraft« beschrieben wird. In der psychologischen Forschung spricht man in diesem Zusammenhang von Volition oder auch von Selbstregulation. Was verbirgt sich genau dahinter?

Betrachten wir das Konzept der Selbstregulation zunächst aus der Erwachsenenperspektive: Stellen Sie sich vor, Sie sollen eine Hausarbeit verfassen. Hierfür muss zunächst die Handlung initiiert werden. Das gelingt meist nicht sofort. Manchmal widmen wir uns plötzlich anderen Dingen (z. B. dem Aufräumen) und schieben die eigentliche Aufgabe so lange vor uns her, bis die Zeit richtig knapp wird (in der Psychologie nennt man das auch »Prokrastination«). Es braucht oftmals einen zusätzlichen motivationalen Anreiz, um überhaupt anzufangen. Ist der Einstieg in die Handlung gelungen, sollte diese möglichst unbeirrt und hartnäckig verfolgt werden. D. h., alle Aufmerksamkeit sollte nun auf der Hausarbeit liegen und konkurrierenden Handlungsimpulsen, etwa im Internet zu surfen oder noch schnell abzuwaschen, sollte widerstanden und mögliche Unlust sollte ignoriert werden. Mit anderen Worten: Selbstregulation ist gefordert. Dazu bedarf es einer Reihe kognitiver Prozesse, mit deren Hilfe wir unsere Aufmerksamkeit, Emotionen, Impulse und Handlungen regulieren können.

Was aber Selbstregulation genau ausmacht, welche die zentralen zugrundeliegenden Kompetenzen sind und wie Selbstregulation am besten erfasst werden kann, ist aktuell Gegenstand vielfältiger Forschungsbemühungen. Wichtige Bausteine der Selbstregulation sind die bereits beschriebenen exekutiven Funktionen (▶ Kap. 3). Als äußerst fruchtbar, wenngleich auch nicht unumstritten, hat sich die Unterscheidung zwischen sog. kalten und heißen exekutive Funktionen erwiesen (Zelazo & Carlson, 2012). Als kalte exekutive Funktionen gelten die rein kognitiven Prozesse wie Inhibition, Updating und Shifting/Switching. Heiße exekutive Funktionen beziehen sich hingegen auf die Kontrolle von sozialem und emotionalem Verhalten, z. B. die Unterdrückung des Wutanfalls, wenn man beim »Mensch-ärgere-dich-nicht« zum wiederholten Male rausfliegt und zurück zum Startpunkt muss. Worauf fußt diese Unterteilung und was kann man sich unter dem Unterschied zwischen heißen und kalten exekutiven Funktionen vorstellen? Die Unterteilung entstand ursprünglich bei der Beobachtung von Defiziten bei Patienten mit Hirnschädigungen. So zeigen Patienten mit Läsionen in bestimmten Gehirnarealen erhebliche Einbußen bei der Inhibition, dem Updating und dem Shifting/Switching (also den kalten exekutiven Funktionen). Bei Patienten mit Läsionen in anderen Hirnregionen hingegen fanden sich ausschließlich Einbußen der heißen exekutiven Funktionen, wie etwa der Emotionskontrolle. Die in heißen exekutiven Funktionen zum Ausdruck kommende Facette der Selbstregulation lässt sich beispielsweise mit der sog. Iowa Gambling Task – einer Art Kartenspiel – erfassen. Bei dieser Aufgabe erhalten die Kinder Spielgeld und müssen von wenigstens einem von vier Kartenstapeln Karten nehmen. Bei zwei Kartenstapeln sind höhere Gewinne, gleichzeitig aber auch unvorhersehbare höhere Verluste möglich, bei den zwei anderen Kartenstapeln hingegen geringere Gewinne und Verluste, was in der Summe aber ein deutliches Plus macht. Studien zeigen, dass Kinder, die Probleme mit der Regulation ihrer heißen exekutiven Funktionen haben, deutlich häufiger Karten von dem Stapel nehmen, der mit höheren Gewinnen, in der Summe aber mit höheren Verlusten verbunden ist (Kerr & Zelazo, 2004). Der motivational-emotionale Aspekt wird hier also durch die Möglichkeit eines Gewinns bzw. einer Belohnung angesprochen. Allerdings ist das Paradigma der Iowa Gambling Task erst für Kinder im Schulalter geeignet.

Auch bei der Erfassung der heißen exekutiven Funktionen im Vorschulalter spielen Belohnungen eine entscheidende Rolle (Hongwanishkul, Happaney, Lee & Zelazo, 2005). Dies zeigt sich beim sog. Belohnungsaufschub (englisch: delay of gratification). Unter Belohnungsaufschub versteht man die Fähigkeit, eine sofortige, aber kleine Belohnung zugunsten einer verzögerten, größeren Belohnung aufzuschieben. Schon im Alter von fünf Jahren lassen sich vergleichsweise stabile Unterschiede in diesen Fähigkeiten in standardisierten Untersuchungsanordnungen beobachten, die mit späteren schulischen Leistungen positiv zusammenhängen. So zeigen Kinder mit überdurchschnittlich ausgeprägtem Belohnungsaufschub beispielsweise bessere mathematische Leistungen als Kinder mit einer unterdurchschnittlichen Ausprägung des Belohnungsaufschubs (Gawrilow, Petermann & Schuchardt, 2013). Wie Mischel und Kollegen zudem zeigen konnten, gehören Kinder mit einer ausgeprägten Fähigkeit zum Belohnungsaufschub im Kindergartenalter auch noch im Jugendalter (selbst dann, wenn Intelligenzunterschiede kontrolliert wurden) zu den besseren Schülerinnen und Schülern (Mischel, Shoda & Peake, 1988).

Zur Erfassung des Belohnungsaufschubs kommen meist zwei Paradigmen zur Anwendung: das Warteparadigma und das Wahlparadigma. Beim Warteparadigma kann sich das Kind zwischen einer kleineren, sofort verfügbaren (z. B. ein Marshmallow) oder einer größeren, nicht sofort verfügbaren Belohnung (z. B. mehrere Marshmallows) entscheiden (z. B. Mischel & Metzner, 1962). Entscheidet es sich für die größere, wird ihm erklärt, dass die Untersuchungsperson für einige Zeit den Raum verlassen muss. Das Kind erhält die größere Belohnung, sobald die Untersuchungsperson zurückkehrt. Durch das Klingeln einer Glocke kann das Kind die Untersuchungsperson jederzeit zurückrufen, erhält dann allerdings nur die kleinere Belohnung. Gemessen wird die Zeit, die das Kind auf die (größere) Belohnung wartet. Die maximale Wartezeit kann variiert werden.

Beim Wahlparadigma wird das Kind vor die Alternative gestellt, eine kleinere Belohnung sofort oder eine größere und attraktivere Belohnung später ausgehändigt zu bekommen. Das Verzögerungsintervall kann zwischen Stunden und Tagen variieren. In der Regel werden die Kinder beim Wahlparadigma wiederholt um eine Entscheidung gebeten. Im Unterschied zur Warteaufgabe wird nicht die Wartezeit erfasst, sondern die Häufigkeit der Entscheidungen für die sofortige oder die spätere Belohnung gezählt. Ein weiterer Unterschied zwischen den Paradigmen liegt in der Verbindlichkeit der Entscheidung. Bei der Wahlaufgabe ist das Kind bis zur nächsten Frage an seine Entscheidung gebunden, während ihm bei der Warteaufgabe die Entscheidung jeder Zeit offen steht (das Marshmallow kann jederzeit vernascht werden).

> **Fokus: Ist Selbstregulation wie ein Muskel, der ermüden kann?**
>
> Mit der Selbstregulation klappt es selbst bei uns Erwachsenen nicht immer so, wie wir uns das vielleicht wünschen. Mal schaffen wir es einfach nicht, uns zum Sport aufzuraffen oder die nächste Hausarbeit endlich anzufangen. Stattdessen legen wir uns lieber in den Sessel oder planen den nächsten Sommerurlaub. Es scheint fast so, also würden uns an manchen Tagen oder unter manchen Bedingungen die Kompetenzen zur Selbstregulation abhanden kommen. Eine ähnliche Vermutung hatten auch Baumeister, Bratslavsky, Muraven und Tice (1998). In einem Experiment konnten sie nachweisen, dass Personen, die in einem nach Schokolade riechenden Raum lediglich Radieschen, nicht aber die ebenfalls vorhandenen Muffins essen durften, schneller bei einem Puzzle aufgaben als Personen, denen es erlaubt war, Muffins zu essen. In einem anderen Experiment konnten Vohs und Heatherton (2000) zeigen, dass Personen, die

> Diät betrieben, nach dem Betrachten eines Filmes, bei dem sie keinerlei Emotionen zeigen durften, mehr Eiscreme zu sich nahmen, als andere Diät betreibende Personen, die ihre Gefühle beim Filmgucken zeigen durften. In der Psychologie spricht man in diesem Zusammenhang von *Ego-Depletion*, also der Selbsterschöpfung. Der Begriff besagt, dass Selbstregulation wie Muskelkraft eine begrenzte Ressource darstellt, die ermüdet, allerdings auch trainiert werden kann (Muraven & Baumeister, 2000).

Als Schlüsselfähigkeit des Belohnungsaufschubs vermuten Mischel, Shoda und Rodriguez (1989) den strategischen Einsatz der Aufmerksamkeitsverteilung. Kinder, denen es bei der Warteaufgabe leichter gelingt, ihre Aufmerksamkeit von den belohnungsbezogenen Reizen abzuziehen, konnten deutlich länger warten als die Kinder, die vermehrt den Belohnungsreiz fokussierten. Auch Eigsti und Kollegen (2006) bewerten die strategische Aufmerksamkeitsverteilung als Ablenkungsstrategie und sehen hierin eine Erklärung für die individuellen Unterschiede im Belohnungsaufschub. Dies steht auch im Einklang mit der bereits erwähnten These von Posner (▶ Kap. 2) zur exekutiven Kontrolle der Aufmerksamkeit.

Der Frage, welchen Einfluss die angesprochenen Ablenkungsstrategien nun genau auf den Belohnungsaufschub haben, gingen Mischel, Ebbesen und Zeiss (1972) nach. Im Warteparadigma instruierten sie eine Gruppe von Kindern dazu, während der Wartezeit an die Belohnung zu denken, eine andere Gruppe sollte sich lustige Dinge vorstellen, während eine dritte Gruppe keine weitere Instruktion erhielt. Nicht verwunderlich war, dass es besonders den Kindern schwerfiel zu warten, die sich die Belohnung vorstellen sollten. Am besten schnitten hingegen die Kinder ab, die sich lustige Dinge vorstellen sollten. Es scheint also auch die Sichtbarkeit der Belohnung während der Wartezeit einen deutlichen Einfluss zu haben. Passend dazu berichtet ein fünfjähriges Kind in einem Experiment: »Wenn die Belohnung bedeckt wäre, könnte ich die ganze Zeit warten ... denn dann kann ich an etwas anderes denken« (Mischel, 1984, S. 127).

Ein interessanter Ansatz zur Beeinflussung der Wartezeit, d. h. wie Kinder einer Versuchung widerstehen können, kommt von der Forschergruppe um Karniol und Kollegen (2011). In einem Experiment konnten sie zeigen, dass Vorschulkinder dann deutlich länger auf eine Belohnung warten können, wenn ihnen diese Fähigkeit zuvor symbolisch durch eine Superman-Kappe und eine bestimmte Instruktion (»Superman hat viel Geduld und kann lange warten«) verliehen wurde. Auch Prencipe und Zelazo (2005) konnten aufzeigen, dass sich sogar schon Dreijährige dann für eine größere, verzögerte gegenüber einer kleineren sofortigen Belohnung entscheiden, wenn sie gefragt werden, für welche Belohnung sich der Versuchsleiter (erwachsene Person) entscheiden soll. Werden sie hingegen gefragt, welche Belohnung sie selber wollen, wird deutlich häufiger die sofortige gewählt. Erklärt wird dieses damit, dass in der Versuchsleiter-Bedingung eine rationale, rein kognitive Entscheidung (auf der Basis der kalten exekutiven Funktionen), in der anderen Bedingung, in der die Kinder für sich wählen sollten, hingegen eine affektiv und motivational gefärbte Entscheidung (auf der Basis der heißen exekutiven Funktionen) getroffen wurde.

Diskussion: Selbstkontrolle – je höher desto besser?

Die im Zusammenhang mit der Selbstregulation berichteten Studien verleiten zu der Schlussfolgerung, dass eine besonders hoch ausgeprägte Fähigkeit zur Selbstregulation von großem Vorteil ist. Aber ist es tatsächlich immer gut, Versuchungen zu widerstehen und eigene Bedürfnisse zu kontrollieren, wie Walter Mischel es sagt? Sind tatsächlich immer die Personen am erfolgreichsten, deren Leben sich wie ein ewig ungegessenes Marshmallow gestaltet? Diese Fragen lassen sich auf Basis bisheriger Forschungsergebnisse nicht beantworten. Einen interessanten Gedanken in diesem Zusammenhang hat der Persönlichkeitspsychologe Jacob Block (1924-2010) geäußert. Er argumentiert, dass das Fehlen von Selbstkontrolle nicht immer schlecht sei, bilde dies doch auch die Basis für Spontanität, Flexibilität und Kreativität. Gerade die Erziehung vieler asiatischer Eltern ist allem Anschein nach auf die Vermittlung von Selbstkontrolle ausgelegt, was häufig auch als Grund für das hervorragende schulische Leistungsniveau asiatischer Kinder angeführt wird. Es mehren sich jedoch auch Hinweise, dass dies zu Lasten der kindlichen Kreativität geht. Genau wie der Übermotivierte im Fußball schnell mal eine rote Karte bekommt und der sich Selbstüberschätzende sich oftmals nicht genügend anstrengt, so kann ein Zuviel an Selbstkontrolle sich im Einzelfall auch als hinderlich für die Entwicklung einer ausgewogenen Persönlichkeit erweisen. Sogar Walter Mischel warnt: »Ein Zuviel bedeutet, sein Leben nicht zu leben« (nach Bund & Rudzio, 2014).

6 Meilensteine der kognitiven Entwicklung zwischen vier und acht Jahren

Im Alter zwischen vier und acht Jahren verändern sich Kinder in vielen Bereichen rasant und tiefgreifend. Zahlreiche dieser Veränderungen lassen sich auf den ersten Blick leicht feststellen. So verlieren Kinder beispielsweise nach und nach ihre Milchzähne und ihre körperliche Größe verändert sich deutlich. Gleichzeitig lockert sich die Bindung zu den Eltern und den Geschwistern, der Aktionsradius der Kinder wird größer und sie streben nach mehr Selbständigkeit. Der Kontakt zu Gleichaltrigen verstärkt sich, erste Freundschaften werden geschlossen und vertiefen sich. Ab einem Alter von etwa fünf Jahren lässt sich zudem beobachten, dass Kinder ihr Spielverhalten zunehmend aufeinander abstimmen und bewusst in die Rolle anderer Personen schlüpfen. Neben Rollenspielen sind es vor allem Regelspiele – zunehmend auch in größeren Gruppen – die Kinder mehr und mehr faszinieren.

Parallel zu diesen schon auf den ersten Blick ersichtlichen Entwicklungen verändern sich auch viele lernrelevante Verhaltensmöglichkeiten, meist zu erkennen an Veränderungen im kognitiven Entwicklungsstand. So lässt sich beispielsweise eine Zunahme der Nutzung von Relativ- und Temporalsätzen in den sprachlichen Äußerungen beobachten, zunehmend bessere Merkleistungen, beispielsweise beim Memoryspiel oder auch vermehrte Ursachenzuschreibungen physikalischer Ereignisse anstelle des magischen Denkens (z. B. »Wolken regnen, weil sie traurig sind.« vs. »Wolken regnen, weil in ihnen Wasser gespeichert ist.«). Die letzten beiden Beispiele betreffen eine wichtige Unterscheidung: Veränderungen in der Gedächtnisleistung bzw. der Informationsverarbeitungseffizienz sind bereichsübergreifend wirksam, d. h., sie sind für Lernleistungen in fast allen Bereichen von Bedeutung. Zunehmend physikalisches Wissen erleichtert hingegen primär das Lernen in dieser Wissensdomäne. Denn die verschiedenen Wissensdomänen, die für unser Wirklichkeitsverständnis grundlegend sind (z. B. Physik, Biologie und Psychologie), unterscheiden sich in ihrer Begrifflichkeit und ihren Erklärungsmodellen. Neben der Zunahme der Effizienz der Informationsverarbeitung gilt die Entwicklung bereichsspezifischen Wissens – häufig auch begriffliches Wissen genannt – als zweite Hauptquelle der lernrelevanten kognitiven Veränderungen in der Kindheit.

Von Meilensteinen der kognitiven Entwicklung wird dann gesprochen, wenn qualitative Veränderungen oder besonders große Entwicklungssprünge zu beobachten sind. Vergleichbar mit dem Entwicklungssprung vom Krabbeln zum Laufen, gibt es auch kognitive Entwicklungsschritte, die die Art und Weise, wie Kinder lernen, nachhaltig verändern. Um das kindliche Lernen also verstehen und einordnen zu können, sind grundlegende Kenntnisse der kognitiven Entwicklung, insbesondere der Meilensteine, unerlässlich. Um die Bandbreite der lernrelevanten

Veränderungen aufzuzeigen, greifen wir im Folgenden bewusst Entwicklungsveränderungen aus ganz unterschiedlichen Bereichen der individuellen Voraussetzungen auf. Den Bereich der Denkentwicklung betreffend, widmet sich dieses Kapitel zunächst der Entwicklung der sogenannten Theory of Mind und geht dabei vor allem auf das Verständnis der falscher Überzeugungen ein. Es folgt ein Meilenstein in der Gedächtnisentwicklung, die Automatisierung des »inneren Nachsprechens« im System des phonologischen Arbeitsgedächtnisses, des sog. Rehearsals. Abschließend widmet sich dieses Kapitel einem wichtigen Schritt in der Entwicklung der motivationalen Voraussetzungen des kindlichen Lernens, der Herausbildung einer differenzierenden Ursachenzuschreibung bei erlebtem Erfolg oder Misserfolg.

Auf eine grundlegende Tatsache ist vorab noch hinzuweisen. Bei den nachfolgend beschriebenen Meilensteinen handelt es sich nur um typische, d. h. üblicherweise so verlaufende Entwicklungsschritte. Diese Prozesse können im konkreten Einzelfall durchaus früher, später oder auch ganz anders verlaufen. Daher sind die hier angegebenen Altersangaben über das Erreichen bestimmter Meilensteine nur als Durchschnittswerte anzusehen und geben nicht die nicht zu unterschätzende Variabilität individueller Entwicklungsverläufe wieder.

6.1 Theory of Mind

Wir Erwachsene betreiben ständig intuitiv Alltagspsychologie. Jeden Tag versuchen wir das Verhalten, die Gedanken und Gefühle von uns selbst und anderer Menschen zu erklären und vorherzusagen. Geht eine Person erwartungsvoll zum Kühlschrank und kommt mit enttäuschter Miene zurück, so führen wir dies beispielsweise darauf zurück, dass sie die Absicht hatte, etwas zu essen und der Annahme war, im Kühlschrank etwas Bestimmtes zu finden. Wir erklären uns also das Verhalten als Ergebnis innerer Zustände und Prozesse, wie beispielsweise Wünsche, Überzeugungen und Absichten. Genau diese Fähigkeit, d. h. sich selbst und anderen mentale Zustände zuzuschreiben, wird als Theory of Mind bezeichnet. Sie ermöglicht es uns nicht nur, allgemein besser im Miteinander mit anderen Menschen klar zu kommen, sondern unterstützt in vielfältiger Weise auch unser Verständnis von Sachverhalten in Lernkontexten. Aber verfügen auch schon Kinder im Alter von vier bis acht Jahren über diese Fähigkeit? Und wie kann man sich die Entwicklung dieser alltagspsychologischen Kompetenz vorstellen?

Ein rudimentäres Verständnis darüber, dass verschiedene Personen unterschiedliche Wünsche haben können, ist bei Kindern bereits am Ende des zweiten Lebensjahres zu beobachten. Spielt beispielsweise ein zweijähriges Kind lieber mit Autos als mit Puppen, bekommt aber in einer Geschichte erzählt, dass ein anderes Kind lieber mit Puppen spielt, dann sagt das Kind richtigerweise voraus, dass sich das Kind aus der Geschichte bei freier Auswahl zwischen Autos und Puppen wohl für die Puppen entscheiden würde (Repacholi & Gopnik, 1997). Im Verlauf des dritten Lebensjahres stellen Kinder dann vermehrt Zusammenhänge zwischen menschlichem Handeln und mentalen Zuständen her. So verstehen beispielsweise schon Kinder um ihren dritten Geburtstag herum, dass das Erfüllen von Wünschen mit positiven, das Nichterfüllen mit negativen Gefühlen einhergeht (Flavell, 1999). Auch können sie unabsichtliche von absichtlichen Handlungen unterscheiden. Lässt man beispielsweise Dreijährige einen Zungenbrecher wiederholen und sie machen dabei Fehler, so geben sie an, den Satz nicht absichtlich falsch gesagt zu haben. Schließlich zeigt sich das vermehrte Interesse an mentalen Zuständen auch daran, dass Kinder in diesem Alter vermehrt Warum-Fragen stellen, die sich auf die Ursache bzw. Beweggründe menschlichen Verhaltens (»Warum hat der das getan?«) beziehen. Interessanterweise dreht sich das Verhältnis zwischen Fragen und Erklärungen im Alter zwischen drei und vier Jahren um. Mit großer Vorliebe beginnen viele Kinder im Verlauf des vierten Lebensjahres mehr Erklärungen abzugeben als Fragen zu stellen.

Mit etwa vier Jahren lässt sich nun eine deutliche Veränderung in der alltagspsychologischen Kompetenz bzw. der Theory of Mind beobachten. Am besten verdeutlicht dies ein auf Wimmer und Perner (1983) zurückgehendes experimentelles Paradigma. In einer sogenannten False-Belief-Aufgabe wird dem Kind eine Geschichte mit Puppen vorgespielt. Es beobachtet, wie die Hauptperson der Geschichte, Maxi, eine Schokolade in einen blauen Schrank legt. Während Maxi anschließend auf dem Spielplatz ist, legt seine Mutter die Schokolade von dem blauen Schrank in den grünen Schrank. Maxi kommt zurück und will die Schokolade essen. Die Testfrage an das Kind lautet nun, wo Maxi die Schokolade suchen wird. Ab einem Alter von ungefähr vier Jahren geben die meisten Kinder auf diese Frage die richtige Antwort, »Maxi wird im blauen Schrank suchen«. Sie verstehen also, dass Maxi dort suchen wird, wo er fälschlicherweise glaubt, dass die Schokolade sei, und nicht dort, wo sie sich tatsächlich befindet. Mit drei Jahren sieht das noch ganz anders aus. Nahezu alle Kinder beantworten die Frage um ihren dritten Geburtstag herum falsch, d. h., sie sagen, dass Maxi im grünen Schrank suchen wird, also da, wo die Schokolade tatsächlich ist.

Wie ist dies zu erklären? Der entscheidende Entwicklungsschritt wird in der psychologischen Forschung beschrieben als das Herausbilden der Fähigkeit, Metarepräsentationen zu bilden, d. h., sich Gedanken über die mentalen Prozesse anderer Personen zu machen. Metarepräsentationen sind Vorstellungen über die Vorstellungen anderer. In der Bildgeschichte gelingt es einem vierjährigen Kind, sich nicht nur in die Lage von Maxi zu versetzten, sondern auch zwischen dem eigenen Wissen und dem Wissen der Person aus der Geschichte zu trennen (Maxi hat nicht gesehen, wie die Mutter die Schokolade aus dem blauen Schrank genommen und anschließend in den grünen Schrank gelegt hat). Durch das Bilden von Metarepräsentationen verstehen Kinder, dass Personen nach ihren Überzeugungen handeln und dass diese Überzeugungen falsch sein können (▶ Abb. 6.1).

Neben der Einsicht, dass sich subjektive Überzeugungen von der Realität unterscheiden können, entwickelt sich im gleichen Altersbereich auch die begriffliche Differenzierung zwischen Anschein und Realität. Dies zeigt eine Studie von Flavell (1986), in der Kinder beispielsweise eine Kerze in Form eines Apfels mit der Aufforderung präsentiert bekamen, das Aussehen des Objektes als auch die wahre

6.1 Theory of Mind

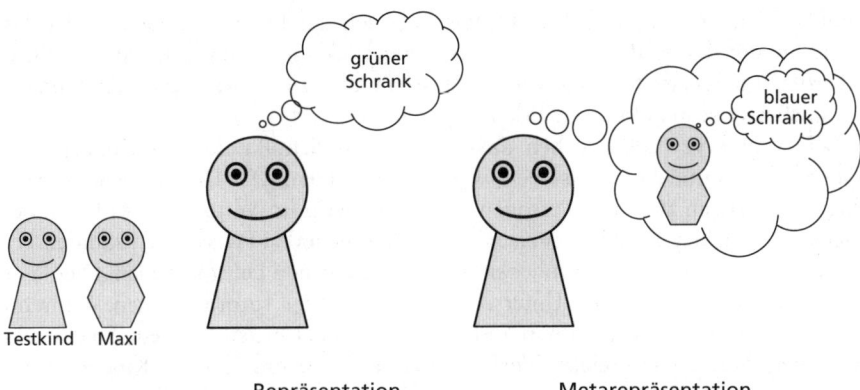

Abb. 6.1: Repräsentation und Metarepräsentation am Beispiel der False-Belief Aufgabe

Identität anzugeben. Während Dreijährige meist angaben, dass es sich bei dem Objekt um einen Apfel handeln würde, konnten Vierjährige zwischen Anschein und Realität unterscheiden, d. h., sie sind fähig zu verstehen, dass ein- und dasselbe Objekt auf unterschiedliche Arten repräsentiert werden kann – in diesem Falle also zwar wie ein Apfel aussieht, in echt aber eine Kerze in Apfelform ist. Nicht zufällig wird in diesem Altersbereich von vielen Pädagogen und Eltern beobachtet, dass Kinder erstmals dazu in der Lage sind, bewusst zu täuschen und zu lügen. Mit der Einsicht in falsche Überzeugungen können sie scheinbar den Nutzen von Täuschungen in Spielsituationen erkennen und setzen sie dort gezielt ein (Sodian & Schneider, 1990). Schließlich sehen Forscher den mit diesem Alter beginnenden aktiven Gebrauch von sog. mentalen Verben, wie »denken«, »möchten« und »glauben«, als Beleg dafür, dass der Sprache die Funktion eines Katalysators bei der Entstehung der als Theory of Mind bezeichneten alltagspsychologischen Kompetenz zukommt (Bartsch & Wellman, 1995).

Warum sind Theory of Mind-Kompetenzen nun so wichtig für das Lernen? Die Antwort auf diese Frage ist eigentlich recht simpel: Ohne die Fähigkeit, uns selber und anderen Menschen mentale Zustände zuzuschreiben, ist es uns schlicht nicht möglich, das menschliche Verhalten zu erklären und vorherzusagen. Erst dadurch, dass Kinder sich ihrer eigenen Überzeugungen bewusst werden, sind sie in der Lage, diese auch mit der Perspektive anderer zu vergleichen und ggf. anzupassen. Ab diesem Entwicklungsschritt kann also eine bewusste Überprüfung der eigenen Überzeugungen einsetzen, was nach Ansicht von Wellman und Lagattuta (2004) bedeutsam für das schulische Lernen und Unterrichten ist. So zielt der Unterricht oftmals auf das Verstehen komplexer Zusammenhänge ab, bei denen unterschiedliche Perspektiven betrachtet werden müssen. Das Nachvollziehen anderer Perspektiven mag auf den ersten Blick in der Grundschule vor allem für Fächer wie Ethik bzw. Religion oder Sachkunde von Bedeutung sein. Allerdings kann die Fähigkeit zum Perspektivwechsel auch als lernunterstützendes Werkzeug eingesetzt werden. Siegler (1995) konnte z. B. aufzeigen, dass das Lernen dadurch unterstützt werden kann, dass Kinder aktiv dazu aufgefordert werden, sich in andere Personen hineinzudenken (»Was denkst Du, wie habe ich das herausgefunden?«). Ist das Kind in der Lage, den meist elaborierteren Gedankengang nachzuvollziehen, überdenkt und erweitert es das eigene Wissen und bezieht dies – so die Annahme – möglicherweise in zukünftige Erklärungen mit ein.

Ziv und Frye (2004) gehen davon aus, dass Schulkinder das Konzept des Unterrichtens nur dann verstehen, wenn sie erkennen, dass Unterschiede im verfügbaren Wissen zwischen Personen (z. B. Erzieherin im Vergleich zum Kind) bestehen. Je stärker Kindern Unterschiede in den mentalen (Wissens)Zuständen bewusst sind, desto anspruchsvoller sind auch ihre eigenen Lehrmethoden. Dies lässt sich z. B. bei altersbedingten Unterschieden im sog. Peer Tutoring zeigen. Während Kinder im Alter von drei Jahren anderen Kindern beispielsweise neue Spielregeln vor allem durch gestenreiches Vorführen erklären, benutzen ältere Kindergartenkinder vermehrt verbale Instruktionen. Wie Ziv und Frye (2004) weiter zeigen konnten, gelingt es Siebenjährigen zudem, die Erklärungen dem Wissensstand der Zielperson anzupassen – sie versetzen sich also bewusst in die Lage des Gegenübers, wenn sie etwas erklären wollen.

Kinder zwischen vier und acht Jahren bekommen also vermehrt Einsicht in den Wissenserwerb selbst, und damit auch in Prozesse und Ergebnisse des Lernens. Grundlegende alltagspsychologische Kompetenzen bilden daher auch die Basis für das Wissen über die eigenen Gedächtnisvorgänge, das sogenannte Metagedächtnis (► Kap. 4). Beispielsweise wissen Grundschulkinder, dass eine ablenkende Tätigkeit es erschwert, sich etwas zu merken oder auch, dass sich ein Mehr an Lernzeit günstig auf die Leistung auswirkt. Ein solches metakognitives Wissen ist förderlich für das eigene Lernen. Denn je besser man über die Funktionsweise des (eigenen) Gedächtnisses Bescheid weiß, je mehr man die eigene Gedächtnisaktivität überwacht und kontrolliert, desto besser gelingt es einem, Lern- und Gedächtnisstrategien erfolgreich anzuwenden (► Kap. 4.2).

6.2 Aufmerksamkeit und Gedächtnis

Lernen kann als Kette von Prozessen der Aufnahme, Transformation und Organisation von Informationen beschrieben werden. Mit anderen Worten: Informationen müssen wahrgenommen, verarbeitet und gespeichert werden. Hierzu bedarf es einer Instanz, die Lernergebnisse konserviert und dauerhaft sichert. Wir haben sie in den ersten Kapiteln dieses Buches bereits kennen gelernt: Es ist das Gedächtnis. Um zu verstehen, wie das Gedächtnis Lernprozesse beeinflusst und zu welchen tiefgreifenden Veränderungen es im Alter von sechs Jahren kommt, ist es hilfreich, sich die Funktionsweise des Gedächtnisses nochmals in Erinnerung zu rufen.

Wie bereits ausführlicher dargestellt (► Kap. 1), berücksichtigen einschlägige Gedächtnismodelle das zeitliche Verhältnis zwischen Einprägen und Gedächtnisabruf. Im zeitlichen Verlauf der Informationsverarbeitung übernehmen drei abgrenzbare, aber miteinander verknüpfte Gedächtnisstrukturen wichtige Funktionen: die sensorischen Register, das Kurzzeit- oder Arbeitsgedächtnis und das Langzeitgedächtnis.

Im Verbund der sensorischen Register werden Informationen durch die Wahrnehmungsorgane gefiltert aufgenommen. Diese Informationen zerfallen jedoch bereits wieder innerhalb kürzester Zeitintervalle von meist weniger als einer Sekunde. Ein Lernprozess im engeren Sinne beginnt erst dann, wenn den Informationen innerhalb der kurzen Verfügbarkeit in den sensorischen Registern Aufmerksamkeit gewidmet wird. Erst dadurch gelangen die Informationen in das Arbeitsgedächtnis. Im Arbeitsgedächtnis werden die Informationen für kurze Zeit »festgehalten« und über Verarbeitungs- und Kontrollprozesse im Abgleich mit den im Langzeitgedächtnis bereits vorhandenen Informationen bewertet, geordnet und transformiert. Vom Arbeitsgedächtnis gelangen die Informationen schließlich ins Langzeitgedächtnis, das häufig mit einem großen Lexikon, einer Datenbank oder mit einer Bibliothek verglichen wird. Bestehende Wissensinhalte des Langzeitgedächtnisses können wiederum abgerufen und ins Arbeitsgedächtnis transferiert werden, um sie aktiv zu halten, zu verarbeiten oder auch um sie abzurufen.

Das Arbeitsgedächtnis stellt also die relevante Verbindung zwischen der Wahrnehmung und der überdauernden Wissensbasis (Langzeitgedächtnis) dar. Wie aber gelingt es nun dem Arbeitsgedächtnis, Informationen präsent zu halten, zu bearbeiten und in das Langzeitgedächtnis zu überführen? In Kapitel 3 hatten wir diese Frage ausführlicher beantwortet und uns dabei der Modellvorstellung von Baddeley (z. B. 1986) zur Funktionsweise und Struktur des Arbeitsgedächtnisses bedient (▶ Kap. 3). Fassen wir noch einmal kurz zusammen: Das Arbeitsgedächtnis besteht aus mehreren, hierarchisch strukturierten und kapazitätsbegrenzten Komponenten. Unterschieden werden zwei spezifische Hilfssysteme, eines für die Verarbeitung visuell-räumlicher Informationen, das sogenannte visuell-räumliche Arbeitsgedächtnis, und eines für die Verarbeitung sprachlicher und akustischer Informationen, das phonologische Arbeitsgedächtnis. Diesen beiden Subsystemen ist eine Steuereinheit übergeordnet, die sogenannte zentrale Exekutive, die gerade in Lernsituationen für die Kontrolle und Regulation aller Nutzungen des Arbeitsgedächtnisses verantwortlich ist. Da die Informationen in den Speichern der Hilfssysteme bereits nach wenigen Sekunden verblassen würden, besitzen beide Hilfssysteme einen Wiederholungsmechanismus, mit dem die Gedächtnisinhalte länger für weitere Verarbeitungen verfügbar gemacht werden können. Im Altersbereich zwischen vier und acht Jahren kommt es in vielen Funktionsbereichen der Systeme des Arbeitsgedächtnisses zu Veränderungen. Die wohl für die Möglichkeiten des kindlichen Lernens entscheidende vollzieht sich im phonologischen Arbeitsgedächtnis. Hier kommt es bei den meisten Kindern im Laufe des sechsten Lebensjahres im Bereich des Wiederholungsmechanismus zu einem bedeutenden Entwicklungsschritt, der die Funktionstüchtigkeit des phonologischen Arbeitsgedächtnisses merklich steigert und damit die Lernmöglichkeiten nachhaltig verändert. Um die Konsequenzen dieses Entwicklungsschrittes gut nachvollziehen zu können, rekapitulieren wir noch einmal die Funktionsweise der phonologischen Schleife.

Die phonologische Schleife verarbeitet sprachlich-akustische Informationen mithilfe zweier Komponenten, dem (1) phonetischen Speicher, der klanglich-sprachliche

Informationen für etwa 1.8 Sekunden festhalten kann und (2) einem Prozess des inneren Nachsprechens bzw. Wiederholens, welcher es ermöglicht, dass Informationen auch über dieses Zeitfenster hinaus im Zugriffsbereich der bewussten Verarbeitung verbleiben. Darüber hinaus erfüllt der Prozess des inneren Nachsprechens noch eine weitere wichtige Funktion: Er sorgt für die phonetische Umkodierung visuell dargebotener Informationen. Dazu aber gleich mehr.

Der Wiederholungsmechanismus wird als subvokales Rehearsal bezeichnet. Als Beleg dafür, dass es sich bei diesem Mechnismus um ein »inneres Sprechen« handelt, gilt das Phänomen des Wortlängeneffektes. Es besagt, dass Wörter, die schneller gesprochen werden bzw. kürzer sind, besser behalten werden können. Beispielsweise fällt die Gedächtnisspanne für konkrete einsilbige Substantive (z. B. Stuhl, Schiff, Topf) größer aus als für dreisilbige (z. B. Schaukelstuhl, Eisenbahn, Bratpfanne). In Studien zum Wortlängeneffekt zeigte sich allerdings, dass selbst bei konstant gehaltener Silben- und Phonemzahl die Behaltensleistung für Wörter mit kürzerer Artikulationsdauer größer ist als für Wörter mit längerer Aussprechdauer (Cowan, Nugent, Elliott & Geer, 2000). Die Aussprechdauer scheint also für die Behaltensleistung entscheidend zu sein.

Interessanterweise ist der Wortlängeneffekt jedoch nicht in allen Altersstufen ähnlich hoch ausgeprägt. Zudem ist er auch davon abhängig, ob die zu behaltenden Wörter bzw. Gegenstände auditiv oder visuell präsentiert werden. Bei auditiver Präsentation von zu behaltenden Wörtern zeigt sich der Effekt bereits ab einem Alter von drei Jahren (Yuzawa, 2001). Bei visueller Präsentation, d. h. bei Bildern von Gegenständen, die man sich merken soll, hingegen erst ab einem Alter von etwa sechs Jahren (Gathercole, 1998; Gathercole & Hitch, 1993; Yuzawa, 2001). Wie ist dies zu erklären? Den entscheidenden altersbedingten Unterschied sehen Forscher in der Automatisierung des innerlichen Nachsprechens (Hasselhorn 1988; Jarrold & Tam, 2011). Zwar kann man auch jüngere Kinder zum innerlichen Nachsprechen anregen – dies führt im Übrigen zu einem deutlichen Anstieg ihrer Behaltensleistung – ein spontaner Gebrauch ist jedoch erst ab einem Alter von ungefähr sechs Jahren zu beobachten (z. B. Jarrold & Tam, 2011). Entscheidend ist nun, dass Kinder ab einem Alter von sechs Jahren visuelle Informationen automatisch in sprachliche übersetzen. Sollen sie sich also z. B. das in Form eines Bildes dargestellte Wort »Haus« merken, so sprechen sie innerlich automatisch »Haus« nach. Kinder vor dem sechsten Lebensjahr merken sich hingegen das Bild anhand der visuellen Eigenschaften und übertragen es nicht automatisch in die phonologische Schleife (Gathercole, 1998). Die Wortlänge hat hier also keinen Einfluss. Dies ist anders bei der auditiven Präsentation. Dabei gelangen die Wörter direkt in die phonologische Schleife, so dass hier die Wortlänge immer einen Effekt auf die Behaltensleistung hat.

Die Automatisierung des Rehearsalprozesses wird also als entscheidender Entwicklungsschritt angesehen und lässt sich am Wortlängeneffekt beobachten. Von großer Bedeutung für das Lernen ist jedoch auch ein mit der Automatisierung einhergehender deutlicher Anstieg der Behaltensleistung. Dies zeigt sich beispielsweise anhand der Gedächtnisspanne, d. h. der Anzahl von Items (meist Ziffern oder Wörter), die im Anschluss an eine einmalige Darbietung (meist akustisch im Sekundenrhythmus) in der vorgegebenen Reihenfolge korrekt wiedergegeben werden können. So beträgt die Gedächtnisspanne für Zahlen bei Zweijährigen durchschnittlich zwei Items, die Fünfjähriger vier, Siebenjähriger fünf und die Neunjähriger durchschnittlich sechs Items; Erwachsene können durchschnittlich sieben Items korrekt reproduzieren (Dempster, 1981). Vom späten Kindergartenalter bis zum späten Grundschulalter sind also die größten Leistungszuwächse zu verzeichnen.

> **Fokus: Nimmt die Größe des phonetischen Speichers zwischen vier und acht Jahren zu?**
>
> Ob auch die Größe des phonetischen Speichers bei Kindern mit zunehmendem Alter zunimmt, haben einige Forscher mit Hilfe des sog. *akustischen Ähnlichkeitseffektes* auf die Gedächtnisspanne untersucht. Zu diesem Effekt kommt es, wenn man die akustische Ähnlichkeit der zur Wiedergabe dargebotenen Items bei Gedächtnisspannen-Aufgaben systematisch variiert. Die Gedächtnisspanne fällt nämlich für akustisch ähnliche Items (z. B. Kahn, Farn, Zahn) geringer aus als für akustisch gut unterscheidbare (z. B. Huhn, Gras, Mund). Hulme und Tordoff (1989) hatten aufgrund erster Befunde zum Effekt der akustischen Ähnlichkeit auf die Gedächtnisspanne bei Kindern die Vermutung geäußert, dass das Ausmaß des akustischen Ähnlichkeitseffektes im Verlauf der Grundschuljahre mit zunehmendem Alter ebenfalls zunehme. Ein solcher Befund ließe sich als Argument heranziehen, auch von Entwicklungsveränderungen in der Größe des phonetischen Speichers auszugehen. Einer genaueren Überprüfung konnte die Hulmesche These jedoch nicht standhalten. Hasselhorn, Lingelbach und Gabert (1991) konnten die Altersinvarianz des akustischen Ähnlichkeitseffektes schon im frühen Schulalter demonstrieren. Bis heute ist davon auszugehen, dass es spätestens ab dem vierten Lebensjahr zu keinen nennenswerten Entwicklungszunahmen in der strukturellen Kapazität des phonetischen Speichers mehr kommt.
>
> Wie aber ist nun der akustische Ähnlichkeitseffekt zur erklären? Grube, Lingen und Hasselhorn (2008) gehen davon aus, dass er nicht auf die Nutzung von Rehearsal, sondern auf Verwechslungen bei der Rekonstruktion zerfallender Spuren im phonetischen Speicher zurückgeht. Denn im phonetischen Speicher hallen die vorgegebenen Wörter nach und können durch langfristig gespeicherte Repräsentationen aktiviert werden. Sind sich Wörter akustisch ähnlich, können schneller die falschen Begriffe aktiviert werden. Sollen sich z. B. die Wörter »Zahn«, »Wahn« und »Kahn« gemerkt werden, mogelt sich schnell der Begriff »Bahn« hinzu.

Wie ist die Zunahme der Gedächtnisleistung zu erklären, nimmt doch die Größe des phonetischen Speichers zwischen vier und acht Jahren nicht zu (siehe vorangegangener Fokus)? Die Kapazität des Speichers kann also nur durch eine Optimierung ausgedehnt werden. Genau das passiert durch die Zunahme der Geschwindigkeit, mit der Wörter ausgesprochen bzw. subvocal wiederholt werden, d. h. der

Artikulationsrate. Je schneller Wörter durch die phonologische Schleife »laufen«, desto mehr Wörter können behalten werden. Anders als bei der Automatisierung geht man hier allerdings von einem graduellen Prozess aus, der stark mit dem Wortschatz zusammenhängt (Hulme, Thomson, Muir & Lawrence, 1984).

Durch die Automatisierung des Rehersals und die Zunahme der Artikulationsrate kommt es also zu deutlichen Entwicklungsveränderungen im phonologischen Arbeitsgedächtnis. Sind solche Veränderungen auch im visuell-räumlichen Teilsystem des Arbeitsgedächtnisses zu beobachten? Dies ist allem Anschein nach nicht der Fall. So gelangen Schumann-Hengsteler, Strobl und Zoelch (2004) auf Grundlage von Analysen im Rahmen des bekannten Memory-Spiels zu der Schlussfolgerung, dass sich die räumliche Leistungsfähigkeit des Arbeitsgedächtnisses zwischen fünf und zehn Jahren nicht verändert. Nimmt man neuere Arbeiten zu diesem Thema bei anderen Anforderungen hinzu, so scheint es zumindest ab etwa dem vierten Lebensjahr zu keinen nennenswerten Entwicklungsveränderungen in der Funktionstüchtigkeit des visuell-räumlichen Arbeitsgedächtnisses bzw. der entsprechenden Teilsysteme zu kommen. Dies impliziert allerdings nicht, dass man keine Altersunterschiede in visuell-räumlichen Gedächtnisleistungen feststellen kann. Das Gegenteil ist der Fall. Schon Logie und Pearson (1997) fanden empirische Hinweise zweier unterschiedlicher Entwicklungsverläufe der beiden Komponenten des visuell-räumlichen Arbeitsgedächtnisses. Während die Leistungen bei Aufgaben, für deren Bewältigung der eher statisch-visuelle Speicher verantwortlich gemacht wird, zwischen dem fünften und zwölften Lebensjahr stark zunehmen, fällt die alterskorrelierte Steigerung im räumlich-dynamischen Bereich deutlich geringer aus. Aus heutiger Sicht lassen sich diese Befunde weniger durch entwicklungsbedingte Veränderungen der Funktionstüchtigkeit im visuell-räumlichen Hilfssystem des Arbeitsgedächtnisses erklären, sondern eher durch die beschriebenen Altersunterschiede im phonologischen Arbeitsgedächtnis oder durch Entwicklungsveränderungen in der zentralen Exekutive. Es ist also zu vermuten, dass sowohl das phonologische Arbeitsgedächtnis als auch die zentrale Exekutive die Gedächtnisleistung im visuellen Bereich unterstützen und die visuelle Gedächtnisspanne vergrößern. Dies ist auch bei uns Erwachsenen noch so. Stellen Sie sich z. B. den Weg zu Ihrer Lieblingspizzeria vor, so ist dabei nicht nur die räumlich-dynamische Komponente des visuellen Arbeitsgedächtnisses aktiv, sondern vermutlich auch die phonologische Schleife, etwa wenn Sie denken »an der Ecke rechts abbiegen«.

6.3 Motivationale Entwicklungsveränderungen

Stellen Sie sich eine Schülerin und einen Schüler der zweiten Klasse vor, Mia und Max, die beide angestrengt an einer Rechenaufgabe arbeiten und bei der Lösung zunächst beide scheitern. Mia unternimmt nur halbherzige Versuche, die Aufgabe zu lösen. Max hingegen fühlt sich herausgefordert, die Lösung zu finden und arbeitet beharrlich daran weiter. Wie kann man sich die Unterschiede der Kinder in ihren Reaktionen auf das anfängliche Scheitern erklären? Gehen wir zur Beantwortung dieser Frage noch einmal einen Schritt zurück und betrachten die Reaktionen von Kindern auf Erfolg und Misserfolg.

Bei Vierjährigen findet man bereits Anzeichen dafür, dass sie ihr Handeln an einem Gütemaßstab für Erfolg und Misserfolg bewerten. Sie reagieren mit Stolz, wenn der gewünschte Effekt eintritt und dem Gütemaßstab entspricht und mit Scham und nicht nur mit Ärger oder Enttäuschung, wenn der Effekt dem Gütemaßstab nicht entspricht. Allerdings zeigen die Handlungsergebnisse kaum Einfluss auf die Prognose der Kinder, wie gut sie eine vorgelegte Anforderung bei einer erneuten Bearbeitung bewältigen werden (Stipek & Hoffman, 1980). Das fünfjährige Kind, das gerade ein Fahrrad geschenkt bekommen hat und beim Versuch, damit ohne Stützräder zu fahren, schon 20 Mal gescheitert ist, startet auch den 21. Versuch mit der Überzeugung, es diesmal zu schaffen. Zudem zeigen sich die Reaktionen Stolz und Scham nicht in Alleinsituationen, sondern nur bei Anwesenheit von Bezugspersonen. Erst ab dem Schulalter – also mit etwa sechs Jahren – sind diese Reaktionen auch in Alleinsituationen zu beobachten. Ab diesem Alter reagieren Kinder bei subjektiv erlebten Erfolgen in schwierigeren Aufgaben eher mit Stolz und bei Misserfolgen in leichteren Aufgaben eher mit Scham, auch ohne dass jeweils eine Bezugsperson anwesend ist. Erlebte Misserfolge führen jedoch auch in diesem Alter nur äußerst selten dazu, dass Kinder sofort aufgeben. Vielmehr ist ein Überoptimismus zu beobachten, der dazu führt, dass auch nach Misserfolgen beharrlich an die Erreichung der gesetzten Ziele geglaubt wird. Dies wird darauf zurückgeführt, dass Kinder in diesem Alter noch keine Vorstellung davon haben, dass der Erfolg bei der Bewältigung von Leistungsanforderungen auch von entsprechenden Fähigkeiten abhängt. Sie denken vielmehr, sie verfügten über alle Voraussetzungen, um eine gegebene Aufgabe zu lösen. Das einzige, was dafür ihrer Überzeugung nach erforderlich ist, sei Anstrengung. Dies führt – überspitzt formuliert – zu der Mentalität, dass Kinder in diesem Alter glauben, alles zu können, wenn sie sich nur genügend anstrengen.

Dieser Überoptimismus und das damit verbundene beharrliche Weiterarbeiten an Aufgaben auch nach erlebten Misserfolgen, bleibt für viele Kinder bis etwa zum Alter von acht Jahren in vielen Situationen die dominierende motivationale Grundhaltung. Erst nach und nach, auf Basis der einsetzenden sozialen Vergleiche, kommt es zunehmend zu realistischen Selbsteinschätzungen (▶ Kap. 5.1). Die bei Schulanfängern noch beobachtbare eher personale Definition (»Fähigkeit bezeichnet das, was ich sehr gut kann«) wird zunehmend durch eine normative (»Fähigkeit bedeutet, wie gut ich etwas im Vergleich zu anderen kann«) abgelöst (Butler, 1999). Die nun vorzufindenden realistischeren Einschätzungen der eigenen Fähigkeiten werden mit einem Entwicklungsschritt bezüglich der Kausalattribution in Verbindung gebracht. Erbrachte Leistungen, seien es Erfolge oder Misserfolge, werden nicht nur auf vorhandene oder fehlende Anstrengung zurückgeführt, sondern vermehrt auf vorhandene oder nicht vorhandene Fähigkeiten.

In der Psychologie spricht man von *Kausalattributionen*, wenn wir Ereignissen, die wir wahrnehmen, Ursachen zuschreiben. Im Alter von etwa acht Jahren sind also Veränderungen bezüglich der Kausalattribution zu beobachten. Welche Folgen hat dies für das Lern- und Leistungsverhalten? Wenn wir an das am Anfang dieses Abschnitts dargestellte Beispiel von Mia und Max denken, so zeigten sich hier deutlich Unterschiede hinsichtlich des anfänglichen Scheiterns. Mia gab frustriert auf, während Max beharrlich weitermachte. Genau diese unterschiedlichen Reaktionen werden mit Unterschieden bezüglich der Kausalattribution in Verbindung gebracht. Mia attribuierte ihr anfängliches Scheitern womöglich auf fehlende Fähigkeiten, Max hingegen auf fehlende Anstrengung und strengte sich dementsprechend noch mehr an.

Nicht grundlos haben wir für das skizzierte Beispiel die Namen einer Schülerin und eines Schülers gewählt. Denn zum einen ist eine realistische Selbsteinschätzung bei Mädchen etwas früher als bei Jungen zu beobachten (Stipek & Gralinski, 1991). Zum anderen neigen Jungen stärker dazu, Erfolge auf Anstrengung und vorhandene Fähigkeiten, Misserfolge hingegen auf fehlende Anstrengung zu attribuieren. Bei Mädchen lässt sich dagegen vermehrt beobachten, dass auch Misserfolge auf fehlende Fähigkeiten attribuiert werden (Burgner & Hewstone, 1993). Dieser Geschlechtsunterschied könnte auf einen Entwicklungsvorteil der Mädchen im kognitiven Bereich zurückgeführt werden. Sie scheinen etwas früher in der Lage zu sein, das Zustandekommen einer Leistung – sei es Erfolg oder Misserfolg – auf unterschiedliche Faktoren zurückzuführen. Daraus resultiert jedoch ein motivationaler Vorteil von Jungen. Solange ein Kind nämlich daran glaubt, alles durch bloße Anstrengung erreichen zu können, wird es auch bei schwierigen Anforderungen eher bereit sein, weitere Anstrengung zu investieren.

Auf welche Faktoren können erbrachte Leistungen noch zurückgeführt werden? Die Systematisierung von Weiner (1992) gibt hierzu einen guten Überblick. Danach können drei Dimensionen der Ursachenzuschreibung unterschieden werden: die *Lokation* (den Ort der vermeintlichen Ursache), ihre *zeitliche Stabilität* und ihre *subjektive Kontrollierbarkeit*. Der Ort einer Ursache kann entweder internal, d. h. in der Person selbst, oder external, d. h. in äußeren Gegebenheiten, liegen. Attribuiert ein Kind seine Leistung also auf die eigenen Fähigkeiten oder die investierte Anstrengung, so nimmt es eine internale Ursachenzuschreibung vor. Genauer: Attribuiert es auf Anstrengung, so ist dies internal, aber kontrollierbar und zeitlich variabel, attribuiert es bei erlebtem Misserfolg auf geringe Fähigkeiten, so ist dies nicht kontrollierbar und zeitlich stabil.

Neben den internalen Ursachen lassen sich ab einem Alter von acht Jahren auch externale Ursachenzuschreibungen beobachten. Beispielsweise werden erbrachte Leistungen auch auf Glück bzw. Pech oder auch auf eine sehr hohe Aufgabenschwierigkeit zurückgeführt. Diese Ursachenzuschreibungen sind zeitlich variabel und die Kontrollierbarkeit ist niedrig. Je nach Erfolg oder Misserfolg sind sie jedoch mehr oder weniger selbstwertdienlich. Von selbstwertdienlicher Attribution spricht man dann, wenn dadurch der Selbstwert geschützt oder erhöht wird. So hat es für den Selbstwert positive Konsequenzen, Misserfolge auf Pech zurückzuführen, da wegen der Zeitvariabilität der Attribution die Aussicht auf Erfolg bei einem erneuten Versuch bleibt (»Vielleicht habe ich beim nächsten Mal mehr Glück.«) und eine Attribution auf mangelnde Fähigkeiten (internal) ausbleibt. Erfolge auf Glück zurückzuführen, hat hingegen einen geringen Belohnungswert und ist somit für den Selbstwert nicht dienlich.

Die aufgezeigten unterschiedlichen Arten der Ursachenzuschreibung haben einen Einfluss darauf, ob wir bei der nächsten Lernanforderung eher einen Erfolg oder einen Misserfolg erwarten, welche emotionalen Befindlichkeiten wir gegenüber Lernanforderungen entwickeln und wie wir uns in nachfolgenden Lern- und Leistungssituationen verhalten. Dies kann dazu führen, dass sich Lern- und Leistungsmotivationen herausbilden, die einen überdauernden Charakter haben. So können beispielsweise häufige negative Bewertungen und internale Attributionen bei erlebtem Misserfolg dazu führen, dass Personen eine ausgeprägte Motivation entwickeln, Leistungsanforderungen zu meiden, um sich dadurch Erfahrungen des Misserfolgs zu ersparen. In diesem Fall spricht man von Misserfolgsängstlichkeit. Personen, die ihre Tüchtigkeit meist erfolgreich unter Beweis stellen konnten, gehen hingegen eher erfolgsmotiviert an Aufgaben heran. Typische Verhaltensweisen von Misserfolgsängstlichkeit und Erfolgszuversicht lassen sich bereits am Anfang der Grundschulzeit beobachten (Wigfield & Eccles, 1989). Durch den »Mangel« an Differenzierung zwischen Anstrengung und Fähigkeit bei der Ursachenzuschreibung ist eine Misserfolgsängstlichkeit jedoch nur selten vorzufinden. In der Regel besteht in dieser Altersgruppe eine sehr günstige motivationale Grundkonstellation. Wo dies nicht der Fall ist, gilt es, die Erfolgszuversicht zu stärken. Für den Aufbau einer positiven Leistungsmotivation haben sich hierbei vor allem Anerkennung auch bei Misserfolgen, handlungsbezogene Bewertungen und affektive Zuwendung von Bezugspersonen als hilfreich erwiesen.

> **Fokus: Begabungsüberzeugungen**
>
> Was glauben Sie? Ist Intelligenz eine unveränderbare Gegebenheit oder lässt sich die Intelligenz durch Lernen steigern? Genau dies fragten Carol Dweck und ihre Mitarbeiter (Dweck, 2006) Grundschulkinder und Erwachsene und beobachteten sie anschließend bei der Lösung von Aufgaben. Sie konnten deutlich Unterschiede in den Begabungsüberzeugungen finden. Einige Kinder und Erwachsene halten Intelligenz für eine unveränderbare Gegebenheit. Sie gehen davon aus, dass jeder Mensch ein bestimmtes Maß an Intelligenz besitzt, welches von Geburt an feststehe und durch Erfahrung nicht veränderbar sei. Im Gegensatz dazu halten Andere Intelligenz für ein veränderbares Merkmal, das sich beim Lernen steigert. Die Forscher konnten zeigen, dass sich den Einstellungen entsprechend, deutliche Unterschiede beim Lösen von Aufgaben fanden. Personen, die annehmen, dass die Intelligenz beim Lernen steigt, reagieren im Allgemeinen effektiver auf Fehlschläge. Wenn sie ein Problem nicht lösen können, neigen sie eher dazu, an der Aufgabe dranzubleiben und sich mehr Mühe zu geben. Hingegen neigen Personen, die Intelligenz für eine unveränderbare Gegebenheit halten, schneller zum Aufgeben.

6.4 Der Übergang von der Kita in die Grundschule – ein Meilenstein in der kindlichen Entwicklung

In den vorangegangenen Abschnitten sind wir auf wichtige Entwicklungsveränderungen im Alter zwischen vier und acht Jahren eingegangen, die das Lernen erheblich verändern. In diesem Abschnitt geht es nun um einen lernrelevanten Einschnitt, der dem Kind von außen gesetzt wird: der Übergang von der Kita in die Grundschule. Denn die Einschulung stellt für alle Kinder eine wichtige Entwicklungsaufgabe dar und ist mit Herausforderungen in ganz unterschiedlichen Bereichen verbunden. Bevor wir die Herausforderungen skizzieren, wollen wir uns zunächst mit dem Begriff der Schulbereitschaft auseinandersetzen, da hierbei ersichtlich wird, inwiefern ein Kind zur Bewältigung dieses Meilensteins befähigt werden kann.

Von der Schulreife zur Schulbereitschaft

Die Frage, welche individuellen Voraussetzungen für eine erfolgreiche Einschulung notwendig sind, wurde immer wieder diskutiert. Die zentralen Begriffe dieser Diskussionen haben sich im Laufe der letzten Jahrzehnte von »Schulreife« über »Schulfähigkeit« bis hin zum Begriff der »Schulbereitschaft« verändert. Der Begriff der Schulreife ist eng mit dem Namen Artur Kern verbunden, der mit seinem Buch »Sitzenbleiberelend und Schulreife« von 1951 die Diskussion um die Einschulungspraxis entfachte. Dem Begriff der Schulreife liegt die Annahme zugrunde, dass ein Kind einen bestimmten reifungsabhängigen Entwicklungsstand erreicht haben muss, um die Anforderungen des Anfangsunterrichts erfolgreich bewältigen zu können. Schulreife wird also als das Resultat eines biologischen Reifungsprozesses verstanden. Als bester Indikator für den Reifungsstand wird entsprechend das Lebensalter des Kindes angesehen. Hat ein Kind den erforderlichen Entwicklungsstand bei Erreichen des Schulpflichtalters noch nicht erlangt, müsse ihm – so die damalige Annahme – eine Zeit der »Nachreife« gewährt werden, etwa durch einen einjährigen Verbleib in der Kita. Eine Beschleunigung der Entwicklung, z. B. durch zusätzliche Lernangebote, wird im Rahmen der Reifungstheorie als zwecklos angesehen. Zudem wurde fälschlicherweise angenommen, dass alle schulrelevanten Bereiche gleichmäßig »reifen« und es daher genüge, zur Feststellung der Schulreife einen Indikator heranzuziehen, z. B die sog. visuelle Gliederungsfähigkeit als ein Intelligenzmaß für das inhaltliche Erfassen sichtbarer Strukturen. Diese Annahmen wurden allerdings schon in den 1960er Jahren widerlegt (vgl. Kemmler & Heckhausen, 1962).

Das Schulreifekonzept wurde in der Folge durch den von impliziten Reifungsannahmen weniger belasteten Begriff der Schulfähigkeit abgelöst. Schulfähigkeit wurde dabei zunächst als »eigenschaftstheoretisches« Konzept verstanden. Demnach ist ein Kind dann schulfähig, wenn es die in der Schule geforderten Persönlichkeitsmerkmale und Fähigkeiten aufweist (Kammermeyer, 2000). Insbesondere zählen hierzu Fähigkeiten, die für das Aneignen des Lesens, Schreibens und

Rechnens wichtig sind. Fehlten diese, so wurde dies damals meist mit mangelnder Begabung erklärt (Burgener Woeffrey, 1996).

Nicht zuletzt die positiven Erfahrungen mit einigen in den USA durchgeführten Förderprogrammen führten in den 1970er Jahren zu einem Umdenken (für einen Überblick siehe Gold & Dubowy, 2013). Es wurde deutlich, dass sich die kognitive Entwicklung von Kindern durch gezielte Fördermaßnahmen beeinflussen lässt, also Kinder mit entsprechenden Entwicklungsrückständen durch geeignete Förderung durchaus »befähigt« werden können. Das ehemals zentrale Ziel der Schuleingangsdiagnostik – die Selektion – wurde also durch eine lerntheoretische Sicht abgelöst, bei der die Förderung der Schulfähigkeit im Vordergrund steht. Darüber hinaus wurde erkannt, dass die Schulfähigkeit nicht absolut, sondern in Relation zu den schulischen Anforderungen zu betrachten ist (Pianta & Walsh, 1996). Dieser Wandel setzte sich weiter fort und mündete in der heute noch anerkannten sog. ökosystemischen Sichtweise von Schulfähigkeit (Nickel, 1990). Danach ist die individuelle Schulfähigkeit nicht nur vom Entwicklungs- oder Kompetenzstand eines Kindes abhängig (endogene Faktoren), sondern auch von eine Reihe von ökosystemischen Umweltfaktoren (exogene Faktoren). Zu diesen Faktoren werden u. a. der Anregungsgehalt der vorschulischen und häuslichen Lernumwelt, aber auch die Schule selbst mit ihren Anforderungen und Lernbedingungen gezählt.

Basierend auf dieser Perspektive ist man in der internationalen Fachdiskussion im letzten Jahrzehnt dazu übergegangen, den Begriff der Schulbereitschaft zu verwenden (Blair, 2002). Dieser Begriff verzichtet auf eine ausschließliche Betonung der kognitiven Voraussetzungen für einen erfolgreichen Schulstart. Er verdeutlicht vielmehr, dass neben den kognitiven auch volitional-motivationale, sozial-emotionale und auch motorische Kompetenzen für eine erfolgreiche Bewältigung schulischer Anforderungen bedeutsam sind. Gleichzeitig betont der Begriff, dass die individuellen Lern- und Entwicklungsmöglichkeiten der Kinder im Anfangsunterricht im Vordergrund stehen sollten. Mit anderen Worten: Die Schule sollte auch bereit für die Kinder sein. Tatsächlich gibt es seit Jahren zahlreiche Bemühungen, auch die Möglichkeiten und die Qualität individueller Förderung im Schulanfangsunterricht zu verbessern (Liebers, 2008).

Herausforderungen im Übergang Kindergarten – Grundschule

Der Übergang vom Kindergarten in die Grundschule wird als wichtiger Entwicklungsschritt für die betroffenen Kinder angesehen und ist mit vielen Herausforderungen für das Kind verbunden. Einige von ihnen sind eher kognitiver Art, einige betreffen die volitional-motivationalen Voraussetzungen der Kinder, andere eher den sozial-emotionalen Bereich.

Zentrale Herausforderungen im sozial-emotionalen Bereich sind die Bewältigung des Beziehungsabbruchs zu den Erzieherinnen bzw. Erziehern und Kindern aus der Kita und der Aufbau neuer Beziehungen zu Lehrkräften und Mitschülerinnen sowie Mitschülern. Der Start in die Schule wird dann als erfolgreich erlebt, wenn es dem Kind gelingt, sich selbst als Schulkind und Teil einer Gruppe von Schülerinnen und Schülern zu begreifen. Hierbei ist ein stabiles Selbstbewusstsein genauso wichtig wie ein gewisses Maß an Selbstständigkeit. Eine sichere und positiv erlebte Beziehung zu den Eltern und anderen Bezugsgruppen erweist sich für den Schuleintritt als besonders günstig.

Das neue, stärker arbeitsorientierte und strukturierte Umfeld der Schule stellt auch in einem hohen Maße Anforderungen volitional-motivationaler Art. So gilt es, sich nicht von den gelegentlich auftretenden Misserfolgs- und Frustrationserfahrungen unterkriegen zu lassen. Eine neue Herausforderung besteht auch darin, sich vorgegebene, teils völlig neue Lerninhalte anzueignen, wofür oftmals zunächst kein primäres Interesse besteht. Ein positives Selbstkonzept, Anstrengungsbereitschaft, aber auch ein zuversichtliches in Angriff nehmen neuer Anforderungen sind hierbei günstig. Auch wird in diesem Zusammenhang insbesondere von Lehrkräften immer wieder die Bedeutung der Lernfreude und der intrinsischen Motivation hervorgehoben (Pohlmann-Rother, Kratzmann & Faust, 2011). Wie bereits an anderer Stelle dargelegt (▶ Kap. 5 und ▶ Kap. 6.3), verfügen fast alle Kinder gegen Ende der Kindergartenzeit über ein ausgesprochen positives Selbstkonzept, und auch ihre Lernfreude ist in der Regel stark ausgeprägt. Insgesamt gibt es im motivationalen Bereich eher selten Anlass zur Sorge, dass Entwicklungsdefizite vorliegen, die die Schulbereitschaft des Kindes in Frage stellen.

Im Bereich der kognitiven Kompetenzen kommt es mit dem Übergang zur Schule zu vielfältigen neuen Herausforderungen, und bei manchen Kindern ist eine erfolgreiche Teilhabe am Schulanfangsunterricht gefährdet. Bei der Beurteilung der Schulbereitschaft kommt insbesondere den sprachlichen Fähigkeiten eine große Bedeutung zu. Das zeigt sich nicht zuletzt auch darin, dass der Spracherwerbsstand als wichtiger Indikator für den allgemeinen Entwicklungsstand angesehen wird. Dies ist nicht verwunderlich, denn Sprache ist die zentrale Voraussetzung für Kommunikation und den Erwerb von Wissen. Da in den Bildungseinrichtungen in Deutschland in aller Regel Deutsch als Verkehrssprache genutzt wird, ist das Erlernen der deutschen Sprache notwendig und von herausragender Bedeutung: Erst durch eine ausreichende Sprachbeherrschung kann ein Kind in eine Kultur hineinwachsen und eine persönliche und gesellschaftliche Identität aufbauen. Aufgrund dieser Schlüsselstellung ist es nicht verwunderlich, dass Kinder mit unzureichenden Sprachkenntnissen des Deutschen im Entwicklungsverlauf meist Schwierigkeiten in einer Vielzahl von Lernfeldern zeigen. Besonders häufig haben sie Schwierigkeiten beim Lesen und Schreiben. Genau diese Fertigkeiten aber sind es, die es den Kindern ermöglichen, sich selbstständig Wissen anzueignen und auch weiterzugeben (▶ Kap. 7). Treten hier Probleme auf, bleiben den betreffenden Kindern häufig wichtige Bildungschancen verwehrt.

Fragt man pädagogische Fachkräfte, Lehrkräfte und Eltern nach den wichtigsten Kriterien für die Schulbereitschaft, so wird hier oftmals die Fähigkeit zur Konzentration genannt (Kammermeyer, 2010; Pohlmann-Rother et al., 2011). Dies ist durchaus berechtigt, denn die Fähigkeit, schnell und genau zu arbeiten und dabei Ablenkendes auszublenden, ist eine Grundvoraussetzung für erfolgreiches Lernen (▶ Kap. 2). Allerdings lässt sich im Einzelfall nicht leicht entscheiden, ob das Unvermögen, sich bei der Bearbeitung von Aufgaben nicht ablenken zu lassen, die Folge fehlender Konzentration oder aber nicht hinreichend entwickelter selbstregulatorischer Kompetenzen ist (▶ Kap. 5.), für die wiederum exekutive Funktionen ganz wesentlich sind (▶ Kap. 3). So sollten Kinder in der Lage sein, spontane Handlungsimpulse zu unterdrücken (Inhibition, z. B. sich melden anstatt eine Antwort unaufgefordert in den Raum zu rufen), aber auch vorgegebenen Regeln zu folgen und dies kontinuierlich zu überwachen (Updating) sowie Aufgaben- bzw. Regelwechsel zu beachten (Shifting/Switching).

Man mag sich darüber streiten, welche kognitiven Kompetenzen besonders gefragt sind, um den Übergang in die Schule erfolgreich zu meistern. In einem aber sind sich Fachleute wie Laien einig: Zentrale Herausforderung des Schulanfangsunterrichts in den Klassen 1 und 2 ist der erfolgreiche Erwerb der Kulturtechniken Lesen, Schreiben und Rechnen. Auch wenn die systematische Vermittlung dieser Fertigkeiten erst in der Grundschule erfolgt, werden wichtige Voraussetzungen und frühe Bausteine dieser Kompetenzen bereits lange vor der Einschulung erworben. Welche spezifischen Vorläuferfertigkeiten für die Schriftsprache und welche frühen mathematischen Kompetenzen für das Rechnen wichtig sind, ist daher auch Gegenstand der beiden folgenden Kapitel (▶ Kap. 7 und ▶ Kap. 8).

7 Der Erwerb des Lesens und Schreibens

Zwischen sechs und acht Jahren, also in einem Zeitraum von etwa zwei bis drei Jahren, erlernen die meisten Kinder, die geschriebenen Wörter ihrer Sprache zu entschlüsseln. Die Schrift wandelt sich für die Kinder in dieser Zeit von seltsamen Markierungen zu lebendigem und bedeutsamem Material. Dadurch eröffnet sich für sie eine ganz neue Welt: Über das Lesen sind Kinder in der Lage, Zugang zu neuem Wissen zu erlangen. Sie können also lesen, um zu lernen. Gleichzeitig erlernen Kinder die Buchstaben und Wörter ihrer Sprache zu schreiben. Dies versetzt sie in die Lage, Sachverhalte und Empfindungen schriftlich formulieren und festhalten zu können und auf diese Weise ihr Wissen zu teilen. Lesen und Schreiben sind also wie kaum eine andere Fertigkeit mit dem Lernen verknüpft.

Aber wie kann man sich den Erwerb des Lesens und Schreibens (kurz: Schriftsprache) überhaupt vorstellen? Zur Beantwortung dieser Frage werden im Folgenden nicht nur die wichtigsten Schritte in der Entwicklung des Lesens und Schreibens dargestellt, sondern auch Lehrmethoden, die im schulischen Anfangsunterricht angewendet werden.

7.1 Lesen

Bereits vor der Einschulung entdecken Kinder, dass gesprochene Wörter in lautliche Einheiten zerlegt werden können. Im Alter von drei bis vier Jahren können sie Silben und mit vier bis fünf Jahren Reime erkennen. Daraufhin erlangen sie das Bewusstsein für die kleinsten lautlichen Einheiten: die Phoneme. So können sie bestimmte Laute in Wörtern identifizieren (z. B. das »u« in Gurke), verschiedene Laute zu Wörtern zusammensetzen (z. B. Ei-s) und Wörter benennen, die sich durch die Auslassung oder die Ersetzung eines Lautes ergeben (z. B. Brett ohne »r« oder Haus mit »M« am Anfang). Die Fertigkeit, phonologische Einheiten wie Silben, Reime oder Phoneme erkennen und manipulieren zu können, wird als *phonologische Bewusstheit* bezeichnet und gilt als wichtige Vorläuferfertigkeit für den Erwerb des Lesens (z. B. Wagner & Torgesen, 1987). Als hilfreich erwiesen hat sich die Unterscheidung zwischen der phonologischen Bewusstheit im weiteren und im engeren Sinne (Skowronek & Marx, 1989). Die phonologische Bewusstheit im weiteren Sinne bezieht sich auf das Erkennen von Silben bzw. Reimen, also größerer sprachlicher Einheiten. Die phonologische Bewusstheit im engeren Sinne bezieht sich hingegen auf die Identifikation einzelner Phoneme/Laute innerhalb von Wörtern. Während sich das Bewusstsein für Silben und Reime ohne die Kenntnis der Buchstaben des Alphabets entwickelt, scheint die bewusste Wahrnehmung der Phoneme mit den Buchstabenkenntnissen zusammenzuhängen (Morais, Bertelson, Cary & Alegria, 1986).

In der Regel lernen Kinder in den ersten Schuljahren, Buchstaben in Laute umzuwandeln, zu Wörtern zu verbinden und so lautierend zu lesen. Man bezeichnet dies als *phonologische Rekodierung*. Es wird vermutet, dass dieser Lernprozess ein ständiges Wechselspiel zwischen der Entwicklung der Buchstabenkenntnisse und der Entwicklung der phonologischen Bewusstheit beinhaltet: »Das Erlernen der Buchstaben lenkt die Aufmerksamkeit auf die Laute, die Analyse der Laute verfeinert wiederum das Verständnis für Buchstaben« (Dehaene, 2010, S. 231). Der *Abruf phonologischer Repräsentationen aus dem Langzeitgedächtnis,* also die Geschwindigkeit, mit der schriftliche Symbole in die zugehörigen Laute und Lauteinheiten umgewandelt werden können (sog. Benenngeschwindigkeit), gilt neben der phonologischen Bewusstheit als eine weitere wichtige Vorläuferfertigkeit für den Erwerb des Lesens (z. B. Wagner & Torgesen, 1987). Um diese Vorläuferfertigkeit bereits vor dem Schriftspracherwerb zu erfassen, werden in der Forschung einfache Aufgaben benutzt, bei denen den Kindern ihnen grundsätzlich vertraute Symbole, Gegenstände oder Farben vorgelegt werden mit der Aufforderung, diese so schnell wie möglich zu benennen. Kinder, die vergleichsweise leicht und schnell Abbildungen vertrauter Gegenstände wie beispielsweise Haus, Ball und Tisch benennen können, zeigen Vorteile beim Schriftspracherwerb in der Schuleingangsphase. Denn ihnen gelingt es nicht nur besser, die Bedeutung eines Gegenstandes zu erfassen, sondern auch leichter, Buchstaben und Buchstabenfolgen in Laute und Lauteinheiten umzuwandeln.

Neben diesen beiden zentralen Vorläuferfertigkeiten scheint auch das sog. *visuell-verbale Paarassoziationslernen* eine wichtige Rolle bei der Entwicklung des Lesens zu spielen (z. B. Horbach, Scharke, Cröll, Heim & Günther, 2015). Mit diesem Begriff wird die Leichtigkeit des Herstellens von assoziativen Verknüpfungen zwischen visuellen und verbalen Informationen bzw. Reizen verstanden. Die Fähigkeit zum Erlernen von Assoziationen zwischen visuellen und verbalen Reizen gilt als grundlegend für den Aufbau der Verknüpfungen zwischen Buchstaben und Lauten (z. B. Snowling, 2000; siehe auch Horbach, Scharke, Cröll & Günther, 2014). Erfasst wird diese Fähigkeit z. B. dadurch, dass Kinder zunächst die Assoziationen von mehreren Zeichen (z. B. einem Punkt) und Lauten (z. B. »ta«) erlernen. Ein Zeichen ist dabei immer mit einem Laut verbunden. Kinder, die nach einer Lernphase, bei der sie korrigiert wurden, diese Assoziationen besser wiedergeben können, zeigen auch Vorteile beim späteren Schriftspracherwerb (Horbach et al., 2015).

In den wenigsten Sprachen sind jedoch alle Buchstaben jeweils nur mit einem bestimmten Laut verknüpft. So wird im Deutschen zum Beispiel das »V« in Vogel anders ausgesprochen als in Vulkan. Das Ausmaß der sog. Lauttreue ist je nach Sprache unterschiedlich stark ausgeprägt, und nicht eindeutige Buchstaben-Lautzuordnungen können den Leseerwerb erschweren (Ziegler & Goswami, 2005). Während beispielsweise Kinder aus Finnland, Italien oder auch Deutschland nach vergleichsweise kurzer Zeit einen Großteil der Wörter ihrer Sprache lesen können, benötigen französische, dänische und vor allem englische Kinder weitaus mehr Zeit für den Leseerwerb ihrer Sprache (Dehaene, 2010; siehe auch Exkurs: Der Leseerwerb ist nicht kulturunabhängig!). Diese Unterschiede sind großenteils die Folge des unterschiedlichen Ausmaßes der Lauttreue in den entsprechenden Schriftsprachen.

> **Exkurs: Der Leseerwerb ist nicht kulturunabhängig!**
>
> Neben den alphabetischen Schriftsprachsystemen existieren auch stark davon abweichende Systeme, wie z. B. das Chinesische. In der chinesischen Schrift wird die kleinste bedeutungstragende Gestalteinheit, also ein Morphem, in der Regel mit einem eigenen Zeichen wiedergegeben. Da ein chinesisches Schriftzeichen immer einer Silbe entspricht, ist die Silbe im Chinesischen nicht nur eine Klangeinheit, sondern in der Regel auch eine Bedeutungseinheit. Somit unterscheiden sich die Einheiten der Sprache, die zu Beginn des Lesenlernens im Chinesischen eine zentrale Rolle spielen, von denen alphabetischer Schriftsprachsysteme: Im Chinesischen handelt es sich nicht um Phoneme, sondern um Silben (Perfetti, Cao & Booth, 2013). Zudem ist eine Vielzahl chinesischer Schriftzeichen mit den gleichen Silben verknüpft (sog. Homophone). Die chinesischen Schriftzeichen bestehen aus einer oder mehreren Komponenten, die nebeneinander aber auch übereinander und ineinander angeordnet sein können. Ein Großteil der Schriftzeichen enthält eine bedeutungs- und eine lautandeutende Komponente (ein Morphem mit ähnlicher Aussprache). So setzt sich beispielsweise das Zeichen 媽 (mā, »Mutter«) aus der bedeutungsandeutenden Komponente 女 (nǚ, »Frau«) und der lautandeutenden Komponente 馬 (mǎ, »Pferd«) zusammen. Das Lesenlernen beginnt für chinesische Kinder mit dem Erlernen des Schreibens der Schriftzeichen, das als zentral für den Aufbau von Verknüpfungen zwischen Schriftzeichen und deren Aussprache bzw. deren Bedeutung gilt (z. B. Tan, Spinks, Eden, Perfetti & Siok, 2005). Darüber hinaus erlernen chinesische Kinder eine alphabetische Schreibweise zur Darstellung der Aussprache chinesischer Zeichen namens »Pinyin«. In jüngerer Zeit ist eine computerbasierte Pinyin-Lernmethode entstanden, die es Kindern ermöglicht, den Laut eines Wortes in den Computer einzugeben und dann aus (in der Regel) mehreren Schriftzeichen das gewünschte auszuwählen. Die Methode ist jedoch umstritten. Sie scheint eher einen hinderlichen Einfluss auf den Prozess des Lesenlernens zu haben (Tan, Xu, Chang & Siok, 2013).

Kinder lesen Wörter also zunächst Buchstabe für Buchstabe (sog. alphabetische Phase der Leseentwicklung, siehe Phasenmodell nach Frith, 1985). Die Verwendung dieser phonologischen Rekodierungsstrategie spiegelt sich in einer Zunahme der Lesezeit mit steigender Buchstabenanzahl pro Wort wider (Zoccolotti et al., 2005). Neben diesem phonologischen Verarbeitungsweg etabliert sich mit zunehmender Erfahrung noch ein zweiter – der lexikalische Weg (sog. orthografische Phase der Leseentwicklung, siehe Phasenmodell nach Frith, 1985; siehe auch

Coltheart, Rastle, Perry, Langdon & Ziegler, 2001): Kinder sind zunehmend in der Lage, die Aussprache von bekannten Wörtern auf der Basis der visuellen Wortgestalt aus dem Gedächtnis abzurufen. Hierbei hängt die für das Lesen eines Wortes benötigte Zeit nicht mehr primär von der Buchstabenanzahl, sondern von der Art des gesamten Wortes und insbesondere von dessen Häufigkeit in der Sprache ab, so dass beispielsweise seltenere Wörter langsamer gelesen werden (z. B. Abtei vs. Abend; Zoccolotti, De Luca, Di Filippo, Judica & Martelli, 2009). Zunächst nutzen Kinder den phonologischen Verarbeitungsweg, da die im Gedächtnis gespeicherten Assoziationen zwischen visueller Wortgestalt und Aussprache noch zu schwach sind. Die korrekte Verwendung des phonologischen Verarbeitungswegs stärkt jedoch diese Assoziationen, wodurch der lexikalische Verarbeitungsweg vermehrt erfolgreich angewendet werden kann (Siegler, 1986). Das mühsame phonologische Rekodieren wird also im Laufe der Entwicklung zunehmend durch den Gedächtnisabruf ersetzt, der eine automatisierte und dadurch schnelle Worterkennung ermöglicht. Beim Lesen unbekannter Wörter sind Kinder wie auch Erwachsene jedoch auf die phonologische Rekodierung angewiesen. Hierüber können neue Wörter erlernt werden, wobei beispielsweise im Falle von Zweideutigkeiten (z. B. Lehre vs. Leere) auch auf im Gedächtnis gespeicherte Informationen zur Bedeutung zurückgegriffen wird. So kann davon ausgegangen werden, dass flüssiges Lesen letztlich aus einem Zusammenspiel beider Verarbeitungswege hervorgeht (Dehaene, 2010).

Kinder, die schon früh auf den Gedächtnisabruf zurückgreifen und auf diese Weise viele Wörter schnell und korrekt erkennen können, weisen ein höheres Leseverständnis auf als diejenigen, die primär das phonologische Rekodieren verwenden (z. B. Cunningham & Stanovich, 1997; Ennemoser, Marx, Weber & Schneider, 2012; siehe auch Scheerer-Neumann, 2015). Dies kann dadurch erklärt werden, dass der Gedächtnisabruf weniger aufwendig ist als das phonologische Rekodieren und somit bei Nutzung dieser Strategie mehr Ressourcen für den Prozess des Verstehens verfügbar sind (Cunningham & Stanovich, 1997). Würden Sie als erwachsene Person Wörter immer noch Buchstabe für Buchstabe lesen, also phonologisch rekodieren, würden Sie am Ende dieses Satzes, der zur besseren Demonstration des Phänomens bewusst etwas in die Länge gezogen wird, wahrscheinlich nicht mehr wissen, wovon am Anfang die Rede war, da Sie einen Großteil Ihrer Arbeitsgedächtnisressourcen für das Lautieren aufwenden müssten. Der lexikalische Verarbeitungsweg führt also zu einer massiven Entlastung des Arbeitsgedächtnisses und eröffnet daher die Möglichkeit, effizienter und flüssiger zu lesen.

Aus der neueren Leseerwerbsforschung ist bekannt, dass neben der schnellen Worterkennung weitere Fertigkeiten für das Leseverständnis erforderlich sind. Für das verstehende Lesen scheinen sprachliche Fertigkeiten, die bereits vor dem Lesenlernen erworben werden, eine wesentliche Rolle zu spielen. Dazu gehören zum Beispiel der verfügbare Wortschatz und das Verständnis der gesprochenen Sprache (Hulme & Snowling, 2011; siehe auch Ennemoser et al., 2012). Auch ist davon auszugehen, dass inhaltliches Wissen eine Rolle spielt. So wird es z. B. einem Kind, das noch nie in seinem Leben Schnee gesehen hat, schwerer fallen, das Wort »Schnee« mit einer Bedeutung zu verknüpfen als einem Kind, das Schnee gewöhnt ist. Vorschulkinder, denen häufig Geschichten erzählt bzw. vorgelesen werden, profitieren davon enorm. Sie zeigen meist ein vergleichsweise hohes Niveau in der Sprachbeherrschung (z. B. Whitehurst & Lonigan, 1998), können inhaltliches Wissen besser aufbauen und erlangen ein ausgeprägteres Verständnis dafür, wie Geschichten normalerweise aufgebaut sind. Um komplexere Sätze bzw. Texte verstehen zu können, sind darüber hinaus schlussfolgerndes Denken sowie strategische bzw. metakognitive Vorgehensweisen (▶ Kap. 4) wichtig (Hulme & Snowling, 2009). Beispielsweise kann eine Überwachung und Kontrolle des eigenen Verständnisses während des Lesens zu der Entscheidung führen, Abschnitte nochmals zu lesen und so das Verständnis zu verbessern.

Zusammenfassend lässt sich festhalten, dass insbesondere die phonologische Informationsverarbeitung für einen erfolgreichen Erwerb des Lesens relevant ist. In Anlehnung an Wagner und Torgesen (1987) können drei Komponenten der phonologischen Informationsverarbeitung voneinander unterschieden werden: die phonologische Bewusstheit, der Abruf phonologischer Repräsentationen aus dem Langzeitgedächtnis und die Verarbeitung im phonologischen Arbeitsgedächtnis. Insgesamt ist die Bedeutsamkeit dieser drei Komponenten der phonologischen Verarbeitung für den Lernerfolg beim Erwerb des Lesens sehr gut belegt (vgl. Kudo, Lussier & Swanson, 2015). Die im Alter von fünf Jahren erreichten Fertigkeiten im Bereich der phonologischen Informationsverarbeitung können spätere Leseleistungen in der Schule gut vorhersagen (z. B. Näslund & Schneider, 1996). Außerdem konnte mehrfach gezeigt werden, dass Kinder mit diagnostizierter Lese-/Rechtschreibstörung bereits im Vorschulalter überzufällig häufig Schwächen in der phonologischen Bewusstheit, dem Abruf phonologischer Repräsentationen aus dem Langzeitgedächtnis und dem phonologischen Arbeitsgedächtnis zeigen (z. B. Pennington & Lefly, 2001). Da in vielen Studien zur sprachlich-klanglichen Informationsverarbeitung der Schriftspracherwerb im Englischen untersucht wurde, ist es fraglich, ob die Befunde auch auf das Erlernen der Schriftsprache im Deutschen übertragbar sind. Ennemoser und Kollegen (2012) untersuchten in zwei Längsschnittstudien mit Kindern in Deutschland vom Kindergartenalter bis zum Ende der Grundschule u. a. die Rolle der phonologischen Informationsverarbeitung für die spätere Lesegeschwindigkeit und das Leseverständnis. Sie fanden, dass die drei Komponenten der phonologischen Informationsverarbeitung im Deutschen von unterschiedlicher Bedeutung für das Lesen sind. Während die phonologische Bewusstheit und der Abruf phonologischer Repräsentationen aus dem Langzeitgedächtnis eine wichtige Rolle bei der Vorhersage der Lesegeschwindigkeit und des Leseverständnisses spielen, scheint die Funktionstüchtigkeit des phonologischen Arbeitsgedächtnisses für den Leseerwerb eher von untergeordneter Bedeutung zu sein (Ennemoser et al., 2012; Landerl & Wimmer, 2008). Somit können die phonologische Bewusstheit und der Abruf phonologischer Repräsentationen aus dem Langzeitgedächtnis als bedeutende bereichsspezifische Vorläuferfertigkeiten des Lesens betrachtet werden. Auch das bereits erwähnte visuell-verbale Paarassoziationslernen scheint eine Rolle bei der Vorhersage von Lesefertigkeiten zu spielen (Horbach et al., 2015). Zusätzlich sind für den Erwerb des Lesens weitere kognitive Kompetenzen notwendig, die auch für andere Lernbereiche relevant sind. Man spricht in diesem Zusammenhang von bereichsübergreifenden Kompetenzen, zu denen z. B. die visuelle/auditive Wahrnehmung und die Aufmerksamkeit, exekutive Funktionen oder das schlussfolgernde Denken bzw. die nonverbale Intelligenz zählen. Allerdings scheint die Vorhersagekraft dieser Kompetenzen für die späteren Leseleistungen von geringer Bedeutung zu sein als die der phonologischen Bewusstheit und des Abrufs phonologischer Repräsentationen aus dem Langzeitgedächtnis. Beispielsweise trägt die nonverbale Intelligenz nur in einem geringen Umfang zur Vorhersage von Leseleistungen bei (Ennemoser et al., 2012; Landerl & Wimmer, 2008). Neben den genannten kognitiven Kompetenzen spielt auch die Motivation eine Rolle beim Erwerb des Lesens, wobei noch nicht eindeutig geklärt ist, wie genau Motivation und Leseleistung zusammenhängen (siehe z. B. Schiefele, Schaffner, Möller & Wigfield, 2012 für einen Überblick). Es gibt jedoch Hinweise darauf, dass eine erhöhte intrinsische Motivation (▶ Kap. 5) zu vermehrten Leseaktivitäten führt, was wiederum mit einer erhöhten Leseleistung einhergeht (z. B. Stutz, Schaffner & Schiefele, 2016).

7.2 Schreiben

Über die Entwicklung des Schreibens ist weitaus weniger bekannt als über die Entwicklung des Lesens. Die bisherigen Befunde zeigen jedoch interessante Parallelen zwischen beiden Bereichen. Wie die Entwicklung des Lesens beginnt auch die Entwicklung des Schreibens bereits vor der Einschulung. Werden Kinder im Alter von drei Jahren gebeten zu schreiben, gehen sie dabei anders vor als beim Malen (Brenneman, Massey, Machado & Gelman, 1996). So erscheint ihr »Schreiben« als linear angeordnete Aneinanderreihung unterschiedlicher Markierungen, getrennt durch regelmäßige Zwischenräume (Tolchinsky, 2006). Zudem beginnen Kinder zwischen vier und sechs Jahren erste erkennbare Buchstaben zu »schreiben«, wobei sie üblicherweise zuerst die Buchstaben ihres eigenen Vornamens schreiben können (Levin, Both-de Vries, Aram & Bus, 2005).

Ein entscheidender Entwicklungsschritt ist die Entdeckung des Zusammenhangs zwischen Schrift und Sprache. Dieser Entwicklungsschritt zeigt sich beispielsweise darin, dass Kinder im Alter von vier Jahren für das »Schreiben« von Wörtern, die aus relativ vielen Lauten bestehen (z. B. Eichhörnchen), mehr Zeichen verwenden als für Wörter, die aus weniger Lauten bestehen (z. B. Bär; Tolchinsky, 2006). In der Regel lernen Kinder dann in den ersten Schuljahren, alle Buchstaben zu schreiben, diese mit den jeweiligen Lauten zu verknüpfen und daraufhin Wörter, Sätze und ganze Texte zu schreiben. Wie beim Lesenlernen spielen also die Entwicklung der bewussten Wahrnehmung der Phoneme und der Erwerb von Buchstabenkenntnissen eine wesentliche Rolle beim Erlernen des Schreibens (z. B. Schneider & Näslund, 1999). Es wird davon ausgegangen, dass dieser Lernprozess ein ständiges Wechselspiel zwischen den einzelnen Wissensbereichen beinhaltet: Das Wissen, das Kinder über das Schreiben einzelner Buchstaben und deren Lautzuordnungen erwerben, wirkt sich auf das Erlernen des Schreibens von Wörtern und Texten aus, und dieses Wissen führt wiederum zu einer Vertiefung ihres Wissens darüber, wie man Buchstaben schreibt (Tolchinsky, 2006).

Für das Rechtschreiben nach Diktat ist es notwendig, die einzelnen Wörter genau zu verstehen und im Arbeitsgedächtnis bereitzuhalten, um sie dann in die einzelnen Laute zerlegen und die jeweiligen Buchstaben identifizieren zu können. Beim Schreiben nicht lautgetreuer Wörter müssen zudem Rechtschreibregeln beachtet werden. Im Laufe der Entwicklung wird ähnlich wie beim Lesen die Schreibweise von Wörtern oder Wortteilen zunehmend aus dem Gedächtnis abgerufen, was ein automatisiertes und dadurch schnelleres Schreiben ermöglicht. Ferner spielen für das Rechtschreiben auch grammatikalische Kenntnisse eine Rolle (z. B. Ableitungsregeln: Da »Hunde« die Mehrzahl von »Hund« ist, kann abgeleitet werden, dass sich »Hund« mit »d« und nicht mit »t« schreibt).

Wie für das Lesen wurden die phonologische Bewusstheit und der Abruf phonologischer Repräsentationen aus dem Langzeitgedächtnis auch für das Schreiben als wichtige bereichsspezifische Vorläuferfertigkeiten identifiziert. Allerdings gibt es hierbei dennoch einen Unterschied zwischen Schreiben und Lesen: Während die phonologische Bewusstheit tendenziell besser zur Vorhersage von Rechtschreibleistungen dient, hat der Abruf phonologischer Repräsentationen aus dem Langzeitgedächtnis eine vergleichsweise stärkere Bedeutung für die Vorhersage späterer Leseleistungen (Ennemoser et al., 2012; Landerl & Wimmer, 2008).

7.3 Lehrmethoden

Der gezielt angeleitete Erwerb des Lesens und Schreibens beginnt in der Regel mit der Einschulung. Das wirft die Frage auf, welches die am besten geeignete Anleitungsmethode für den Erwerb der Schriftsprache ist. Zur Frage, wie beim Anfangsunterricht in der Schule vorgegangen werden sollte, hat es seit jeher immer wieder intensive Debatten gegeben. So standen sich Varianten der sog. synthetischen und analytischen Methode gegenüber. Während die synthetische Methode das Erlesen von Wörtern über das Einüben von Korrespondenzbeziehungen zwischen den Buchstaben bzw. Buchstabengruppen und ihrer lautlichen Aussprache zu erreichen versucht, setzt die Ganzwort-Methode auf den Leseeinstieg über ganze Wörter, die nicht als zusammengesetzte Buchstaben, sondern als Einheit zu lesen sind (sog. Sichtwörter). Neuerdings findet man eine Weiterentwicklung der Ganzwort-Methode, die man als Ganzsprach-Ansatz bezeichnen könnte. Die Grundidee ist hier, dass das Lesen am besten durch Schreiben und durch das erneute Lesen des Geschriebenen erlernt werde. Empirische Evaluationen liefern keine eindeutige Entscheidungsgrundlage für die Frage, welcher Ansatz der bessere ist. So zeigen sich leichte Vorteile der analytischen Methode im Hinblick auf das Erlernen der basalen Lesefertigkeiten (Worterkennung und Leseflüssigkeit), allerdings leichte Vorteile der Ganzwort- bzw. Ganzsprach-Ansätze für das Lese- und Textverstehen (vgl. Stahl, McKenna & Pagnucco, 1994).

7.3 Lehrmethoden

> **Diskussion: Was ist die beste Methode für den Erstlese- und Erstschreibunterricht?**
>
> In den Fachdidaktiken hat man sich lange Zeit immer wieder mit der Frage beschäftigt, was denn die beste Methode zur Vermittlung des Lesens und Schreibens sei. Diese Frage ist nicht nur schwer zu beantworten, weil für unterschiedliche Kriterien verschiedene Ergebnisse zu dieser Frage resultieren (s. o., Vorteile der analytischen Methode für den Erwerb basaler Lesefertigkeiten und Vorteile der Ganzwort-Methode für das Leseverstehen). Hinzu kommt, dass man mittlerweile weiß, dass die Wirksamkeit von Lehrmethoden auch von den individuellen Voraussetzungen der Lernenden abhängt. Das gilt auch für Kinder. So mögen manche Kinder beim Schriftspracherwerb bessere Lernerfolge bei einer Methode A erzielen und andere Kinder der Klasse bessere Lernerfolge bei einer Methode B. Professionelles Unterrichten der Schriftsprache etwa im Schulanfangsunterricht bedeutet daher heute nicht, dass man die beste oder eine der besten Methoden dazu beherrscht, sondern dass man über ein Bündel unterschiedlicher Methoden verfügt, die sich bei unterschiedlichen Lernvoraussetzungen der Kinder als wirksam erwiesen haben. Erfolgreiches Lehren bedeutet dann, mit einer Vielzahl von didaktischen Ansätzen so flexibel umzugehen, dass möglichst jedes Kind einen Weg in die Schriftsprache findet, mit dem es erfolgreich Lesen und Schreiben lernen kann.

In der Unterrichtspraxis werden heute meist methodenintegrierende Ansätze in verschiedenen Ausprägungen angewendet (vgl. Schründer-Lenzen, 2009, 2013 für einen Überblick). Dies hat auch den Vorteil, dass möglichst viele Kinder dabei für sie geeignete Anleitungen erhalten (siehe Fokus: Was ist die beste Methode für den Erstlese- und Erstschreibunterricht?). In der Regel werden Buchstaben schrittweise eingeführt, wobei zunächst häufig vorkommende Buchstaben mit einfachen Lautzuordnungen verwendet werden. Die Einführung einzelner Buchstaben und Laute geschieht auf der Basis ganzer Wörter. Diese Vorgehensweise wird als analytisch-synthetisch bezeichnet, da von ganzen Wörtern und ihren Bedeutungen ausgegangen wird (analytisch) und diese Wörter dann aufgeteilt und wieder zusammengesetzt werden (synthetisch), um Buchstabe-Laut-Zuordnungen zu erarbeiten.

Die Vermittlung des Lesens wird von Anfang an mit der Vermittlung des Schreibens verbunden. So werden Wörter nicht nur Laut für Laut »erlesen«, sondern gleichzeitig sprechmotorisch bewusst gemacht, durch Bilder in der Sinnentnahme gestützt, mit Wortkarten gelegt, visuell analysiert und geschrieben (Schründer-Lenzen, 2013). In der Regel wird die Druckschrift vor der Schreibschrift eingeführt, wobei Groß- und Kleinbuchstaben in Abschreibübungen meist parallel erlernt werden. Das Schreiben wird über das wiederholte Schreiben sinnvoller Wörter erworben, Prinzipien der Rechtschreibung wie Morphem- und Silbenstruktur werden verdeutlicht und auf Schwungübungen wird meist verzichtet.

Verbreitet ist mittlerweile auch die Nutzung sog. Anlauttabellen. In Anlauttabellen werden Buchstabe-Laut-Zuordnungen über Bilder von Objekten verdeutlicht. Einzelnen Buchstaben sind abgebildete Objekte zugeordnet, deren Namen mit dem jeweils zugehörigen Laut beginnen, z. B. »B« und ein Ball. Mit Hilfe solcher Anlauttabellen können Kinder Buchstabe-Laut-Zuordnungen nachschlagen und das Schriftbild eines Wortes Buchstabe für Buchstabe zusammensetzen. Dieser didaktische Ansatz hat sich als wirksam für Kinder erwiesen, die bereits in hinreichendem Maße grundlegende Einsichten in die Struktur der Schriftsprache erlangt haben. Die ausschließliche oder einseitige Verwendung von Anlauttabellen als zentrales Unterrichtsmittel des schriftsprachlichen Anfangsunterrichts ist jedoch umstritten, da die Lautorientierung der Schrift nicht ausreicht, um einen rechtschriftlich korrekten Grundwortschatz systematisch aufzubauen (Schründer-Lenzen, 2013). Wie beim Erwerb jeder Expertise ist beim Schriftspracherwerb unabhängig von der Lehrmethode ein hinreichendes Ausmaß an Wiederholung und Übung erforderlich, bis das Lesen und Schreiben automatisiert vonstattengeht.

Im Zuge der fortschreitenden Verbreitung von Computern in verschiedenen Lebensbereichen nimmt die Bedeutung des Schreibens per Tastatur immer mehr zu. Beispielsweise soll in finnischen Schulen ab 2016 der Fokus auf die Vermittlung des Tastaturschreibens anstatt auf die Vermittlung des Schreibens mit der Hand gerichtet werden. Auch wenn dieser Grundgedanke durchaus nachvollziehbar ist, sollte man sich im Klaren darüber sein, dass eine solche Veränderung in den Methoden des Schreibenlernens nachteilige Effekte mit sich bringen kann. So ist davon auszugehen, dass das Erlernen der für das Schreiben mit der Hand notwendigen Bewegungsabläufe den Aufbau orthografischer Gedächtnisinhalte unterstützt und auf diese Weise den Schriftspracherwerb erleichtern könnte. Vorschulkinder, die im Schreiben mit der Hand trainiert wurden, zeigen z. B. bessere Leistungen beim Erkennen einzelner Buchstaben als Kinder, die im Tastaturschreiben trainiert wurden (Longcamp, Zerbato-Poudou & Velay, 2005). In Bezug auf die Frage, ob sich das Schreiben mit der Hand auch förderlich auf das Erlernen der korrekten Schreibweise von Wörtern auswirkt, sind die bisher vorliegenden Befunde allerdings uneinheitlich (Ouellette & Tims, 2014).

8 Der Erwerb des Rechnens

Kinder sind schon sehr früh in der Lage, Mengenunterschiede einzuschätzen, also z. B. zu beurteilen, ob sie mehr oder weniger Eis bekommen haben oder ihr Kuchenstück kleiner oder größer als das eines anderen Kindes ist. Mehr und mehr lernen sie die in ihrer Umwelt vorhandenen Objekte zu zählen, und sie beginnen zählend zu rechnen. Ausgehend von alltäglichen Beobachtungen und Erfahrungen lernen sie die abstrakte Welt der Zahlen kennen. Dies ermöglicht ihnen, losgelöst von konkreten Objekten in ihrer Umwelt, eigene mathematische Überlegungen »im Kopf« anzustellen. Sie erlernen eine rudimentäre Grundform des sog. Kopfrechnens, ohne schon wirklich rechnen zu können. Wie aber funktioniert der erfolgreiche Erwerb des Rechnens? Zur Beantwortung dieser Frage werden in diesem Kapitel die wichtigsten Schritte in der Entwicklung des Rechnens dargestellt. Wir beginnen mit der Frage, wie Kinder Mengen verarbeiten, besprechen dann die sog. Zahlbegriffsentwicklung und widmen uns daraufhin den Rechenstrategien von Kindern. Schließlich werden wiederum Lehrmethoden vorgestellt, die im schulischen Anfangsunterricht Anwendung finden.

8.1 Von der Mengenverarbeitung zum Rechnen

Mengenverarbeitung

Auch die Entwicklung des Rechnens beginnt nicht erst mit der Einschulung, sondern bereits im frühesten Kindesalter. So scheinen schon Säuglinge im Alter von neun Monaten in der Lage zu sein, Mengenveränderungen wahrzunehmen. Beispielsweise zeigten McCrink und Wynn (2004) Säuglingen fünf Rechtecke, die dann von einem großen Rechteck verdeckt wurden. Es folgten fünf weitere Rechtecke, die ebenfalls hinter dem großen Rechteck verschwanden. Daraufhin wurde das große Rechteck verschoben und enthüllte entweder fünf oder zehn Rechtecke. Die Säuglinge fixierten das nicht erwartungsgemäße Ereignis (fünf Rechtecke) länger als das erwartungsgemäße Ereignis (zehn Rechtecke). Dieses Verhalten wird als Hinweis für das Vorhandensein eines Verständnisses arithmetischer Gesetzmäßigkeiten im Säuglingsalter interpretiert. Zudem lässt das Verhalten der Säuglinge vermuten, dass sie in der Lage sind, verschiedene Mengen zu unterscheiden. In der Tat verfügen Säuglinge offenbar über ein intuitives Verständnis für Mengen und Mengenrelationen, wie etwa »mehr als« oder »weniger als« (für einen Überblick siehe Feigenson, Dehaene & Spelke, 2004). Zeigt man Säuglingen im Alter von sechs Monaten beispielsweise wiederholt verschiedene Muster mit jeweils acht Punkten, betrachten sie daraufhin ein Muster mit sechzehn Punkten deutlich länger als ein weiteres Muster mit acht Punkten. Hierauf basierend wird vom Vorhandensein einer Fähigkeit zur ungefähren und ungenauen Differenzierung von Mengen bereits im Säuglingsalter ausgegangen. Diese Fähigkeit scheint vom Verhältnis der zu vergleichenden Mengen abhängig zu sein. So können Säuglinge im Alter von sechs Monaten anscheinend zwischen acht und sechzehn, aber nicht zwischen acht und zwölf Objekten unterscheiden (Xu, Spelke & Goddard, 2005). Im weiteren Entwicklungsverlauf verbessert sich die Mengenvergleichsleistung von Kindern zunehmend. Beispielsweise können vierjährige Kinder in der Regel zwischen 12 und 18 Punkten unterscheiden, auch wenn die Punktmengen nur für sehr kurze Zeit (z. B. 1,5 Sekunden) zu sehen sind und somit nicht gezählt werden können (z. B. Odic, Libertus, Feigenson & Halberda, 2013; ▶ Abb. 8.1). Vierjährige Kinder sind also anscheinend bereits in der Lage, relativ große Mengen näherungsweise zu bestimmen.

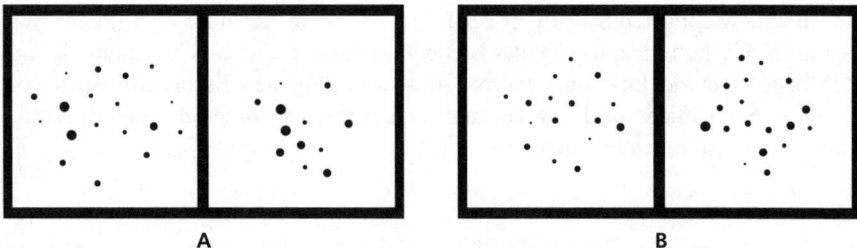

Abb. 8.1: Beispiele für den Vergleich von Punktmengen. Es sollte Ihnen leichter fallen, die auf der linken Seite dargestellten Mengen (18 vs. 12) zu vergleichen als die auf der rechten Seite dargestellten Mengen (16 vs. 18).

Neben diesem sog. approximativen Mengenverständnis, das es ihnen erlaubt, relativ große Mengen näherungsweise zu bestimmen, weisen Kinder die Fähigkeit zur sog. Simultanerfassung kleiner Mengen auf. So können sie etwa im Alter von dreieinhalb Jahren Mengen von einem bis zu vier ungeordneten Punkten bei sehr kurzer Darbietungszeit auf einen Blick und ohne zu zählen erfassen (Starkey & Cooper, 1995). Die Fähigkeit zur Simultanerfassung scheint auch bei Erwachsenen auf die Anzahl von vier Objekten beschränkt zu sein (Feigenson et al., 2004). In Anlehnung an den lateinischen Ausdruck *subito* (plötzlich) wird die Simultanerfassung im englischen Sprachraum als *subitizing* bezeichnet. Sowohl die Fähigkeit zur näherungsweisen Erfassung relativ großer Mengen als auch die präzise Simultanerfassung kleiner Mengen gehören zu den dem Erwerb von Rechenfertigkeiten zugrundeliegenden Kernkompetenzen (Feigenson et al., 2004). So vermutet Dehaene (2008), dass Kinder eine Verknüpfung zwischen Zahlsymbolen und ihrem Wissen über Mengen vornehmen und auf diese Weise zu einem Verständnis der mengenmäßigen Bedeutung von Zahlen gelangen, dem sog. Verständnis numerischer Größeninformationen. Das führt uns zu der Frage, wie man sich diese Zahlbegriffsentwicklung im Einzelnen vorzustellen hat.

Zahlbegriffsentwicklung

Mit Beginn der sprachlichen Entwicklung lernen Kinder erste Zahlwörter, verbinden damit jedoch wahrscheinlich vorerst keine numerische Bedeutung (vgl. Krajewski, 2005, 2007). Im Alter von ca. zwei Jahren können sie dann den Anfang der Zahlwortreihe aufsagen (z. B. Le Corre, Van de Walle, Brannon & Carey, 2006). Das Erlernen der Zahlwortreihe scheint allerdings von der Sprache abzuhängen, in der sie gelernt wird (siehe Exkurs: Kulturelle Unterschiede in der Zahlwortbildung).

Exkurs: Kulturelle Unterschiede der Zahlwortbildung

Die deutschen Zahlwörter weisen einige Unregelmäßigkeiten und Besonderheiten auf. So existieren für die Zahlen 11 und 12 eigenständige Zahlwörter, die keinen Bezug zum dekadischen System aufweisen. Die dekadische Struktur wird erst ab der Zahl 13 deutlich, da die Zahlwörter für die Zahlen 13 bis 19 das Wort *zehn* enthalten. Die Zahlen von 13 bis 19 werden zudem invertiert gesprochen: D. h., der Einer wird zuerst gesprochen, obwohl der Zehner in Leserichtung vor dem Einer steht. Abgesehen von den Zehnerzahlen (10, 20, 30 usw.) gilt dies für alle zweistelligen Zahlen, wobei ab 21 bei der Zahlwortbildung ein *und* zwischen Einer und Zehner gesetzt wird. Auch die Zahlwörter für die Zehnerzahlen werden nicht regelmäßig gebildet, da zehn im Gegensatz zu allen anderen nicht die Endsilbe *-zig* enthält. Darüber hinaus weist das *-zig* auch nicht eindeutig auf den exakten Zehnerbereich hin (»zwei-zehn« wäre eindeutiger als zwanzig), wohingegen z. B. der Hunderterbereich eindeutig durch das Hinzufügen von hundert gekennzeichnet ist (einhundert, zweihundert usw.). Die Zahlwörter einiger asiatischer Sprachen sind hingegen konsistenter aufgebaut. So werden beispielsweise im Chinesischen die Zahlen von 11 bis 19 konsistent als zehn-eins, zehn-zwei, zehn-drei usw. und die Zehnerzahlen 20, 30, 40 usw. als zwei-zehn, drei-zehn, vier-zehn usw. benannt. Der konsistente Aufbau des chinesischen Zahlwortsystems scheint chinesische Kinder in die Lage zu versetzen, die Zahlwortreihe schneller erlernen zu können als europäische Kinder (z. B. Aunio et al., 2006).

Um die Anzahl einer Menge bestimmen zu können, genügt es jedoch nicht, wenn ein Kind die Zahlwortreihe korrekt aufsagen kann. Einem erfolgreichen Zählprozess liegen nach Gelman und Gallistel (1986) folgende Zählprinzipien zugrunde:

- Eindeutigkeitsprinzip (*one-one principle*): Jedes Objekt und jedes Zahlwort wird beim Zählen nur einmal berücksichtigt und jedem Objekt wird genau ein

Zahlwort zugeordnet. Bei dieser sog. Eins-zu-Eins-Zuordnung kann das Zahlwort sieben als einziges zweisilbiges Zahlwort in der deutschen Zahlwortreihe von eins bis zwölf Schwierigkeiten hervorrufen, wenn jeder Silbe des Wortes ein Objekt zugeordnet wird.

- Prinzip der stabilen Ordnung (*stable-order principle*): Die Zahlwortreihe muss stets in der richtigen Reihenfolge aufgesagt werden.
- Kardinalprinzip (*cardinal principle*): Das zuletzt genannte Zahlwort gibt die Anzahl aller gezählten Objekte an. Diese Zählprinzipien (sog. *how-to-count principles*) geben an, *wie* gezählt werden muss. Darüber hinaus gibt es noch ein Abstraktionsprinzip, welches sich darauf bezieht, was gezählt wird (sog. *what-to-count principle*).
- Abstraktionsprinzip (*abstraction principle*): Die Art und Eigenschaft der zu zählenden Objekte sind für den Zählprozess nicht relevant. Beispielsweise ist eine Gesamtanzahl von drei Giraffen genauso groß wie die von drei Mäusen.

Schließlich gibt es noch ein letztes Prinzip, das übergeordneter Natur ist und sich auf alle zuvor berichteten Prinzipien bezieht:

- Prinzip von der Irrelevanz der Anordnung (*order-irrelevance principle*): Die Anordnung der zu zählenden Objekte ist für den Zählprozess nicht relevant. Beispielsweise kann von links nach rechts oder von rechts nach links gezählt werden.

Die meisten Kinder sind mit ungefähr dreieinhalb Jahren in der Lage, eine Ansammlung von weniger als zehn Objekten zu zählen und auf die Frage »Wie viele sind es?« das zuletzt genannte Zahlwort anzugeben. Außerdem gelingt es ihnen, vorgegebenen einstelligen Zahlwörtern die richtige Anzahl an Objekten zuzuordnen. Hierauf basierend wird angenommen, dass Kinder mit ca. dreieinhalb Jahren bereits verstanden haben, dass Zahlen die Mächtigkeit der Menge bzw. die Anzahl der Objekte beschreiben (z. B. Wynn, 1990). Das Verständnis für diesen sog. Kardinalzahlaspekt entwickelt sich in verschiedenen Phasen, die Krajewski (2013) wie folgt beschreibt: In einem ersten Schritt bauen Kinder eine sehr grobe und unpräzise Zuordnung zwischen Zahlwörtern und Mengen auf. So assoziieren sie zunächst Zahlwörter wie eins oder drei mit dem Begriff *wenig* und Zahlwörter wie zwanzig oder tausend mit Begriffen wie *viel* oder *sehr viel*. Daraufhin differenziert sich die Zuordnung zwischen Zahlwörtern und Mengen zunehmend aus. Während viele vierjährige Kinder zunächst Zahlwörter bzw. Zahlsymbole nur nach ihrer numerischen Größe unterscheiden können, wenn diese weit auseinanderliegen bzw. verschiedenen groben Größenkategorien (z. B. wenig oder viel) zugeordnet werden können, gelingt ihnen durch eine präziser werdende Zuordnung von Zahlwörtern bzw. Zahlsymbolen und Mengen in den folgenden Monaten und Jahren mehr und mehr auch die Größenunterscheidung näher beieinander liegender Zahlwörter bzw. Zahlsymbole. Die zunehmende Erweiterung des Zahlenraums, durch den Kinder über präzise Verknüpfungen zwischen Zahlsymbolen und Mengen verfügen und somit ein Verständnis numerischer Größeninformationen aufweisen, wird als zentrales Merkmal der Entwicklung numerischer Fertigkeiten betrachtet (z. B. Siegler, 2016).

Wie genau diese Verknüpfungen entstehen und wie sich die Erweiterung des Zahlenraums vollzieht, ist jedoch noch nicht vollständig geklärt. Neben den dargestellten Annahmen von Krajewski liegen weitere Erklärungsansätze vor. Beispielsweise könnten erste Verknüpfungen dadurch entstehen, dass Kinder beim Zählen kleiner Mengen von eins bis vier die jeweilige Menge gleichzeitig simultan erfassen. Infolgedessen könnten sie erkennen, dass das letztgenannte Wort beim Zählen der durch die Simultanerfassung wahrgenommenen Menge entspricht. Nachdem Kinder der Reihe nach die Zahlwörter eins, zwei, drei und vier mit den durch die Simultanerfassung wahrgenommenen Mengen verknüpft haben, könnten sie möglicherweise feststellen, dass sich die mit benachbarten Zahlwörtern verknüpften Mengen jeweils um genau ein Element unterscheiden und basierend auf dieser Einsicht beginnen, größere Mengen als vier mit den entsprechenden Zahlwörtern zu verknüpfen (z. B. Carey, 2004). Zusätzlich könnten Kinder kleine Mengen von eins bis vier, aber auch größere Mengen beim Zählen näherungsweise bestimmen und auf diese Weise Zahlwörter mit ihrem approximativen Wissen über Mengen verknüpfen (z. B. Feigenson et al., 2004). Siegler (2016) vermutet zudem, dass das Zählen mit den Fingern insbesondere im Zahlenraum bis 10 eine wichtige Rolle beim Aufbau der Verknüpfung zwischen Zahlwörtern und Mengen sowie zwischen Zahlsymbolen und Mengen spielen könnte. Es kann allerdings davon ausgegangen werden, dass die Verknüpfung von Zahlwörtern mit Mengen und die Verknüpfung von Zahlsymbolen mit Mengen nicht unbedingt gleichzeitig abläuft (vgl. Krajewski, 2013).

Basierend auf der Verknüpfung zwischen Zahlwörtern bzw. Zahlsymbolen und Mengen entwickeln Kinder das sog. *Teile-Ganzes-Verständnis* (z. B. Fritz & Ricken, 2009; Resnick, 1983). So beginnen sie zu verstehen, dass nicht nur Mengen in Teilmengen zerlegt und wieder zusammengesetzt werden können, sondern dass derartige Beziehungen auch über Zahlensymbole ausgedrückt werden können. Sie wissen beispielsweise, dass eine Menge von fünf Eiern in drei Eier und zwei Eier zerlegt bzw. dass eine Menge von fünf Eiern aus drei Eiern und zwei Eiern zusammengesetzt werden kann und entwickeln ein Verständnis dafür, dass die Zahl 5 ebenso in die Zahlen 3 und 2 zerlegt bzw. aus den Zahlen 3 und 2 zusammengesetzt werden kann. Darüber hinaus fangen sie an zu begreifen, dass auch Unterschiede (Differenzen) zwischen zwei Zahlen über eine Zahl beschrieben werden können. Die Entwicklung dieses Verständnisses scheint in der Zeit um den Schuleintritt zu beginnen (Krajewski, 2013). Durch das Teile-Ganzes-Verständnis werden bereits erste Aspekte des Rechnens deutlich.

Rechnen und Rechenstrategien

In der Regel erwerben Kinder ihre ersten Rechenstrategien mit vier oder fünf Jahren und lösen Additionsaufgaben zunächst zählend (z. B. Fritz, Ehlert, Ricken & Balzer, 2017; Fuson, 1988). So zählen sie bei eins beginnend beide Teilmengen zusammen (sog. *counting-all*-Strategie). Wenn keine konkreten Objekte verfügbar sind, nutzen Kinder meist ihre Finger, um sich die Teilmengen zu veranschaulichen. Beispielsweise strecken sie drei Finger an jeder Hand aus und zählen diese ab, um die Aufgabe 3 + 3 zu lösen. Daraufhin erkennen die Kinder, dass sie nicht stets bei eins mit dem Zählen beginnen müssen. Stattdessen beginnen sie beim ersten Summanden und zählen den zweiten dazu (sog. *counting-on*-Strategie). In etwa mit dem Schuleintritt kommen weitere Strategien hinzu. Häufig beginnen die Kinder das Zählen nun ausgehend vom größeren der beiden Summanden (sog. *counting-on-the-larger-summand*-Strategie). Die Aufgabe 3 + 5 würden sie also z. B. lösen, indem sie »fünf« sagen und dann »sechs, sieben, acht« zählen. Kinder verwenden zudem sog. Ableitungsstrategien. Sie könnten z. B. schlussfolgern, dass $5 + 6 = 11$ ist, da $5 + 5 = 10$ ist. Eine weitere häufig verwendete Strategie ist es, Aufgaben in zwei leichtere Teilaufgaben zu zerlegen. Beispielsweise können viele Kinder mit sieben Jahren die Aufgabe 12 + 4 in die Teilaufgaben $2 + 4 = 6$ und $6 + 10 = 16$ zerlegen. Im weiteren Entwicklungsverlauf lernen Kinder die Ergebnisse einzelner einfacher Aufgaben auswendig und können sie aus dem Gedächtnis abrufen (vgl. Siegler & Shrager, 1984). Eine solche auf direktem Gedächtnisabruf basierende Vorgehensweise ermöglicht ein schnelles, automatisiertes Rechnen. Erste Anzeichen für den Gebrauch gedächtnisbasierter Strategien zeigen sich gewöhnlich im Verlauf des ersten Schuljahres. Es wird angenommen, dass Kinder zu diesen Strategien übergehen, nachdem sie einzelne Rechenaufgaben wiederholt richtig über sog. prozedurale Vorgehensweisen (z. B. zählend) gelöst haben (Siegler & Shrager, 1984). Zudem wurde beobachtet, dass sich Kinder mit Schwierigkeiten im Rechnen länger auf zeitaufwändige und fehleranfällige prozedurale Rechenstrategien – wie etwa dem Rechnen mit Fingern – verlassen und nicht wie viele gleichaltrige Kinder zum automatisierten Gedächtnisabruf übergehen (z. B. Geary, Hamson & Hoard, 2000). Einige Kinder mit Schwierigkeiten im Rechnen verwenden sogar noch am Ende der Grundschulzeit hauptsächlich prozedurale Strategien beim Rechnen (Geary & Brown, 1991).

Die Entwicklung komplexerer Rechenfertigkeiten verläuft auf der Basis des erlernten Faktenwissens, also entsprechender im Gedächtnis gespeicherter Assoziationen zwischen Rechenaufgabe und Ergebnis. So beinhaltet das Rechnen mit mehrstelligen Zahlen die sequentielle Kombination elementarer arithmetischer Operationen, wie z. B. die Berechnung der Einer- und Zehnersumme basierend auf dem Abruf des sog. arithmetischen Faktenwissens aus dem Gedächtnis (Dehaene, 1992).

Die Ausführungen zu Beginn dieses Kapitels machen deutlich, dass der Erwerb des Rechnens auf dem Verständnis für Mengen und Mengenrelationen sowie auf Zahlen- und Zählkenntnissen beruht. Dem Vorbild der Erforschung von Vorläuferfertigkeiten des Schriftspracherwerbs folgend, wurden individuelle Mengen- und Zahlenkompetenzen als bereichsspezifische Vorläufer des Rechnens identifiziert (z. B. Krajewski & Schneider, 2006). Neben diesen bereichsspezifischen Vorläuferfertigkeiten werden auch bereichsübergreifende Vorläufer, wie visuell-räumliche Fertigkeiten, sprachliche Fertigkeiten, die Funktionstüchtigkeit des Arbeitsgedächtnisses, exekutive Funktionen oder die Intelligenz als relevant für den Erwerb des Rechnens betrachtet. So wird davon ausgegangen, dass Kinder visuell-räumliche Vorstellungsbilder zu Zahlen, Zahlbeziehungen und auch zu Rechenoperationen entwickeln (z. B. Hubbard, Piazza, Pinel & Dehaene, 2005; Lorenz, 1991; siehe auch Dehaene, 2012) und basale visuell-räumliche Verarbeitungsmöglichkeiten daher eine wichtige Rolle beim Erwerb des Rechnens spielen. Verbale Fertigkeiten werden hingegen vor allem für die Entwicklung von Zählprozeduren und für den Aufbau bzw. Abruf von arithmetischem Faktenwissen als wichtig erachtet (Dehaene, 1992, 2012).

Die Bedeutung visuell-räumlicher sowie verbaler Fertigkeiten zeigt sich auch darin, dass individuelle Rechenleistungen von Kindern sowohl mit der Funktionstüchtigkeit des visuell-räumlichen als auch des verbalen Arbeitsgedächtnisses zusammenhängen (vgl. Heine, Engl, Thaler, Fussenegger & Jacobs, 2012 für einen Überblick). Möglicherweise spielen je nach dem Stand der individuellen Entwicklung entweder visuell-räumliche oder verbale Verarbeitungsmöglichkeiten eine wichtigere Rolle beim Erwerb des Rechnens (z. B. McKenzie, Bull & Gray, 2003). Die Relevanz exekutiver Funktionen für den Erwerb des Rechnens wird vor allem in der Unterdrückung irrelevanter Informationen und inadäquater Antwortautomatismen gesehen (z. B. Passolunghi & Siegel, 2001).

Über den engen Zusammenhang zwischen der allgemeinen Intelligenz und Leistungen im Bereich der Mathematik haben wir bereits früher berichtet (▶ Kap. 4). Es konnte jedoch gezeigt werden, dass bereichsspezifische Vorläuferfertigkeiten des Rechnens nur in geringerem Maße mit der Intelligenz zusammenhängen und die Intelligenz darüber hinaus keinen direkten Einfluss auf individuelle Rechenleistungen von Kindern hat (Krajewski & Schneider, 2006). Generell wird den bereichsspezifischen Vorläuferfertigkeiten eine größere Bedeutung für den Erwerb des Rechnens zugemessen als den bereichsübergreifenden Vorläufern (vgl. Heine et al., 2012).

8.2 Lehrmethoden

Der mathematische Anfangsunterricht in der Schule wird auf unterschiedliche Weise umgesetzt. So lassen sich grob die sog. traditionelle Rechendidaktik und das Konzept des aktiv-entdeckenden Lernens unterscheiden (vgl. Käpnick, 2013 für einen Überblick). Die traditionelle Didaktik des frühen Mathematikunterrichts ist durch einen vorrangig lehrerzentrierten, inhaltsorientierten und kleinschrittig strukturierten Unterricht gekennzeichnet. Die Kinder mit ihren unterschiedlichen Lernvoraussetzungen und Lernstilen stehen hier also nicht im Mittelpunkt, sondern stattdessen die Vermittlung vorgegebener inhaltlicher Lernziele über kleinschrittiges und schwierigkeitsgestuftes Vorgehen in häufig gleichartig ablaufenden Unterrichtsstunden. Modernere Konzepte des aktiv-entdeckenden Lernens zeichnen sich hingegen dadurch aus, dass Kinder den Unterricht aktiv mitgestalten können. Sie sollen durch die Lehrperson angeregt und dabei unterstützt werden, mathematische Kompetenzen, basierend auf ihren individuellen Zugängen zur Mathematik, zu entwickeln.

In Deutschland haben diesen Ansatz vor allem Erich Wittmann und Gerhard Müller durch die Schulbuchreihe *Das Zahlenbuch* (Wittmann & Müller, 2013) propagiert. Den Unterschied zu traditionellen Lehrkonzepten möchten wir Ihnen am Beispiel der Addition mit Zehnerübergang verdeutlichen. Überlegen Sie bitte, wie Sie selbst beim Lösen von Additionsaufgaben, wie z. B. 8 + 7 oder 6 + 5 vorgehen bzw. wie Sie Kindern helfen würden, auf das richtige Ergebnis zu kommen. Vermutlich würden einige von Ihnen die sog. Ergänzung zum Zehner verwenden bzw. vermitteln (bei 8 + 7: Zerlegung von 7 in 5 + 2, dann 8 + 2 = 10 und schließlich 10 + 5 = 15). Diese Vorgehensweise stünde vermutlich auch im Mittelpunkt des Unterrichts nach der traditionellen Rechendidaktik. Dem Konzept des aktiv-entdeckenden Lernens folgend, würden die Kinder dagegen beispielsweise erst einmal selbst versuchen, das Problem zu lösen und daraufhin verschiedene Lösungswege miteinander besprechen (z. B. könnte es einigen Kindern leichter fallen, erst 8 in 7 + 1 zu zerlegen, dann 7 + 7 = 14 und schließlich 14 + 1 = 15 zu berechnen). Insbesondere bei einer ausgeprägten Heterogenität individueller Lernvoraussetzungen in Schulklassen, die bei inklusiver Beschulung voraussichtlich noch zunehmen wird, könnte sich das Konzept des aktiv-entdeckenden Lernens als vorteilhaft erweisen. Allerdings ist das Konzept der traditionellen Rechendidaktik nach wie vor weit verbreitet (Käpnick, 2013) – und dass vielleicht auch nicht zu Unrecht, da insbesondere schwächere Schülerinnen und Schüler oftmals mit traditionellen Ansätzen der direkten Instruktion zu langfristig besseren Rechenfertigkeiten gelangen (z. B. Lorenz, 2004).

Ein wichtiger Bestandteil des mathematischen Anfangsunterrichts ist die Übung. Dies gilt unabhängig davon, welches Konzept dem Unterricht zugrunde liegt. Übung dient beispielsweise dazu, die Ergebnisse einfacher Aufgaben im Langzeitgedächtnis zu speichern und so den arithmetischen Faktenabruf aus dem Gedächtnis zu ermöglichen, der die Grundlage für das Erlernen komplexerer Rechenfertigkeiten darstellt. Zudem ist Übung notwendig, um Prozeduren, wie z. B. Strategien der Zahlzerlegung bei Zehnerübergängen oder Strategien des Umgangs mit Zehner- und Einerstellen beim Addieren zweistelliger Zahlen, zu automatisieren. Flüssiges, automatisiertes Rechnen geht mit einer Abnahme der benötigten Aufmerksamkeitsressourcen einher, wodurch mehr Ressourcen für komplexere Aufgabenanforderungen zur Verfügung stehen. Für die Übung im mathematischen Anfangsunterricht liegen mittlerweile diverse Lernprogramme vor (z. B. »Blitzrechnen – Kopfrechnen 1 + 2«: Wittmann & Müller, 2007; »Lernwerkstatt«: http://www.lws9.de), die in und außerhalb der Schule am Computer durchgeführt werden können. Es wird jedoch bemängelt, dass diese größtenteils kein sog. operatives bzw. produktives Üben erlauben, das ein reflektiertes Lernen in Sinnzusammenhängen fördert (vgl. Käpnick, 2013; Krauthausen, 2012). Beim produktiven Üben werden beispielsweise strukturierte Aufgabenpäckchen (z. B. 41 - 30, 52 - 30, 63 - 30) genutzt, die im Vergleich zu zufällig ausgewählten Aufgaben (was bei Lernprogrammen häufig der Fall ist) ganz bestimmte mathematische Gesetzmäßigkeiten konstruieren und Kinder dazu anregen können, die einzelnen Aufgaben miteinander zu vergleichen und Beziehungen herzustellen.

Ein weiterer wichtiger Bestandteil des mathematischen Anfangsunterrichts ist die Verwendung von Anschauungsmitteln, wie z. B. Darstellungen un-/strukturierter Mengen, das Zehner- und Zwanzigerfeld, die Hundertertafel und das Hunderterfeld oder der Zahlenstrahl. Über die Verwendung derartiger Anschauungsmittel können Kinder Vorstellungsbilder zu Zahlen, Zahlbeziehungen und Rechenoperationen erwerben. Nach Käpnick (2013) ist bei der Auswahl und Nutzung von Anschauungsmitteln darauf zu achten, dass ein Mehr an Anschauungsmitteln keinesfalls ein Mehr an Lern- oder Verständnishilfe bedeutet. Es sollte ausreichend Unterrichtszeit für das Vertrautmachen mit Anschauungsmitteln vorhanden sein und wiederholt erfasst werden, ob Kinder mit einem Anschauungsmittel Schwierigkeiten haben, auf welche (individuell unterschiedliche) Weise sie mit einem Anschauungsmittel umgehen und ob sie bereits eigene Vorstellungsbilder erworben haben. In diesem Zusammenhang sollten wir noch einmal auf das Fingerrechnen eingehen. Wie bereits erwähnt wurde, nutzen Kinder ihre Finger beim Rechnen, um sich einzelne Teilmengen zu veranschaulichen. Dies wird als eine unverzichtbare Entwicklungsphase angesehen (z. B. Siegler, 2016), die für die meisten Kinder im Laufe der Grundschulzeit schnell vorübergeht, wohingegen einige wenige Kinder noch am Ende der Grundschulzeit ihre Finger zum Rechnen nutzen (Geary & Brown, 1991). Das Fingerrechnen sollte nach Käpnick (2013) daher nicht verboten oder ignoriert, sondern genau beobachtet werden; und Fingerrechner sollten, z. B. durch ein verstärktes Anbieten anderer Anschauungsmittel, behutsam zur Nutzung effektiverer Rechenstrategien geführt werden. Die Verwendung verschiedener Anschauungsmittel im mathematischen Anfangsunterricht kann also hilfreich sein, die Auswahl und Nutzung sollte aber wohl überlegt sein.

9 Individuelle Risiken für Lernschwierigkeiten

Dass Kinder sich in ihren individuellen Lernerfolgen oftmals deutlich voneinander unterscheiden, wurde in den voranstehenden Kapiteln immer wieder betont. Solche Unterschiede gehören zur Natur des Menschen. Anlass zur Sorge geben sie zunächst einmal nicht. Anders ist dies, wenn einzelne Kinder massive und andauernde Lernschwierigkeiten zeigen. In diesem Falle ist damit zu rechnen, dass die Kinder von Jahr zu Jahr deutlicher werdende Kompetenznachteile gegenüber Gleichaltrigen bekommen. Daher sollte man sich nicht nur mit den Bedingungen für Lernerfolg, sondern auch mit denen für andauernde Lernmisserfolge von Kindern beschäftigen. Sie werden sehen: Die Bedingungen für Erfolge beim Lernen liefern teilweise auch den Schlüssel für ein Verständnis dafür, wie es zu anhaltenden Lernschwierigkeiten kommen kann. Um dies zu veranschaulichen, wird in diesem Kapitel zunächst auf ungünstige Ausprägungen individueller Voraussetzungen als allgemeine Risiken für Lernschwierigkeiten eingegangen, bevor wir auf Risikomerkmale für das Entstehen spezifischer Lernstörungen eingehen.

9.1 Allgemeine Risiken: Ungünstige Ausprägungen individueller Merkmale

Die individuellen Voraussetzungen des Lernens, die wir vorgestellt haben (▶ Kap. 2 bis ▶ Kap. 5), sind gleichzeitig auch die Bereiche, in denen Entwicklungsauffälligkeiten und Dysfunktionen die Grundlage der wesentlichen individuellen Risiken für misslingendes Lernen darstellen. In der einschlägigen Literatur spricht man zusammenfassend von kognitiven, motivational-volitionalen und sozio-emotionalen Merkmalen. Zentrale kognitive Merkmale sind Aufmerksamkeit, Arbeitsgedächtnis, exekutive Funktionen, Vorwissen und Intelligenz sowie die Nutzung und metakognitive Regulation von Strategien (vgl. Hasselhorn & Gold, 2013). Unter Zuhilfenahme einer Computeranalogie zur Beschreibung dieser kognitiven Merkmale kann man von der *Hardware* (fluide Intelligenz, Aufmerksamkeits- und Arbeitsgedächtnisressourcen und basale exekutive Funktionen, wie beispielsweise Updating), den *Daten* (Vorwissen) und der *Software* (höhere exekutive Funktionen, wie die Nutzung und metakognitive Regulation von Strategien) des individuellen Informationsverarbeitungssystems sprechen. Empirisch gut belegt sind mittlere bis starke statistische Zusammenhänge zwischen Lernleistungen und allen aufgeführten kognitiven Merkmalen, so dass jedwedes kognitive Defizit bei einem Kind das Risiko erhöht, im Vergleich zu Gleichaltrigen weniger gut zu lernen.

Auch die Qualität des individuellen Lern- und Leistungsmotivsystems hat sich als eine entscheidende Vorbedingung erfolgreichen Lernens erwiesen. Sie lässt sich gut beschreiben über das individuelle Fähigkeitsselbstkonzept (▶ Kap. 5.1). Auch bei günstigen kognitiven und motivationalen Merkmalsausprägungen gelingt es einigen Kindern nicht, ihre angestrebten Lernziele zu erreichen. Grund hierfür ist häufig eine unzureichende volitionale Handlungskontrolle. Diese äußert sich beispielsweise in der mangelnden Fähigkeit zu effektivem Belohnungsaufschub, d. h. dem Verzicht auf eine sofortige kleine Belohnung zugunsten einer größeren, aber zeitlich später erfolgenden Belohnung (▶ Kap. 5.3).

Schließlich können auch sozio-emotionale Merkmale des Kindes zum Risikofaktor für den individuellen Lernerfolg werden. Die Entstehung vieler sozio-emotionaler Merkmale ist eng verknüpft mit den individuellen Umgebungsbedingungen (Familienmitglieder, soziale und gesellschaftliche Bedingungen). In der entwicklungspsychologischen Bindungstheorie werden die frühesten Wurzeln der sozio-emotionalen Entwicklung im Aufbau eines affektiven dauerhaften Bandes zwischen Kind und den wichtigsten (sog. *primären*) Bezugspersonen gesehen, also in der Regel Mutter oder Vater. Man spricht in diesem Zusammenhang vom *Aufbau einer Bindung.* Da auf dieses wesentliche sozio-emotionale Merkmal bisher noch nicht eingegangen wurde, möchten wir dies im Folgenden kurz tun.

Die Bindungsforschung hat in den 1950er Jahren ihre Ursprünge. Ausschlaggebend dafür, dass die Forschung dem Thema der Bindung vermehrt Aufmerksamkeit widmete, waren die Ergebnisse der Beobachtungen an Kindern, die in Pflege- und Waisenhäusern aufwuchsen. Die Kinder wurden als extrem teilnahmslos, depressiv oder anderweitig emotional gestört und geistig unterentwickelt beschrieben (Bowlby, 1953). Die Ergebnisse erwiesen sich als so dramatisch, dass sich die Entwicklungspsychologen jener Zeit dazu gezwungen sahen, ihre Vorstellungen von der frühen Entwicklung zu überdenken. Führend bei diesen Bemühungen waren der englische Psychoanalytiker John Bowlby (1907–1990), der die Bindungstheorie entwickelte, und seine Mitarbeiterin Mary Ainsworth (1913–1999), die seine Theorie erweiterte und wissenschaftlich überprüfte. In systematischen Studien konnten sie aufzeigen, wie sich die Qualität der Eltern-Kind-Interaktionen auf die Entwicklung der Kinder in ihren Familien und auf die Entwicklung emotionaler Bindungen zu anderen Menschen auswirkt.

Fokus: Methode zur frühen Feststellung der Bindungsqualität eines Kindes

Ab dem Ende des ersten Lebensjahres lässt sich das Phänomen der *sicheren Basis* beobachten, d. h., das Kind hat dann im günstigen Fall gelernt, dass es sich auf seine Bezugspersonen verlassen kann. Die Anwesenheit einer vertrauten Bezugsperson, so die Annahme, bietet dem Kind ein Gefühl der Sicherheit, auf dessen Grundlage das Kind seine Umwelt erforschen kann und dadurch allge-

> mein Wissen und Kompetenzen erwirbt. Mit Hilfe einer standardisierten Beobachtung in einer Belastungssituation, der *Fremden Situation* nach Ainsworth (Ainsworth, Blehar, Waters & Wall, 1978), kann besonders gut im zweiten Lebensjahr die Qualität der Bindung beobachtet werden. In der Fremden Situation werden acht kurze Sequenzen realisiert. Zunächst betritt das Kind mit seiner Bezugsperson einen dem Kind unvertrauten Raum mit Spielsachen. Das Kind erhält nun etwas Zeit, den Raum zu erkunden. Dann tritt eine fremde Person ein und spricht mit der Bezugsperson. In der vierten Sequenz verlässt die Bezugsperson den Raum, während die fremde Person im Raum verbleibt. Anschließend kommt die Bezugsperson wieder zurück und die fremde Person verlässt den Raum. In der nächsten Sequenz verlässt die Bezugsperson erneut den Raum und das Kind bleibt alleine zurück. Dann kommt die fremde Person zum Kind in den Raum, und in der Schlusssequenz kommt die Bezugsperson erneut zurück und die fremde Person verlässt den Raum wieder. Ausschlaggebend für die Feststellung der Bindungsqualität ist die Reaktion des Kindes beim Wiederkommen der Bezugsperson.

Kinder unterscheiden sich deutlich in der Qualität der Bindungsmuster, die sie sehr früh in ihrer Entwicklung schon so sehr verinnerlichen, dass sie die Stabilität von Persönlichkeitseigenschaften erlangen. Unterschieden werden kann zwischen einer *sicheren* (B-Muster), einer *unsicher-vermeidenden* (A-Muster) und einer *unsicher-ambivalenten Bindung* (C-Muster). Zusätzliche kann eine Hochrisikogruppe mit *Bindungsdesorganisation* (D-Muster) identifiziert werden. Kleinkinder mit *sicherer Bindung* suchen beim Wiedersehen nach belastenden Trennungen direkt Nähe und Kontakt und sind leicht zu beruhigen. Sie zeigen eine ausgewogene und flexible Balance von Bindungs- und Explorationsverhalten. Kinder mit *unsicher vermeidender Bindung* entziehen sich beim Wiedersehen der Bezugsperson oftmals aktiv jedwedem Körperkontakt oder ignorieren die Bezugsperson durch Blickvermeiden. In der Fremden Situation (siehe Fokus: Methode zur frühen Feststellung der Bindungsqualität eines Kindes) wenden sie sich trotz Belastung eher den Spielsachen zu. Kinder mit *ambivalent-vermeidender Bindung* zeigen beim Wiedersehen Kontaktwiderstand, indem sie sich z. B. sträuben, wenn ihre Bezugsperson sie auf den Arm nimmt. Sie weinen und quengeln oder zeigen Ärger und Wut auf die Bezugsperson und zeigen kaum Explorationsverhalten. Kinder mit *desorganisiertem* Bindungsmuster zeigen schließlich kein eindeutiges Bindungsmuster, sondern eine Reihe verwirrter Verhaltensweisen, wie emotionales Erstarren oder stereotype Bewegungen, wenn die Bezugsperson in der Fremden Situation zurückkommt.

In Untersuchungen an repräsentativen Stichproben zeigen sich ungleiche Häufigkeitsverteilungen der bei Kindern tatsächlich festgestellten Bindungsmuster. Glücklicherweise findet sich das auch für den Erfolg des kindlichen Lernens günstige B-Muster (sicher gebunden) bei etwa 60 Prozent aller Kinder, gefolgt vom A-Muster (unsicher-vermeidend) mit etwa 20 Prozent und dem C- (unsicher-ambivalent) und D-Muster (desorganisiert) mit jeweils ca. 10 Prozent (Gloger-Tippelt, Vetter & Rauh, 2000; van IJzendoorn, Schuengel & Bakermans-Kranenburg, 1999). Diese Kinder des Typus D weisen einen zeitweiligen Zusammenbruch der Bindungsstrategien auf, was vor allem das Risiko zu sozialen Auffälligkeiten deutlich erhöht. So konnten Groh, Roisman, van Ijzendoorn, Bakermans-Kranenburg und Fearon (2012; Groh et al., 2014) bei einer groß angelegten Auswertung aller vorliegenden empirischen Langzeitstudien zu den Auswirkungen des Bindungsmusters zeigen, dass frühe Bindungsunsicherheit ebenso wie Bindungsdesorganisation deutlich die Wahrscheinlichkeit erhöht, dass das Kind in dem in diesem Band im Fokus stehenden Altersbereich zwischen vier und acht Jahren Verhaltensauffälligkeiten wie Unruhe, Hyperaktivität oder auch Aggressivität entwickelt, von denen man weiß, dass sie sich ungünstig auf viele Lernprozesse auswirken.

Bei aller Detailkenntnis über die verschiedenen allgemeinen Risikofaktoren für den individuellen Lernerfolg wissen wir derzeit noch nicht genügend darüber, ob und wenn ja, auf welche Weise sich verschiedene Bereiche gegenseitig beeinflussen können. Hasselhorn und Gold (2013) bedienen sich bei der Beschreibung des Zusammenspiels der kognitiven und motivationalen-volitionalen individuellen Voraussetzungen des Bildes von ineinander verschachtelten Zahnrädern. Jedes Zahnrad stellt dabei ein wesentliches individuelles Merkmal dar. Dieses heuristische Modell ist recht gut dafür geeignet, sich deutlich zu machen, dass ein »schwaches« Zahnrad durch ein »starkes« Zahnrad bis zu einem gewissen Grad kompensiert werden kann. Besteht also ein Risiko in einem Bereich, kann dies teilweise durch andere Bereiche ausgeglichen werden. Ein tiefergehendes Verständnis derartiger Mechanismen würde uns dabei helfen, die Entstehung von Lernschwierigkeiten genauer zu verstehen und wirksame Maßnahmen zur Vorbeugung zu entwickeln.

9.2 Risikomerkmale für das Entstehen von spezifischen Lernstörungen

Im voranstehenden Abschnitt hatten wir darauf hingewiesen, dass Entwicklungsrückstände und Funktionsdefizite in verschiedenen kognitiven Bereichen die Wahrscheinlichkeit erhöhen, dass die davon betroffenen Kinder weniger erfolgreich lernen. Das prominenteste Verhaltensmerkmal, das zu einem erhöhten Risiko für individuellen Bildungsmisserfolg führt, ist die mangelnde allgemeine Lernfähigkeit. Sie wird in der Regel über die mit einem entsprechenden Test festgestellte Intelligenz gemessen bzw. eingeschätzt. Kinder mit einer unterdurchschnittlichen Intelligenz (definiert als IQ < 85) haben ein deutlich erhöhtes Risiko für ein Scheitern an den Lernanforderungen der Regelschule. Über viele Jahrzehnte hat sich daher in Deutschland die Tradition entwickelt, Kinder mit mangelnder allgemeiner Lernfähigkeit in entsprechenden Sondereinrichtungen zu unterrichten. Dort – so die Überzeugung – könnten sie besser als im Regelschulkontext individuell und gemäß ihren Möglichkeiten und Grenzen gefördert werden. Seit einigen Jahren wird diese tradierte Überzeugung im Zusammenhang mit der Forderung nach inklusiver Bildung allerdings massiv in Frage gestellt.

Aber auch Kinder ohne Intelligenzeinbußen können kognitive Funktionsbeeinträchtigungen haben, die ein erhöhtes Risiko bedeuten, bei bestimmten Lernprozessen zu scheitern. In diesem Zusammenhang wird zwischen Lernstörungen und Lernschwächen unterschieden. Auf diese Unterscheidung wird im Folgenden kurz eingegangen, um daran anschließend Risikomerkmale für das Entstehen von spezifischen Lernstörungen im Bereich der Schriftsprache, im Bereich des Rechnens und in beiden Bereichen zu verdeutlichen.

Der Begriff der *Lernstörung* wird in der Pädagogik nicht gerne benutzt. Er entstammt streng genommen der Medizin und findet sich in der 1994 erschienenen 4. Ausgabe des »Diagnostischen und Statistischen Manuals psychischer Störungen« (DSM-IV; dt. Saß, Wittchen & Zaudig, 2003). Dort ersetzt er den bis dahin üblichen Begriff der Schulleistungsstörungen. In der aktuellen Fassung der von der Weltgesundheitsorganisation herausgegebenen »International Classification of Diseases« (ICD-10; World Health Organization, 2005) werden die unter dem Begriff der Lernstörung zusammengefassten Phänomene als »Umschriebene Entwicklungsstörungen schulischer Fertigkeiten« bezeichnet. Lernstörungen werden in der Regel über das Vorliegen (erwartungswidriger) Minderleistungen im Bereich des Lesens, des schriftlichen Ausdrucks (einschließlich der Rechtschreibung) und/oder des Rechnens definiert. Die Minderleistung muss deutlich unter dem aufgrund des Alters, des Intelligenzniveaus und des durch die bisherige Beschulung zu erwartenden Niveaus liegen. Dies hat zur Folge, dass die Diagnose »Lernstörung« nur zu vergeben ist, wenn das Kind eine anhaltende bereichsspezifische Minderleistung zeigt, einen IQ im Normalbereich aufweist und die bereichsspezifische Leistung sehr deutlich hinter dem Intelligenzniveau zurückliegt (ausführlich: Gold, 2011, 2016). Eingebürgert hat sich der Begriff des doppelten Diskrepanzkriteriums, da Lernstörungen über zwei Erwartungswidrigkeiten (Diskrepanzen) bestimmt werden: die Minderleistung im jeweiligen Lernbereich und die im Vergleich zur Leistung sehr viel bessere Intelligenz des betroffenen Kindes. Die Minderleistung von Kindern, die von einer Lernstörung betroffen sind, wird über die Diskrepanz zwischen dem für die jeweilige Altersstufe zu erwartenden und dem individuellen Leistungsniveau bestimmt. Festgestellt wird sie über einen normierten Schulleistungstest. So wird ein statistisch definierter Diskrepanzwert zur entsprechenden Altersnorm von einer Standardabweichung zugrunde gelegt, wodurch Leistungsniveaus der 16 Prozent leistungsschwächsten Personen einer Altersgruppe als solche mit einer Minderleistung bezeichnet werden. Für die zusätzlich nachzuweisende Diskrepanz zwischen lernbereichsspezifischem Leistungsniveau und allgemeiner Intelligenz wird häufig ein etwas strengerer Wert von 1.2 bis 1.5 Standardabweichungen angelegt (nach den Kriterien für die Grundlagenforschung werden sogar 2 Standardabweichungen Diskrepanz gefordert). Treten bei Kindern Schulleistungsprobleme im Lesen, Schreiben oder Rechnen auf, die nach den genannten Kriterien nicht als Lernstörung zu klassifizieren sind, so spricht man von »Lernschwächen«. Dies ist vor allem dann der Fall, wenn die Schulleistungen zwar so schwach sind, dass sie das erste Diskrepanzkriterium erfüllen, nicht aber das Kriterium der Diskrepanz zur Intelligenz (siehe auch Diskussion: Unterscheidung von Lernschwäche und Lernstörung).

> **Diskussion: Unterscheidung von Lernschwäche und Lernstörung**
>
> Die im ICD-10 geforderte Diskrepanz zwischen lernbereichsspezifischem Leistungsniveau und der allgemeinen Intelligenz und die damit einhergehende Unterscheidung von Lernschwäche und Lernstörung ist umstritten (siehe z. B. Fischbach et al., 2013; Siegel, 2003). In vielen Studien zeigten sich keine nennenswerten Unterschiede hinsichtlich der kognitiven Funktionsdefizite zwischen Kinder mit einer Lernschwäche (also geringer Diskrepanz zwischen Intelligenz und Leistung) und Kindern mit Lernstörungen. Darüber hinaus liegen Studien vor, die bei Kindern mit Lernschwächen und bei Kindern mit Lernstörungen vergleichbare Effekte lerntherapeutischer Interventionsmaßnahmen nachweisen konnten. Auch der subjektive Leidensdruck, über den ein Störungswert üblicherweise definiert wird, scheint bei Kindern mit Lernstörungen nicht stärker zu sein als bei solchen mit Lernschwächen. Interessanterweise wurde im DSM-5 der amerikanischen psychiatrischen Gesellschaft (APA) vollständig auf das IQ-Diskrepanz-Kriterium verzichtet. Dies hat jedoch keine Konsequenzen für die Praxis. Schulische Sondermaßnahmen im Rahmen des Nachteilsausgleichs werden oft nur Kindern mit diagnostizierten Lernstörungen gewährt, und die Chance auf die Gewährung von Fördermaßnahmen, wie die Erstattung von Lerntherapiekosten, besteht nur dann, wenn es in Folge einer diagnostizierten Lernstörung zu emotionalen Beeinträchtigungen kommt (siehe Sozialgesetzbuch VIII, §35a).

Nicht alle Lernschwierigkeiten sind somit auch Lernstörungen. So gehören auch die in der Öffentlichkeit häufig darunter subsumierten Aufmerksamkeitsstörungen nicht dazu, obwohl sie das schulische Lernen stark beeinträchtigen können und sehr häufig gemeinsam mit den eigentlichen Lernstörungen auftreten (Komorbidität). Nach ICD-10 liegt auch keine »umschriebene Entwicklungsstörung schulischer Fertigkeiten« vor, wenn gleichzeitig sensorische Beeinträchtigungen (z. B. Seh- oder Hörstörungen) oder neurologische Erkrankungen diagnostiziert werden. Diese Vorgabe erweist sich für die praktische Feststellung einer Lernstörung als problematisch, da leichte sensorische bzw. neurologische Beeinträchtigungen bei sehr schwachen Lese-, Rechtschreib- oder Rechenleistungen kaum wirklich auszuschließen sind.

Die eingeführte Definition von Lernstörungen macht deutlich, dass Lernstörungen im eigentlichen Sinne erst am Ende des in diesem Band fokussierten Altersbereiches auftreten: Erst wenn Kinder im Schulanfangsunterricht gezielt zum Lernen von Lesen, Schreiben und Rechnen angeleitet wurden und sie dabei keine hinreichenden Lernerfolge im Sinne von Leistungen erreicht haben, kann bei ihnen eine Lernstörung diagnostiziert werden. Auf Grund uneinheitlicher Anwendungen der diagnostischen Kriterien und unterschiedlicher Verfahren zur Feststellung der Minderleistung im Lesen, Rechtschreiben oder Rechnen schwanken die Angaben zu Häufigkeiten von Lernstörungen erheblich. Aktuelle Studien zeigen, dass mit etwa acht Jahren fast ein Viertel aller Kinder an Regelschulen trotz wenigstens durchschnittlicher Intelligenz schwache Leistungen im Lesen, Rechtschreiben und/

oder Rechnen erzielen (vgl. Fischbach et al., 2013). Davon erfüllen etwas mehr als 13 Prozent der Kinder am Ende der zweiten Klassenstufe die Kriterien der ICD-Diagnose »Lernstörung« in mindestens einem der Bereiche Lesen, Rechtschreiben oder Rechnen. Vor kurzem konnten Brandenburg und Kollegen (2016) zeigen, dass fatalerweise Kinder aus Migrationsfamilien, in denen die hauptsächlich benutzte Sprache nicht Deutsch ist, im Vergleich zu ihren deutschstämmigen Klassenkameraden etwa doppelt so häufig die WHO-Kriterien für eine Lernstörung erfüllen. Da nicht davon auszugehen ist, dass Kinder aus Migrationsfamilien deutlich häufiger als andere unter den kognitiven Funktionsbeeinträchtigungen leiden, die einer Lernstörung zugrunde liegen, ist zu befürchten, dass es mit der üblichen Praxis der Feststellungsdiagnostik von Lernstörungen zu einer Überdiagnostizierung bei Kindern aus Zuwanderungsfamilien kommt.

Risikomerkmale für das Entstehen von spezifischen Lernstörungen im Bereich der Schriftsprache

Die ICD-10-Klassifikation sieht vor, gemeinsam auftretende Störungen des Lesens und Rechtschreibens und isolierte Lesestörungen in der Kategorie »Lese- und Rechtschreibstörung« zusammenzufassen und »isolierte Rechtschreibstörungen« als eigene Kategorie zu erfassen. Angaben zur Gesamthäufigkeit des Auftretens von Lese- und/oder Rechtschreibstörungen unterliegen einer gewissen Altersabhängigkeit. Besonders hoch ist die Quote etwa in der Mitte der Grundschuljahre – also mit etwa acht Jahren (vgl. Hasselhorn & Schuchardt, 2006). In der erwähnten Studie von Fischbach et al. (2013) wiesen 4,7 Prozent der untersuchten Schulkinder am Ende der zweiten Klasse eine Lese- und Rechtschreibstörung auf – 2,1 Prozent der untersuchten Kinder hatten eine kombinierte Störung des Lesens und Rechtschreibens und 2,6 Prozent der untersuchten Kinder hatten eine isolierte Lesestörung. Des Weiteren waren 4 Prozent der untersuchten Kinder von einer isolierten Rechtschreibstörung betroffen. Auch wenn die WHO bisher in ihrem Klassifikationssystem ICD-10 eine eigene Klassifikation »isolierte Lesestörung« noch nicht aufführt, erscheint sie notwendig, da Lesestörungen bei durchschnittlicher Rechtschreibfertigkeit mit anderen kognitiven Funktionsdefiziten einhergehen als die kombinierte Störung von Lesen und Rechtschreiben bzw. die isolierte Störung des Rechtschreibens (vgl. Brandenburg et al., 2014).

Molekulargenetische Studien legen eine genetische Prädisposition von Lese- und Rechtschreibstörungen nahe (Scerri & Schulte-Körne, 2010). Darüber hinaus ist davon auszugehen, dass bei der Entstehung von Lernstörungen beim Lesen und/oder Rechtschreiben auch Umweltfaktoren, wie z. B. der Sprachgebrauch in der Familie oder die Qualität des Schulunterrichts, eine Rolle spielen. Besonders interessant für die pädagogische Praxis sind jedoch Erklärungsansätze, die sich auf unzureichend ausgebildete kognitive Fertigkeiten bzw. Funktionen des Kindes beziehen. Es werden verschiedene Ursachen, wie z. B. phonologische, visuelle, auditive oder motorische Defizite, für die Entstehung einer Lese- und Rechtschreibstörung und damit einhergehend auch mögliche Subtypen der Störung diskutiert (siehe z. B. Linkersdörfer, 2011; Steinbrink & Lachmann, 2014 für einen Überblick). Eine Vielzahl an Forschungsarbeiten legt jedoch nahe, dass die phonologische Informationsverarbeitung eine Schlüsselfunktion für das Verständnis der Lese- und Rechtschreibstörung hat. In Anlehnung an die Klassifikation von Wagner und Torgesen (1987) haben sich Defizite in den drei Komponenten der phonologischen Informationsverarbeitung als relevant für Lernstörungen im Lesen und Rechtschreiben erwiesen, nämlich im Bereich der phonologischen Bewusstheit, des Abrufes phonologischer Repräsentationen aus dem Langzeitgedächtnis und der Verarbeitung im phonologischen Arbeitsgedächtnis. Unklar ist allerdings, ob die phonologischen Repräsentationen an sich betroffen, also z. B. weniger präzise sind (z. B. Hulme et al., 2002), oder lediglich der Zugriff auf die phonologischen Repräsentationen gestört ist. So weisen beispielsweise Ramus und Szenkovits (2008) darauf hin, dass Kinder mit Lese- und Rechtschreibstörungen zwar intakte phonologische Repräsentationen aufweisen, aber Schwierigkeiten dabei haben könnten, diese abzurufen (insbesondere unter Zeitdruck), sich bewusst zu machen und im Arbeitsgedächtnis zu halten. Wimmer und Schurz (2010) sehen die Grundlage von Lese- und Rechtschreibstörungen in Sprachen mit einem relativ hohen Ausmaß an Lauttreue (sog. transparente Orthographien), wie dem Deutschen, in einer verminderten Ausprägung der Integration phonologischer und orthografischer Repräsentationen. So nehmen sie an, dass das Hören eines Wortes bei Kindern ohne Lese- und Rechtschreibstörung in der Regel automatisch eine Vorstellung des geschriebenen Wortes hervorruft, wohingegen eine solche Verknüpfung bei Kindern mit Lese- und Rechtschreibstörung weniger stark ausgeprägt sein könnte.

Risikomerkmale für das Entstehen von spezifischen Lernstörungen im Bereich des Rechnens

Für eine Rechenstörung werden in der Literatur häufig ähnlich hohe Vorkommenshäufigkeiten angegeben wie für die Störungen im Bereich der Schriftsprache (z. B. Wyschkon, Kohn, Ballaschk & Esser, 2009). Aus der Perspektive der von der Weltgesundheitsorganisation verwendeten Definition verwundert das etwas, wenn man bedenkt, dass der statistische Zusammenhang zwischen Intelligenz und Mathematikleistungen in der Regel deutlich höher ist als der zwischen Intelligenz und Leistungen beim Lesen und Rechtschreiben. In der schon erwähnten Studie von Fischbach et al. (2013) wurde daher strenger als in früheren Studien geprüft, wie häufig Rechenstörungen isoliert auftreten – also ohne zusätzliche Probleme im Lesen und/oder Rechtschreiben. Dies führt Mitte der Grundschulzeit – also im Alter von etwa acht Jahren – zu einer vergleichsweise niedrigen Schätzung der Vorkommenshäufigkeit einer isolierten Rechenstörung von 2,6 Prozent.

Die Häufigkeit, mit der die Diagnose Rechenstörung gestellt wird, ist nachweislich auch von der Qualität des Unterrichtsangebots abhängig. So untersuchten Fuchs und Kollegen (2005) 564 Kinder vom Schulbeginn bis zum Ende der ersten Klasse. In den Klassen, in denen kein gezielter Förderunterricht in Mathematik angeboten wurde, zeigten am Ende des Schuljahres gut 5 Prozent der Kinder eine niedrige Mathematikleistung trotz gut ausgeprägter Intelligenz. In Klassen mit regelmäßigem Förderunterricht für Kinder, bei denen zu Schulbeginn ein erhöhtes

Risiko für Schwierigkeiten beim Erwerb des Rechnens identifiziert worden war, fiel die Quote derjenigen mit einer Rechenstörung am Ende des Schuljahres mit etwa 4 Prozent statistisch bedeutsam niedriger aus.

Die Qualität des Schulunterrichts scheint also eine Rolle bei der Entstehung von Rechenstörungen zu spielen. Darüber hinaus weisen Ergebnisse aus Familien- und Zwillingsstudien auf eine genetische Komponente der Rechenstörung hin (siehe z. B. Ise & Schulte-Körne, 2013). Bezüglich der Frage der kognitiven Funktionsdefizite, die für die Rechenstörung verantwortlich sind, besteht in der einschlägigen Literatur nur wenig Einigkeit. Bisherige Befunde weisen auf verschiedene mögliche Verursachungsmechanismen der Rechenstörung hin. So werden einerseits Defizite in der Mengen- und/oder Zahlenverarbeitung angenommen (vgl. Lonnemann, Linkersdörfer, Hasselhorn & Lindberg, 2011 für einen Überblick), andererseits aber auch Defizite in anderen kognitiven Funktionen, wie z. B. dem Arbeitsgedächtnis oder der Langzeitspeicherung bzw. dem Abruf von arithmetischem Faktenwissen diskutiert (vgl. Heine et al., 2012 für einen Überblick). Möglicherweise existieren Subgruppen von Kindern mit unterschiedlichen Störungsprofilen. Sehr verbreitet ist die mittlerweile empirisch gut abgesicherte Annahme, dass ein Defizit im basalen Verständnis von Mengen und/oder Zahlen für das Entstehen von Rechenstörungen verantwortlich ist (vgl. Landerl & Kaufmann, 2008). In den letzten Jahren sind zusätzlich Funktionsbeeinträchtigungen des Arbeitsgedächtnisses als mögliche Ursache von Rechenstörungen in den Blick geraten. Während einige Studien nahelegen, dass Rechenstörungen mit Defiziten im visuell-räumlichen Notizblock des Arbeitsgedächtnisses einhergehen (z. B. Schuchardt, Mähler & Hasselhorn, 2008), zeigen die Ergebnisse anderer Studien auch Verarbeitungsdefizite in der phonologischen Schleife und der zentralen Exekutive des Arbeitsgedächtnisses bei Kindern mit Rechenstörungen (z. B. Kleszewski et al., 2015). Die meisten Kinder mit persistierenden Rechenstörungen haben Probleme mit der Langzeitspeicherung und dem Abruf basaler arithmetischer Fakten aus dem Langzeitgedächtnis. Zum basalen arithmetischen Faktenwissen gehört beispielsweise das Wissen zur einfachen Addition und Subtraktion im Zahlenraum bis 20 sowie das Wissen zur einfachen Multiplikation und Division. Kinder, bei denen der Rechenerwerb ungestört erfolgt, können diese basalen Fakten im Laufe der Grundschuljahre zunehmend nutzen (Grube, 2005). Kinder mit Schwierigkeiten im Rechnen verfügen offenbar in weitaus geringerem Umfang als Kinder ohne derartige Probleme über dieses Faktenwissen (z. B. Busch, Oranu, Schmidt & Grube, 2013) und bleiben daher länger auf eher unreife Strategien (z. B. Zählstrategien) angewiesen, was sich nachteilig auf die kognitive Belastung beim Rechnen auswirkt.

Risikomerkmale für das Entstehen kombinierter Lernstörungen

So wie Kinder gleichzeitig von Läusen und Flöhen heimgesucht werden können, so können auch Lernstörungen im Lesen und/oder Rechtschreiben und im Bereich des Rechnens gleichzeitig auftreten. Man spricht dann von einer kombinierten Lernstörung. Für die Abschätzung des Auftretens einer kombinierten Störung schulischer Fertigkeiten gelten die gleichen Probleme wie für die einfachen Lernstörungen. Unter strikter Anwendung der Definitionskriterien der WHO mit einer Diskrepanz der normalen Intelligenz zu den schulischen Leistungen von mindestens 1.2 Standardabweichungen berichten Fischbach et al. (2013) eine Prävalenzrate von 2 Prozent. Betrachtet man alle Kinder mit einer Rechenstörung, so erfüllt in etwa die Hälfte (44 Prozent) dieser Kinder auch die Kriterien für eine Störung im Lesen und/oder Rechtschreiben. Betrachtet man hingegen alle Kinder mit einer Lese- und/oder Rechtschreibstörung, so weisen 19 Prozent davon auch eine Rechenstörung auf. Auch eine weitere aktuelle Untersuchung aus dem deutschsprachigen Raum belegt, dass bei Vorliegen einer schulischen Entwicklungsstörung die Wahrscheinlichkeit für das Vorliegen einer weiteren Störung deutlich erhöht ist (Moll, Bruder, Kunze, Neuhoff & Schulte-Körne, 2014). Beispielsweise lag bei etwa 22 Prozent der Kinder mit einer Lesestörung auch eine Rechenstörung vor (Moll et al., 2014). Zu den kognitiven Ursachen der kombinierten Lernstörung liegen bisher nur wenige Erkenntnisse vor. Möglicherweise spielen auch hier spezifische Funktionsdefizite im Bereich des Arbeitsgedächtnisses eine entscheidende Rolle. So finden sich nicht nur Defizite im phonologischen und visuellräumlichen Arbeitsgedächtnis, sondern auch in der zentralen Exekutiven (siehe z. B. Klesczewski et al., 2015; Schuchardt et al., 2008). Bisherige Befunde sprechen am ehesten dafür, dass es bei einer Kombination von kognitiven Defiziten, die für eine Lese- und Rechtschreibstörung bzw. für eine Rechenstörung verantwortlich sind, zum Auftreten von kombinierten umschriebenen Störungen schulischer Fertigkeiten kommt (z. B. Moll, Göbel, Gooch, Landerl & Snowling, 2016; Wilson et al., 2015).

10 Entwicklungsförderung

In den vorangegangenen Kapiteln sind wir der Frage nachgegangen, welche individuellen Voraussetzungen für den Lernerfolg von Kindern besonders wichtig sind und welche individuellen Risiken für misslingendes Lernen bestehen. Im Folgenden widmen wir uns nun der Frage, wie die Entwicklung von Kindern gefördert werden kann. Bevor wir auf die unterschiedlichen inhaltlichen Bereiche eingehen, wollen wir aber zunächst einen Schritt zurückgehen und etwas grundsätzlicher werden. Dabei geht es um die Frage, welche Ziele und Wege der Entwicklungsförderung zu unterscheiden und welche Grenzen und Chancen von Entwicklungsförderung zu berücksichtigen sind.

10.1 Ziele und Wege der Entwicklungsförderung

Keine Frage, im Kindergarten und in der Grundschule findet tagtäglich Entwicklungsförderung statt. Ganz allgemein betrachtet liegt das zentrale Ziel der Bildung und Förderung darin, Kinder bei der Bewältigung ihrer Entwicklungsaufgaben und -ziele zu unterstützen. Zu diesen gehören im Altersbereich zwischen vier und acht Jahren auch der Erwerb des Lesens, Schreibens und Rechnens sowie das Erlangen der Selbstständigkeit und der Aufbau tragfähiger sozialer Beziehungen. Einer der zentralen Entwicklungsschritte liegt auch im erfolgreichen Übergang zwischen Elementar- und Primarbereich (▶ Kap. 6). Für die Bildung und Förderung im Kindergarten bedeutet dies, dass die notwendigen individuellen Voraussetzungen für die Bewältigung des Übergangs zu stärken sind. Dies kann auf ganz unterschiedliche Weise geschehen: Bei einer Förderung, die sich an alle Kinder eines Jahrganges richtet, handelt es sich um eine *universelle* Form der Entwicklungsförderung. Oftmals spricht man in diesem Zusammenhang auch von *primärer Prävention*, bei der unabhängig von den individuellen Entwicklungsbedingungen und eventuell bestehenden Entwicklungsrisiken allen Kindern flächendeckend die Fördermaßnahme zuteilwird. Eine *selektive* Förderung, auch als *sekundäre Prävention* bezeichnet, richtet sich dagegen an Kinder, bei denen spezifische Entwicklungsrisiken vorliegen, die das Entstehen einer Entwicklungsverzögerung oder -störung sehr wahrscheinlich machen. Von *indizierter* Förderung bzw. *tertiärer Prävention* spricht man dann, wenn bei einem Kind bereits behandlungsbedürftige Auffälligkeiten vorliegen.

10.1 Ziele und Wege der Entwicklungsförderung

In der pädagogischen Praxis sind die Übergänge zwischen den unterschiedlichen Förderansätzen oft fließend und die gleiche Förderung kann sich von Kind zu Kind sehr unterschiedlich begründen. So können beispielsweise in ein und derselben Sprachfördergruppe Kinder mit und ohne erkennbare Auffälligkeiten gemeinsam gefördert werden. D. h., einige Kinder sind in der Gruppe, weil sie sprachrelevante Risiken aufweisen, andere, da schon Sprachauffälligkeiten vorliegen (tertiäre Prävention). Im Elementarbereich richtet sich die gezielte Förderung meist an Kinder mit Entwicklungsrisiken (Hasselhorn & Sallat, 2014). Dies ist kein neuer Ansatz. Gezielte Bemühungen, Entwicklungsverzögerungen und -rückstände bei Kindern sehr früh zu identifizieren und durch geeignete Fördermaßnahmen so zu überwinden, dass die Lernanforderungen der Schule erfolgreich bewältigt werden können, lassen sich bereits im 19. Jahrhundert in den Vorstellungen Friedrich Fröbels (1782–1852) zum »Kindergarten« finden. Verstärkte Aufmerksamkeit erlebte die Entwicklung gezielter Fördermaßnahmen bei jungen Kindern in den 1960er und 1970er Jahren. Dies war einerseits darauf zurückzuführen, dass in der Entwicklungspsychologie und Pädagogischen Psychologie reifungstheoretische und behavioristische Lernannahmen an Bedeutung verloren und sich kognitiv-orientierte Lerntheorien immer weiter durchsetzten (▶ Kap. 1). Andererseits spielte auch der sog. Sputnik-Schock eine Rolle, also Reaktionen auf den ersten Satelliten, der von der Sowjetunion in die Erdumlaufbahn geschossen wurde. In den USA nutzten Bildungspolitiker den Sputnik-Schock für eine Bildungsoffensive, die maßgeblich Kinder zwischen vier und sechs Jahren betraf und in der Programme aufgelegt wurden, mit denen Kinder aus bildungsfernen Schichten erreicht werden sollten. Das auch in Deutschland wohl bekannteste Produkt dieser unter dem Namen *Head Start* Programm (vgl. Lee, Brooks-Gunn & Schur, 1988) bekannten Offensive ist wohl die Fernsehsendung *Sesamstraße*. Die Sendung ist inhaltlich so gestaltet, dass Kindern spielerisch und mit viel Spaß grundlegende Kenntnisse von Buchstaben und Zahlen vermittelt werden, das logische Denken stimuliert wird und allgemeine Kenntnisse kindgerecht vermittelt werden.

> **Exkurs: Ein aktuelles amerikanisches Programm zur frühen Lernförderung**
>
> Ein aktuelles Fördercurriculum aus den USA, das auch in Deutschland aufmerksam verfolgt wurde, ist das von Bodrova und Leong (2001) entwickelte und zunächst in der Umgebung von Boston realisierte Programm »*Tools of the Mind*«. Umgesetzt werden hierbei primär-präventive Fördermaßnahmen mit der Zielsetzung, selbstregulatorische und schulrelevante Kompetenzen (Sprache, mathematisches Verständnis, symbolisches Denken) zu fördern. Die Selbstregulation wird als zentrale individuelle Voraussetzung für alle weiterführenden Bildungsprozesse angesehen. Ihre Förderung wird durch Übungen kognitiver Kontrollaktivitäten zu erzielen versucht, die den drei Bereichen Hemmung (Resistenz gegen Ablenkungen und alternative Verlockungen, aktuelle Stimmungen zur Konzentration und Fokussierung einer bestimmten Anforderung), Arbeitsgedächtnis (bewusste, willentliche Speicherung sowie Abruf

und Nutzung von Informationen) und kognitive Flexibilität (Anpassung mentaler Funktionen und Prozesse an externe und interne Veränderungen) zugeordnet werden können. Tools of the Mind ist auf eine etwa zweijährige Förderdauer für Vier- bis Sechsjährige angelegt und umfasst etwa 40 verschiedene Aktivitäten zur Förderung von Selbstregulation und der Vorbereitung von Lesen, Schreiben und Rechnen, deren Durchführung etwa 80 Prozent der verfügbaren Zeit in Anspruch nehmen soll. Die direkt oder kollaborativ instruierten Anleitungen sind stark individualisiert. Typische Spiele sind z. B. das Rollenspiel (»Dramatic Play«), angeleitete und unterstützte Planung, Handlungssteuerung und Reflexion der eigenen Vorhaben, Nutzen von »Schrift« als Symbol und Informationsträger (»Verschriftlichung« von Vorhaben in Skizzen und Plänen), Partner-»Lesen« (bei dem sich die Kinder abwechselnd Geschichten »Vorlesen« oder Erzählen; die Rollenverteilung Sprecher und Zuhörer wird durch Spielkarten festgelegt und erinnert) oder das »Einfrierspiel« (beim Abstellen von Musik dürfen sich die Kinder nicht mehr bewegen). Diamond, Barnett, Thomas und Munro (2007) verglichen die Wirksamkeit des «Tools of Mind«-Ansatzes mit einer Kontrollgruppe, deren Kinder ein bewährtes vorschulisches Programm besuchten. Besonders deutliche Vorteile gegenüber den traditionellen vorschulischen Förderprogrammen berichten die Autoren für die Bereiche Sprache, mathematische Kompetenzen sowie induktives Denken.

Bestärkt durch vielversprechende Hinweise zur Wirksamkeit derartiger Föderansätze forderte auch der Deutsche Bildungsrat Anfang der 1970er Jahre, die pädagogische Versorgung in Kindergärten bzw. Kitas als Teil des Bildungssystems aufzufassen und entsprechend auszubauen. Zudem wurden Eckpunkte eines Programms zur Verbesserung der Lernangebote und Lernprozesse im Vorschulalter vorgeschlagen und kompensatorische Maßnahmen entwickelt (Deutscher Bildungsrat, 1973). Ausgelöst durch die Ergebnisse der internationalen Vergleichsstudien im Bildungswesen (PISA, TIMSS) ist der Bildungsauftrag der Kita seit einigen Jahren wieder verstärkt in den Fokus geraten. In der Folge kam es nicht nur zu einem massiven Ausbau der Kindertagesbetreuung für Kinder unter drei Jahren und zur Implementierung von Bildungsplänen in den einzelnen Bundesländern, sondern auch zur verstärkten Entwicklung von Programmen zur gezielten kompensatorischen Zusatzförderung von Kindern noch vor der Einschulung.

Viele dieser Programme setzen auf eine Unterstützung der kognitiven Entwicklung der Kinder und zielen darauf ab, die Entwicklung von Vorläuferfertigkeiten des Lesens, Schreibens und Rechnens zu fördern. Überwiegend haben die vorhandenen Programme jedoch die Sprachförderung zum Ziel. Der Hauptgrund hierfür liegt in der zentralen Bedeutung der Sprache für die gesellschaftliche Integration, den Schriftspracherwerb und den Bildungserfolg insgesamt. Sprache ist die zentrale Voraussetzung für Kommunikation und den Erwerb von Wissen. Da in den Bildungseinrichtungen in aller Regel Deutsch als Verkehrssprache genutzt wird, ist das Erlernen der deutschen Sprache notwendig und von herausragender Bedeutung: Erst durch eine ausreichende Sprachbeherrschung kann ein Kind in eine Kultur hineinwachsen und eine persönliche und gesellschaftliche Identität aufbauen. Unumstritten ist daher, dass ein deutlicher Rückstand in der Sprachentwicklung das Risiko für Misserfolge beim schulischen Lernen deutlich erhöht (▶ Kap. 9; Hasselhorn & Sallat, 2014).

Obwohl große Einigkeit besteht, dass Programme zur Entwicklungsförderung wichtig und nützlich sind, wird innerhalb und zwischen den unterschiedlichen Fachdisziplinen äußerst kontrovers über ihre Inhalte und Organisationsformen diskutiert. Einer der Hauptstreitpunkte macht sich an der – unserer Meinung nach kaum nützlichen – Gegenüberstellung von »alltagsintegrierten« und »additiven« Fördermaßnahmen fest. Additive Fördermaßnahmen können die alltägliche Förderung nicht ersetzen, sollten sie aber bei spezifischen Förderbedarfen ergänzen. Die Durchführung von gezielten Förderprogrammen sollte also nicht dazu führen, die alltagsintegrierten Bemühungen zu verringern.

> **Diskussion: Ist gezielte Förderung in der Kita überflüssig?**
>
> In der Elementarpädagogik gibt es unterschiedliche Überzeugungen zur Frage, wie Lernprozesse (optimal) unterstützt werden sollten. Auf der einen Seite finden sich Ansätze, die vor allem auf die Selbstbildung der Kinder setzen (z. B. Laewen, 2007; Liegle, 2006; Schäfer, 2005). Auf der anderen Seite werden Ansätze vertreten, die gezielte Anregungen und/oder Interventionen als unverzichtbar ansehen – insbesondere für bildungsbenachteiligte Kinder (z. B. Hasselhorn, Ehm, Wagner, Schneider & Schöler, 2015; Schnurrer, Tuffentsammer & Roßbach, 2010). Selbstbildungsansätze betonen, dass der Mensch von sich aus neugierig ist und das Bestreben hat, sich Wissen über die Welt anzueignen. Wenn Kinder in diesem Entwicklungsdrang unterstützt werden und auf ihre Initiativen und Fragen eingegangen wird, sollte dem Ansatz nach keine zusätzliche Förderung notwendig sein. Ein solches Bildungsverständnis setzt voraus, dass alle Kinder in einer für sie optimalen, d. h. anregenden (familiären) Lernumgebung, aufwachsen, was in vielen Fällen jedoch nicht der Fall ist. Nicht grundlos sieht Grell (2010) in aktuellen »modernen« pädagogischen Selbstbildungskonzepten ein »romantisches Kindheitsbild«. Da gerade bildungsbenachteiligte Kinder häufig von offenen Beschäftigungsangeboten ohne zielgerichtete Unterstützung durch pädagogische Fachkräfte überfordert sind, werden – so paradox es klingen mag – gerade diese Kinder in solchen Bildungssettings benachteiligt (Bühler-Niederberger, 2011; Grell, 2010). Selbstbildungsansätze können daher einen zu optimistisch verengten Blick auf das Kind werfen und werden bisweilen auch als Fehlinterpretationen konstruktivistischer Lerntheorien bezeichnet (vgl. Stamm, 2013). Denn Wissen wird zwar vom Kind selber konstruiert, die individuellen Voraussetzungen zum Lernen sind aber von Kind zu Kind höchst unterschiedlich ausgeprägt und die Initiierung zum Lernen erfolgt mitnichten immer vom Kind selbst. Gezielte Förderung widerspricht also dem Selbstbildungsansatz, da Förderung nach diesem Verständnis nicht allein darin besteht, günstige Lernumgebungen zu schaffen, sondern vor allem darin, Lernprozesse aktiv anzuregen und zu unterstützen.

Die psychologische Perspektive kann einiges zur Frage der Entwicklungsförderung beitragen. Die damit verbundene Komplexität dieses Themas darf man jedoch in keinem Fall unterschätzen. Um diese Komplexität zu verdeutlichen, gehen wir zunächst auf die Grenzen und Chancen der Entwicklungsförderung ein, um danach an die vorherigen Kapitel anzuknüpfen und exemplarisch die Förderung in vier wesentlichen lernrelevanten Bereichen, nämlich (1) den schriftsprachlichen Vorläuferfertigkeiten, (2) den frühen mathematischen Kompetenzen, (3) der Konzentration und Aufmerksamkeit und (4) den intellektuellen Kompetenzen darzustellen. Die getroffene Auswahl folgt dabei dem Forschungsstand bisheriger empirischer Wirksamkeitsnachweise. D. h., wir beschränken uns auf Förderprogramme, deren Wirksamkeit empirisch nachgewiesen wurde.

10.2 Chancen und Grenzen von Entwicklungsförderung

Die Hoffnung, durch gezielte Maßnahmen die Entwicklung von Kindern fördern zu können, hat in den letzten Jahrzehnten so manche Berg- und Talbahnfahrt hinter sich gebracht. Der Aufbruchsstimmung der 1970er Jahre folgte eine gewisse Ernüchterung; dem erneuten Höhepunkt und Förderboom nach der Jahrtausendwende nun eine Art Konsolidierung, deren Ende noch nicht abzusehen ist. Gegenwärtig herrscht ein gebremster Optimismus vor, da zwar einige, jedoch nicht genügend Förderprinzipien bekannt sind und für nur wenige Förderprogramme die praktisch bedeutsame Wirksamkeit aufgezeigt wurde. So haben sich insgesamt die Förderprogramme am wirksamsten erwiesen, die sich gezielt einem eng umgrenzten Inhaltsbereich widmen (z. B. Förderung der phonologischen Bewusstheit). Eine breit angelegte, unspezifische Förderung scheint hingegen weniger erfolgversprechend zu sein (Hasselhorn & Hager, 2010). Somit erhält auch die Hoffnung, eine gezielte Stärkung der allgemeinen kindlichen Lernfähigkeit führe gleichzeitig zu einem erheblichen Abbau von Defiziten in spezifischen Bereichen, einen deutlichen Dämpfer. Auch wenn selektiven und indizierten Maßnahmen der Entwicklungsförderung eine eher an funktionalen Defiziten orientierte und weniger ganzheitliche Sichtweise anhaftet, weisen die Evaluationsergebnisse doch darauf hin, dass die alltagsintegrierte Förderung gerade durch diese Art der Zusatzförderung sinnvoll ergänzt werden kann (Hasselhorn et al., 2012).

Eine mitunter nicht leicht zu beantwortende Frage ist die, ob ein vorliegender Entwicklungsrückstand tatsächlich in jedem Fall einer gezielten Förderung bedarf oder ob er zumindest in einigen Fällen nicht auch ohne gezielte Förderung aufgeholt werden kann. Ein übertriebener Aktionismus, eine Überfrachtung des pädagogischen Alltags mit Förderprogrammen und eine »Überförderung« werden den Bedürfnissen der Kinder genauso wenig gerecht, wie ein völliger Verzicht auf entwicklungsförderliche Maßnahmen. Bei der Entscheidung, ob und wenn ja welche

10.2 Chancen und Grenzen von Entwicklungsförderung

Fördermaßnahmen zum Einsatz kommen sollen, hat sich z. B. beim Übergang zwischen Kindergarten und Grundschule das Prinzip des »Runden Tisches« bewährt (Krebs, Ehm & Hasselhorn, 2012). Ein Jahr vor der geplanten Einschulung kommen dabei die verschiedenen Expertinnen und Experten aus den Bereichen Kita, Schule und bei Bedarf auch Mitarbeiter des Gesundheitsamts sowie Experten/innen aus dem Bereich Frühförderung am »Runden Tisch« zusammen, um gemeinsam mit den Eltern die Entwicklung von Kindern zu betrachten, bei denen ein möglicher Förderbedarf besteht. Durch die Betrachtung der individuellen Entwicklung aus den unterschiedlichen Perspektiven ist so gewährleistet, dass eine ausgewogene Entscheidung über die konkreten Entwicklungsfördermaßnahmen für ein Kind getroffen wird.

Auch wenn von Seiten der pädagogischen Praxis verstärkt darauf geachtet wird, theoretisch fundierte und empirisch evaluierte Förderkonzepte anzuwenden, hat dies noch nicht den »Wildwuchs« von Förderprogrammen, insbesondere in der Kita, beendet. Angesichts der Fülle der Förderbereiche ist es nicht verwunderlich, dass die pädagogischen Fachkräfte in den Kitas verunsichert sind. Wer fachlich und didaktisch unsicher ist, tendiert eher zum Einsatz vermeintlich kindgerechter, (meist) kleinschrittiger Trainingsprogramme, die der Fachkraft genau vorschreiben, wie der entsprechende Bereich gefördert werden soll. Dies entlastet natürlich die Fachkraft, kann aber zu einem unreflektierten Abarbeiten von Trainingsprogrammen und somit zu einer Verschulung des Kindergartens führen. Dies läuft zu Recht dem professionellen Verständnis der Institution Kita und dem Empfinden der Mehrzahl der pädagogischen Fachkräfte und Eltern zuwider. Vielversprechender erscheint es also, genau zu überlegen, in welchen Inhaltsbereichen die alltagsintegrierte Förderung durch gezielte Förderprogramme ergänzt werden kann. Für beide, sich ergänzende, Ansätze ist besonders eines wichtig: eine gute Aus- und Fortbildung der pädagogischen Fachkräfte (Gold & Dubowy, 2013).

11 Verringerung individueller Lernrisiken – Förderung spezifischer Inhaltsbereiche und Lernkompetenzen

Was wissen wir über das Lernen zwischen vier und acht Jahren aufgrund der bisherigen Kapitel dieses Bandes? Individuelle Lernrisiken können in ganz unterschiedlichen Bereichen bestehen und auf eine Vielzahl von Ursachen zurückgeführt werden (▶ Kap. 9). Deshalb ist es nicht möglich, den *einen* Förderansatz zu identifizieren, der für alle Kinder richtig wäre, um ihren Lernerfolg zu verbessern. Entsprechend findet sich eine fast unüberschaubare Anzahl an Förderansätzen und Programmen, die ganz unterschiedliche lernrelevante Fertigkeiten und Kompetenzen betreffen. Diese alle beschreiben zu wollen, würde mehrere Bücher füllen. Eine Fokussierung ist daher notwendig und möglich. Gemäß der Binsenweisheit, dass geeignete Förderung umso besser und langfristig wirksamer erfolgt, je früher sie einsetzt, konzentrieren wir uns in diesem abschließenden Kapitel auf Konzepte der Förderung für Kinder im Alter zwischen vier und sechs Jahren. Die ausgewählten Fertigkeits- bzw. Kompetenzbereiche sind zum Teil bereichsspezifisch (Schriftsprache, Rechnen), zum Teil bereichsübergreifend (Aufmerksamkeit, Intelligenz). Konkret widmet sich dieses Kapitel der Förderung von schriftsprachlichen Vorläuferfertigkeiten, frühen mathematischen Kompetenzen, Konzentration und Aufmerksamkeit sowie intellektuellen Fertigkeiten. Dabei wollen wir sowohl auf förderrelevante Besonderheiten in jedem der einzelnen Inhaltsbereiche eingehen als auch konkrete Förderprogramme vorstellen. Wie eingangs erwähnt, verzichten wir darauf in diesem Band auch auf den Erwerb und die Förderung sprachlicher Kompetenzen einzugehen. Dieses Thema würde den engen Rahmen des Bandes sprengen.

11.1 Förderung der schriftsprachlichen Vorläuferfertigkeiten

Bereits in der frühen Kindheit, lange bevor Kinder mit den in der Schule unterrichtlich angeleiteten Lernprozessen zum Schriftspracherwerb beginnen, machen sie vielfältige Erfahrungen mit den unterschiedlichen Facetten und Vorläufern des Lesens und Schreibens. Kindern werden Gute-Nacht-Geschichten vorgelesen, sie blättern zusammen mit ihren Eltern in Büchern und versuchen dabei mitzulesen, fragen nach der Bezeichnung von Buchstaben, entziffern vielleicht sogar erste Wörter und »schreiben« oftmals ihren eigenen Namen. Sie erkunden die Leseecke

11.1 Förderung der schriftsprachlichen Vorläuferfertigkeiten

in der Kita, lernen Wortspiele und Reime, sehen Texte in Zeitungen oder Büchern und auf Bildschirmen, hören Geschichten und erzählen von ihren Erlebnissen. Durch diese Erfahrungen kommen Kinder mit der schriftlichen Sprache in Kontakt, erweitern ihren Wortschatz und lernen vielfältige grammatische Strukturen kennen. Auch wenn sie selbst noch nicht lesen und schreiben können, machen sie sich nach und nach vertraut mit der Schriftsprache.

Der englischsprachige Begriff »*early literacy*«, der sich auch im deutschen Sprachraum eingebürgert hat, beschreibt die schriftsprachlichen Kompetenzen, die bereits lange vor dem Schuleintritt erworben werden. Stellen wir uns die kindlichen Erfahrungen rund um die Schriftsprache vor, so wird uns schnell klar, dass deutliche Unterschiede in der familiären Anregung und Auseinandersetzung mit der Schriftsprache zu erwarten sind. Insbesondere Kindern aus bildungsfernen Elternhäusern und Kindern aus Familien, in denen wenig bis gar kein Deutsch gesprochen wird, fehlen häufig einige der aufgezählten Erfahrungen mit der schriftlichen Sprache. In vorschulischen Bildungseinrichtungen können diese fehlenden bzw. zu geringen Erfahrungen bis zu einem gewissen Grad ausgeglichen werden. So belegen verschiedene Studien, dass eine Förderung der Vorläuferfertigkeiten langfristig den schulischen Schriftspracherwerb erleichtern kann (vgl. Schneider & Marx, 2008). Aber wie können Eltern ihren Kindern helfen, schriftsprachliche Kompetenzen zu entwickeln, und wie kann die Förderung in der Kita aussehen?

Eltern können durch regelmäßiges Vorlesen und einen aktiven Austausch über die Inhalte des vorgelesenen Textes (sog. dialogisches Lesen) ein Verständnis für den Aufbau von Geschichten und inhaltliches Wissen vermitteln sowie den Wortschatz ihrer Kinder fördern. Darüber hinaus können sie durch spielerische Aktivitäten wie Silbenklatschen oder Reimbildung die phonologische Bewusstheit ihrer Kinder fördern. Im deutschen Sprachraum gibt es erste Ansätze für die Entwicklung strukturierter Eltern-Kind-Programme, die gemeinsames Lesen mit der gezielten Förderung der phonologischen Bewusstheit verbinden, um Kinder im familiären Umfeld auf den Schriftspracherwerb vorzubereiten (Rückert, Kunze, Schillert & Schulte-Körne, 2010; siehe auch Petermann, Fröhlich, Metz & Koglin, 2010 für ein Eltern-Kind-Programm zur Förderung der phonologischen Bewusstheit). Eltern können zudem ihre Kinder ermuntern, sich mit den verschiedenen Formen von Buchstaben auseinanderzusetzen und diese nachzuzeichnen (Dehaene, 2010).

Zur Förderung schriftsprachlicher Vorläuferfertigkeiten und Kompetenzen in vorschulischen Bildungseinrichtungen liegen verschiedene evaluierte Trainingsprogramme vor (für einen Überblick siehe z. B. Steinbrink & Lachmann, 2014). Erfolgversprechend erscheinen Programme zur Förderung der phonologischen Bewusstheit. Daher werden im Folgenden die Programme »Hören, lauschen, lernen« (Küspert & Schneider, 2008; Plume & Schneider 2004) und »Lobo vom Globo« (Fröhlich, Metz & Petermann, 2010) exemplarisch vorgestellt. In diesen Trainingsprogrammen sollen die teilnehmenden Kinder von der phonologischen Bewusstheit im weiteren Sinne (Ebene der Silben und Reime) zur phonologischen Bewusstheit im engeren Sinne (Ebene der Phoneme) geführt werden. Um das zu erreichen, wird mit Lauschspielen begonnen, bei denen die Kinder für bestimmte Geräusche in der Umgebung sensibilisiert werden sollen. Es folgen Reimaufgaben, mit deren Hilfe die Aufmerksamkeit der Kinder auf die Lautstruktur von Wörtern gelenkt wird. Durch

Silbenklatschen und rhythmisches Sprechen wird daraufhin die Wahrnehmung von Silben trainiert. Die Kinder sollen erkennen, dass sich Sprache in kleinere Einheiten zerlegen lässt, und umgekehrt, dass sich kleinere Einheiten zu größeren verbinden lassen. Schließlich wird der Umgang mit Einzellauten (Phonemen) eingeübt. Die Kinder lernen zunächst, den ersten Laut eines Wortes herauszuhören und diesen Anlaut vom Rest des Wortes zu trennen. Dann üben die Kinder, sich auf alle Einzellaute innerhalb eines Wortes zu konzentrieren. Sie sollen lernen, Wörter in Einzellaute zu zerlegen und Einzellaute zu Wörtern zu verbinden. Ergänzend können Übungen zu Buchstabe-Laut-Zuordnungen durchgeführt werden.

Die einzelnen Übungseinheiten werden in Kleingruppen von vier bis max. zwölf Kindern von Erzieherinnen und Erziehern in Kitas durchgeführt und orientieren sich an klaren Vorgaben aus den jeweiligen Manualen. Während das Programm »Hören, lauschen, lernen« auf einen Zeitraum von mindestens 20 Wochen mit täglichen, 10–20-minütigen Übungseinheiten angelegt ist, sind für das Programm »Lobo vom Globo« 24 Übungseinheiten à 30 Minuten vorgesehen, die sich auf 12 Wochen verteilen. In einer aktuellen Überprüfung der Wirksamkeit dieser und anderer Trainingsprogramme zur Förderung der phonologischen Bewusstheit im deutschen Sprachraum wurden bedeutsame Trainingseffekte mittlerer Größe für Maße der phonologischen Bewusstheit sowie geringere, aber substanzielle Transfereffekte auf die spätere Lese-Rechtschreibleistung festgestellt. Bei einem Zeitabstand von mehr als einem Jahr zwischen Training und Leistungsmessung sind Transfereffekte auf die Rechtschreibleistung, nicht aber auf die Leseleistung nachweisbar (Fischer & Pfost, 2015). Die Trainingseffekte für Maße der phonologischen Bewusstheit finden sich vor allem dann, wenn die Förderung vor dem Schuleintritt durchgeführt wird. In den ersten Schuljahren erweisen sich dagegen Förderprogramme als wirksamer, die direkt beim Lesen und Schreiben ansetzen (Ise, Engel & Schulte-Körne, 2012; siehe auch Steinbrink & Lachmann, 2014, oder Wolf, Schroeders & Kriegbaum, 2016 für einen Überblick).

Die gezielte Förderung der phonologischen Bewusstheit wird von Elementarpädagogen oftmals kritisch beäugt. Insbesondere wird das isolierte und sehr zeitintensive Training dieser schriftsprachlichen Vorläuferfertigkeit abgelehnt und stattdessen eine umfassende Sprachförderung, das Ermöglichen spielerischer (motivationsfördernder) Erfahrungen mit Schrift und Schriftsprache (z. B. durch Vorlesen und den Umgang mit Büchern) sowie die Anleitung zur Vergegenständlichung von Sprache durch spielerische Übungen (z. B. Zungenbrecher, Silbenklatschen, Reime bilden) und das Lernen von Gedichten empfohlen (z. B. Valtin, 2012). Eine breite und situationsorientierte Förderung kann, so der Einwand, umfassender und besser die Voraussetzungen für den späteren Schriftspracherwerb schaffen. Tatsächlich zeigen empirische Studien auf, dass die gezielte Förderung der phonologischen Bewusstheit dann besonders erfolgversprechend ist, wenn sie in ohnehin alltägliche Anregungen der schriftsprachlichen Vorläuferfertigkeiten eingebettet wird. So ist es beispielsweise hilfreich, wenn auch im Kitaalltag Reime aufgesagt oder beim Vorlesen Anlaute verdeutlicht werden (z. B. »Hör mal: Wenn ich bei Wal das W weglassen, dann hört man nur noch al.«). Auch ist eine wirklich nachhaltige Entwicklung nur dann zu erwarten, wenn die vorschulische Förderung in der Grundschule fortgeführt wird. So gesehen kann die gezielte Förderung der phonologischen Bewusstheit als ein Puzzlestein der vorschulischen Sprachförderung angesehen werden (vgl. Lenhard, 2013).

11.2 Förderung der frühen mathematischen Kompetenzen

Nicht grundlos werden in den Orientierungs- und Bildungsplänen der Bundesländer für die Arbeit in Kitas die frühen mathematischen Kompetenzen als wichtiger Inhaltsbereich vorschulischer Bildung bezeichnet. Denn genau wie beim Lesen und Schreiben wird auch der Grundstein für den erfolgreichen Erwerb mathematischer Kompetenzen deutlich vor der Einschulung gelegt (vgl. Benz, Peter-Koop & Grüßing, 2015 für einen Überblick). Wie bereits aufzeigt (▶ Kap. 8), beruht der Erwerb des Rechnens insbesondere auf einem basalen Verständnis von Mengen und Zahlen. Um Kinder beim Erwerb dieser frühen mathematischen Kompetenzen zu unterstützen, können Eltern wie auch pädagogische Fachkräfte alltägliche Situationen nutzen, beispielsweise indem sie Kinder dazu auffordern, die Größe konkreter Objekte zu vergleichen oder Treppenstufen zu zählen. Bei genauem Hinsehen stecken mehr mathematische Inhalte in Spielsituationen als oftmals auf den ersten Blick ersichtlich ist (Anders & Roßbach, 2015). So kann etwa im Umgang mit Bauklötzen ein Verständnis für relationale Begriffe wie »größer als« und »kleiner als« aufgebaut, oder in Rollenspielen mit einem Kaufladen erstes Zählen und später der Umgang mit Geld erprobt werden. Darüber hinaus haben sich einfache Brettspiele, bei denen Zahlen benannt und die Zahlenreihe von 1 bis 10 abgeschritten werden müssen, als förderlich erwiesen (z. B. Jörns, Schuchardt, Mähler & Grube, 2013).

Um Kinder beim Erwerb früher mathematischer Kompetenzen zu unterstützen, liegen verschiedene Trainingsprogramme vor, die in der Kita angewendet werden können (für einen Überblick siehe z. B. Benz et al., 2015). Zwei dieser Programme, deren Wirksamkeit in wissenschaftlich überzeugender Weise überprüft wurde, setzen bei der Zahlbegriffsentwicklung (▶ Kap. 8) an. Das erste von ihnen ist das Programm *Mengen, zählen, Zahlen* (MZZ) von Krajewski, Nieding und Schneider (2007). In diesem Programm werden Mengen- und Zahlenkompetenzen über drei Ebenen aufgebaut. Zunächst werden numerische Basisfertigkeiten, wie die exakte Beherrschung der Zählfertigkeit und der Ziffernkenntnis im Zahlenraum 1 bis 10 vermittelt. Erste Verknüpfungen von Zahlen mit Mengen und Größen werden z. B. dadurch eingeübt, dass ausgezählte Mengen den entsprechenden Zahlen zugeordnet werden. Den zweiten Förderschwerpunkt bildet dann die Größenordnung der Zahlen. Hierbei sollen Kinder zu der Einsicht kommen, dass von einer Zahl zur nächsten immer eins dazu kommt. Begriffe wie *mehr* oder *weniger* werden erläutert. Verdeutlicht wird auch, dass Anzahlen der Größe nach geordnet werden und miteinander verglichen werden können. Ziel der abschließenden dritten Fördereinheit ist das Teile-Ganzes-Verständnis. Kinder sollen erkennen, dass sich zwei

Zahlen zu einer größeren Zahl zusammenfassen lassen und die Anzahl einer Gesamtmenge bzw. Gesamtzahl durch Zusammenzählen ermittelt werden kann. Es wird verdeutlicht, dass der Unterschied zwischen zwei Zahlen wieder durch eine Zahl ausgedrückt werden kann. Zur Veranschaulichung wird z. B. die sog. Zahlentreppe verwendet. Die Seitenflächen des Treppenmodells enthalten die jeweilige Ziffer, eine Abbildung der passenden Fingeranzahl, ein entsprechendes Punktebild, den jeweiligen Abschnitt auf einem Zahlenstrahl, das entsprechende Würfelbild sowie ein Uhrenbild in Form eines Kreises, in dem die jeweilige Anzahl von Zwölfteln dargestellt wird. Die Treppenstufen veranschaulichen auch Beziehungen zwischen Zahlen, beispielsweise entspricht die Höhe der Stufe 4 der Höhe der Stufen 1 und 3 zusammen (▶ Abb. 11.1). Das Programm soll in Gruppen mit vier bis sechs Kindern in 24 halbstündigen Sitzungen über einen Zeitraum von acht Wochen möglichst am Ende der Kindergartenzeit durchgeführt werden.

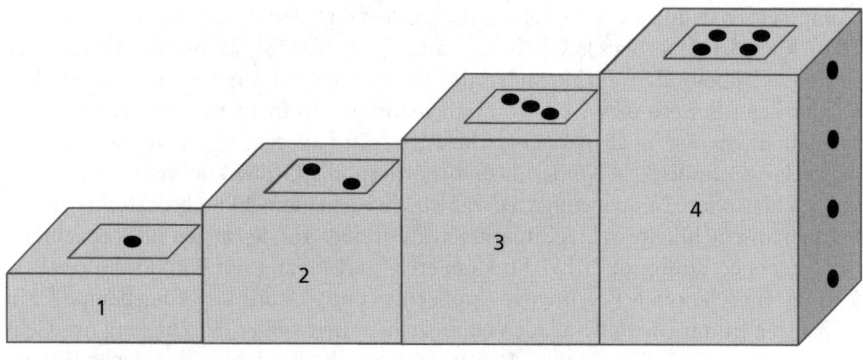

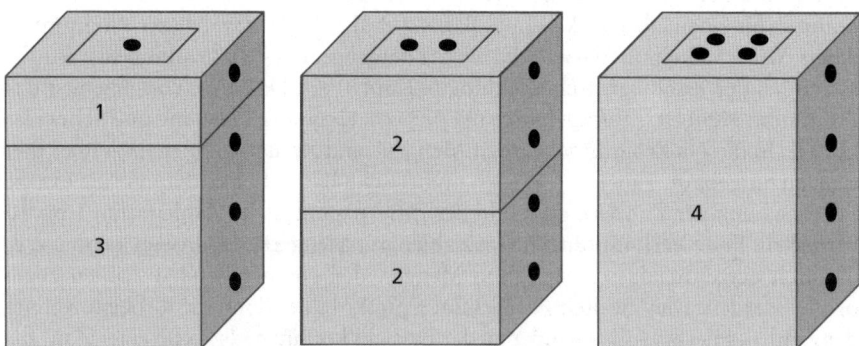

Abb. 11.1: Exemplarische Darstellung einer Zahlentreppe von eins bis vier (oben) und der sich daraus ableitenden Beziehung zwischen den Zahlen (unten). Beispielsweise sind die übereinandergestapelten Stufen 1 und 3 oder auch 2 und 2 zusammen genauso hoch wie Stufe 4 alleine.

11.2 Förderung der frühen mathematischen Kompetenzen

In einer Untersuchung zur Wirksamkeit des Programms nahmen insgesamt 260 Vorschulkinder im Verlauf ihres letzten Kindergartenjahres an verschiedenen Fördermaßnahmen teil. Eine Gruppe wurde mit dem MZZ-Programm gefördert, eine weitere Gruppe mit einem Trainingsverfahren zum schlussfolgernden Denken und eine dritte Gruppe von Kindern erhielt im gleichen Zeitraum kein spezifisches Training, wobei ein Teil dieser Kinder unter nicht-kontrollierten Bedingungen an einem anderen mathematischen Frühförderprogramm teilnahm. Nur für die Kinder der MZZ-Gruppe wurden Fördereffekte im Bereich der Mengen- und Zahlenkompetenzen nachgewiesen (Krajewski, Nieding & Schneider, 2008).

Ein weiteres bereits erfolgreich evaluiertes Förderprogramm wurde von Gerlach und Fritz (2011) entwickelt. Das Programm mit dem Namen »Mina und der Maulwurf« umfasst sechs aufeinander aufbauende Bausteine. Der erste Baustein beinhaltet pränumerische Inhalte, wie z. B. den Mengenvergleich, das Mengenschätzen und die Reihenbildung. Der Schwerpunkt des zweiten Bausteins liegt in der Vermittlung der Eins-zu-eins-Zuordnung zwischen Zahlwort und Zählobjekt sowie in der Entwicklung eines ersten Anzahlbegriffs durch die Verknüpfung von Zahlen und Mengen. Diese Verknüpfung wird im dritten Baustein vertieft. Der vierte Baustein fokussiert das Konzept der Zerlegbarkeit von Mengen, der fünfte Baustein dient der Flexibilisierung des Teile-Ganzes-Verständnisses und der letzte Baustein behandelt relationale Zahlbezüge (z. B. das Verständnis für gleiche Abstände zwischen aufeinanderfolgenden Zahlen). Ausgestattet mit einer Handpuppe leitet die Erzieherin oder der Erzieher mit einer Geschichte die Inhalte der einzelnen Bausteine ein. Die Geschichten münden jeweils in einen mathematischen Konflikt, den es zu lösen gilt. Beispielhaft stellen Langhorst, Hildenbrand, Ehlert, Ricken und Fritz (2013) die folgende gekürzte Geschichte dar, die als Ausgangspunkt zur Auseinandersetzung mit den Zählprinzipien dienen soll:

> *Mina trifft die Raupe Mathilda. Mina prahlt: »Ich kann schon ganz toll zählen!«. Also fragt Mathilda sie: »Wie viele Raupenhöcker habe ich?« Mina beginnt zu zählen: »1, 2, 3, 4, 5, 6 usw.« (Sie schaut dabei nicht zur Raupe). Sie weiß absolut nicht, wie sie durch ihr Zählen herausfinden kann, wie viele Raupenhöcker Mathilda hat. Also antwortet sie vorsichtig: »Du hast so ca. 5 oder 100 Höcker?!«. Nun braucht sie die Hilfe der Kinder.*

Im Anschluss an die Geschichten werden gemeinsame angeleitete Übungen durchgeführt, bei denen der Schwerpunkt auf der Verbalisierung und Reflexion liegt. Zudem werden z. B. Bewegungs- und Gesellschaftsspiele oder auch Lieder und Reime zu den einzelnen Inhalten angeboten. Das Programm wurde über ein halbes Jahr in wöchentlichen Fördereinheiten von 45 Minuten in Gruppen mit sechs bis zwölf Kindern erprobt (insgesamt 137 Kinder). Im Vergleich zu Kindern, die keine spezielle Förderung erhielten, zeigten die mit dem Programm »Mina und der Maulwurf« geförderten Kinder signifikant stärkere Leistungszuwächse hinsichtlich ihrer frühen mathematischen Kompetenzen (Langhorst et al., 2013). Weitere Untersuchungen zur Evaluation des Programms stehen noch aus.

Neben den beiden zuvor dargestellten Programmen erfreut sich das Programm *Komm mit ins Zahlenland* (Friedrich, de Galgóczy & Schindelhauer, 2011) im Elementarbereich relativ großer Beliebtheit. Das Programm wählt einen sehr phantasiebezogenen, von Kritikern mitunter als künstlich bezeichneten Zugang zum Thema Mathematik. Das Zahlenland kommt einem Märchenland gleich, in dem Zahlen personifiziert werden (z. B. können sie freundlich oder unfreundlich, lieb oder böse sein) und Kinder mit den Zahlen Freundschaften schließen sollen. Gerade dieser märchenhafte Zugang des Programms wird aus fachdidaktischer, aber auch entwicklungspsychologischer Perspektive bisweilen kritisiert (Gold & Dubowy, 2013). So wird beispielsweise moniert, der Kontext lenke viele Kinder vom eigentlichen Inhalt ab, die Personifizierung verhindere den Zugang zum abstrakten Wesen der Zahlen und der Aufbau emotionaler Beziehungen könne zu einem falschen Bild von Mathematik führen (Krajewski & Schneider, 2008). Ein weiterer Kritikpunkt, der auch gegenüber anderen Programmen (z. B. MZZ) angeführt wird, ist der mitunter starre Durchführungsleitfaden, der das Eingehen auf die individuellen Interessen der Kinder erschwere (Gasteiger, 2010).

11.3 Förderung der Konzentration und Aufmerksamkeit

Pädagogische Fachkräfte, Lehrer und Eltern sehen in der Fähigkeit eines Kindes, die eigene Aufmerksamkeit gezielt auf etwas zu lenken, diesen Fokus aufrechtzuerhalten und sich dabei nicht ablenken zu lassen, eines der wichtigsten Merkmale der Schulbereitschaft (Pohlmann-Rother et al., 2011). In der Tat erscheint die frühzeitige Förderung von Aufmerksamkeit und Konzentration vielversprechend, da Aufmerksamkeits- und Konzentrationsleistungen eine wichtige Voraussetzung für den Lernerfolg in fast allen Bereichen bilden, in denen absichtlich gelernt werden soll. So findet man eine Vielzahl unterschiedlicher Ansätze zur Förderung der Aufmerksamkeit und Konzentration im Feld. Doch sind derartige Förderprogramme tatsächlich wirksam? Dieser Frage gehen wir im Folgenden wiederum an ausgewählten Programmen und vorliegenden Befunden zu ihrer Wirksamkeit nach.

Da Aufmerksamkeit und Konzentration sehr grundlegende Kompetenzen sind, die durch zahlreiche Faktoren beeinflusst werden, lassen sich dementsprechend auch zahlreiche Maßnahmen benennen, von denen man annimmt, dass sie sich positiv auf die Aufmerksamkeitsleistungen der Kinder auswirken. Die Ansätze aus den unterschiedlichen Disziplinen reichen von allgemeinen Materialsammlungen über Vorschläge zur Unterrichtsintervention bis hin zu gezielten Förderprogrammen. Zuvor allerdings wollen wir allgemeine und alltägliche Maßnahmen benennen, die sich – anders als bei den bisher dargestellten Förderbereichen – eher auf Schulkinder beziehen. Aber bitte überlegen Sie kurz selbst, wann es Ihnen leicht und wann es Ihnen schwer fällt, sich zu konzentrieren. Welche Rolle spielen dabei innere Zustände und welche Bedeutung haben äußere Einflüsse?

Ist Ihnen etwas eingefallen? Wenn ja, waren Sie wahrscheinlich sehr konzentriert. Falls nicht, hat Sie die Frage vielleicht nicht wirklich interessiert, Sie waren

11.3 Förderung der Konzentration und Aufmerksamkeit

abgelenkt oder ein wenig müde. Damit sind einige mögliche Einflussfaktoren genannt, die auch das Konzentrationsvermögen beeinflussen. Eine systematischere Auflistung von unterschiedlichen Bereichen, die Einfluss auf unsere Aufmerksamkeit und Konzentration nehmen, stammt von Heubrock und Petermann (2001). Zu den von ihnen aufgeführten Bereichen – viele werden Ihnen aus anderen Kapiteln bekannt vorkommen – lassen sich einige Beispiele finden, wie sich Aufmerksamkeit und Konzentration positiv beeinflussen lassen (vgl. Domsch, 2014):

- *Umgebungsbedingungen*: Reduktion möglicher Störreize wie Lärm oder attraktiver Gegenstände (z. B. Handy, Computer, Spiele etc.) auf dem Schreibtisch bzw. im Blickfeld des Kindes.
- *Körperliche Bedingungen*: ausreichende und regelmäßige Bewegung und Schlaf (z. B. ist auch das Einhalten des individuellen Schlafrhythmus wichtig, denn sowohl zu wenig als auch zu viel Schlaf wirken sich negativ auf die Leistung aus)
- *Kognitive Bedingungen*: Über- und Unterforderung vermeiden (z. B. durch Differenzierung bei der Aufgabenstellung)
- *Motivationale Bedingungen*: Interesse wecken, Leistungsrückmeldungen an individueller Bezugsnorm orientieren (z. B. »das kannst Du schon viel besser als letzte Woche«), Schwierigkeit der Aufgabe an Fähigkeit anpassen (meist sind mittelschwere Aufgaben besonders motivationsförderlich) (▶ Kap. 5)

Bestimmte Spiele, wie z. B. Mikado oder Memory, oder das gemeinsame Betrachten und Lesen von Büchern werden auch schon bei Kindern im Vorschulalter mit positiven Effekten auf die Aufmerksamkeit und Konzentration in Verbindung gebracht (Krampen, 2007). So verlangt das Mikadospielen beispielsweise eine hohe Konzentration und planvolles Vorgehen, und die Beschäftigung mit Bilderbüchern erfordert gleichzeitiges Zuhören und Betrachten der Bilder (geteilte Aufmerksamkeit) über einen längeren Zeitraum (Daueraufmerksamkeit). Das tägliche Spielen scheint vor allem dann einen positiven Effekt zu haben, wenn es von Erwachsenen begleitet wird (Krampen, 2007). Erwachsene fungieren dabei als Modell (Beobachtungslernen ▶ Kap. 1) und können Kinder zum schrittweisen Arbeiten anleiten. In spielerisch angelegten Vorschulprogrammen finden sich auch Aspekte zur Förderung der Aufmerksamkeit und exekutiven Kontrolle, wie z. B. das Programm »Tools of the Mind« (Exkurs ▶ Kap. 10). Im Rahmen dieses Programms wird z. B. auch über Rollenspiele versucht, Kindern die Möglichkeit zu geben, erste Erfahrungen mit der Kontrolle des eigenen Verhaltens zur Erreichung eines gewünschten Ziels zu machen. Wenn Kinder beispielsweise »Eltern« spielen, sollten sie ihre Rolle ernst nehmen und den Impuls unterdrücken, eine andere Rolle im gleichen Spiel, z. B. »Baby«, zu spielen. Sie können aufgefordert werden zu planen, wie sie ihre Zeit verbringen möchten (z. B. Essen kochen) und sich an den Plan zu halten. Derartige Aktivitäten können in den Vorschulalltag integriert und durch Erzieherinnen und Erzieher unterstützt werden. In einer Untersuchung zur Wirksamkeit von *Tools of the Mind* wurde das Programm mit Kindern aus einkommensschwachen Familien über einen Zeitraum von mindestens einem Jahr durchgeführt (Diamond et al., 2007). Um mögliche Effekte der Förderung zu erfassen, wurden die Kinder mit einer Gruppe von Kindern aus einkommensschwachen Familien verglichen, die im gleichen zeitlichen Umfang an einem Programm zur Förderung des Schriftspracherwerbs teilnahmen. Die Kinder, die mit *Tools of the Mind* gefördert wurden, zeigten signifikant bessere Leistungen hinsichtlich der exekutiven Kontrolle von Aufmerksamkeit.

Gezielte Förderung wurde z. B. für die in Kapitel 2 beschriebenen Aufmerksamkeitsnetzwerke für die Aktivierung, die Orientierung und die exekutive Kontrolle von Aufmerksamkeit durchgeführt (▸ Kap. 2). So haben Posner und Kollegen ein im Internet frei verfügbares (www.teach-the-brain.org/learn/attention), computerbasiertes Verfahren zur Förderung der exekutiven Kontrolle von Aufmerksamkeit entwickelt und bei Kindern im Vorschulalter erprobt (siehe Rueda, Rothbart, McCandliss, Saccamanno & Posner, 2005). Das Programm beginnt mit Spielen, in denen die Kinder die Bewegung einer Katze steuern. Beispielsweise soll die Katze möglichst schnell auf eine Grasfläche oder durch ein Labyrinth geführt werden. In anderen Spielen betrachten die Kinder z. B. einzelne Bilder und sollen dann aus zwei Bildern dasjenige Bild aussuchen, das sie zuvor gesehen haben. Weitere Spiele erfordern die Unterdrückung nicht zielführender Reaktionen (Inhibition ▸ Kap. 3.2). So sollen die Kinder beispielsweise in einer Go/No-Go-Aufgabe eine Taste drücken (»Go«), wenn ein Schaf zu sehen ist, aber nicht, wenn ein Wolf erscheint (»No-Go«). In einer ersten Untersuchung wurde das Förderprogramm mit einer Gruppe vier- und einer Gruppe sechsjähriger Kinder innerhalb von zwei bis drei Wochen an fünf Tagen für jeweils ca. 45 Minuten durchgeführt (Rueda et al., 2005). Daraufhin wurde überprüft, ob durch die Förderung Verbesserungen hinsichtlich des über den *Attention Network Test* erfassten Kennwertes für die exekutive Kontrolle (▸ Kap. 2) hervorgerufen wurden. Im Vergleich zu einer Gruppe von Kindern, die im gleichen zeitlichen Umfang Zeichentrickfilme ansahen, zeigten die mit dem Programm geförderten Kinder jedoch keine substantiellen Verbesserungen.

In einer weiteren Untersuchung wurde eine erweiterte Version des Programms mit fünfjährigen Kindern über einen längeren Zeitraum (10 anstatt 5 Tage) durchgeführt (Rueda, Checa & Combita, 2012). Wiederum wurden die trainierten Kinder mit einer Gruppe von Kindern verglichen, die im gleichen zeitlichen Umfang Zeichentrickfilme ansahen. Hinsichtlich keiner der drei über den *Attention Network Test* erfassten Aufmerksamkeitsnetzwerke zeigten sich Unterschiede zwischen den beiden Gruppen, so dass nicht von einem spezifischen Fördereffekt durch das Programm ausgegangen werden kann. In einer zusammenfassenden Überprüfung der Fördereffekte bezüglich der drei angenommenen Aufmerksamkeitsnetzwerke zeigte sich, dass die gezielte Förderung vorwiegend dann wirksam ist, wenn sie das Orientierungsnetzwerk betrifft und bei Kindern mit ADHS durchgeführt wird. Bei Kindern ohne ADHS konnten hingegen keine signifikanten Effekte der gezielten Förderung der Aufmerksamkeitsnetzwerke nachgewiesen werden (Peng & Miller, 2016).

Zur Förderung von Kindern mit diagnostizierter ADHS, also einer Förderung im Sinne tertiärer Prävention, wurden verschiedene Programme entwickelt. Die meisten Programme lehnen sich zumindest in Teilen an das Selbstinstruktionstraining von Meichenbaum und Goodman (1971) an. Sie basieren zum einen auf der Erkenntnis, dass handlungsleitendes Sprechen mit fokussierter Aufmerksamkeit, also auch Daueraufmerksamkeit zusammenhängt (Berk & Potts, 1991), zum anderen darauf, dass Kinder mit ADHS gegenüber unauffälligen Kindern weniger Gebrauch von verbalen Selbstinstruktionen machen (Berk & Potts, 1991; Kopecky, Chang, Klorman, Thatcher & Borgstedt, 2005). Dementsprechend zielen viele kognitiv-behaviorale Trainings darauf ab, die Methode des inneren Sprechens einzuüben und Kinder dadurch in die Lage zu versetzen, ihr eigenes Handeln besser steuern und bei Aufgaben überlegter vorgehen zu können. Die Sprache dient dabei als strukturierte Selbstanweisung, um so einen reflexiven Arbeitsstil – im Sinne von Planung, Beobachtung und Steuerung – zu fördern. Neben der Selbstinstruktion finden sich in vielen Programmen auch verhaltenstherapeutische bzw. lerntheoretische Bausteine (z. B. das Setzen von Zwischenzielen, gezielter Einsatz von Verstärkung), Strategien aus der Denkpsychologie (Ziel-, Material- und Konfliktanalyse), aber auch Übungen zur Wahrnehmungsförderung oder Entspannung (für eine Übersicht siehe Domsch & Lohaus, 2009; siehe auch Exkurs: Entspannung und Achtsamkeit).

Exkurs: Entspannung und Achtsamkeit

Entspannungsverfahren haben ein weites Anwendungsfeld (häusliches, schulisches und psychotherapeutisches Setting) und kommen bei einer Vielzahl von Indikationsfeldern zum Einsatz (sowohl primär, sekundär also auch tertiärpräventiv; Petermann & Pätel, 2009). Ein typisches Beispiel solcher Verfahren sind die *Kapitän-Nemo-Geschichten*, in denen Petermann (2009) Elemente des Autogenen Trainings mit imaginativen Entspannungsstrategien verbindet. Das für fünf- bis zwölfjährige Kinder entwickelte Training enthält vierzehn Entspannungsgeschichten, bei denen die Schwere-, Wärme- und Ruheanleitung des Autogenen Trainings mit Bildern einer Unterwasserwelt verknüpft werden. Neben den mittlerweile recht weit verbreiteten Entspannungsverfahren werden in jüngster Zeit vermehrt achtsamkeitsbasierte Techniken mit Verbesserungen der Aufmerksamkeit und der Selbstregulation in Verbindung gebracht (Hölzel et al., 2011; Schmiedeler, 2015). Das Konzept der Achtsamkeit hat in den östlichen kontemplativen Traditionen und im Buddhismus seine Wurzeln und beinhaltet eine besondere Form der Aufmerksamkeitsausrichtung, die sich auf den gegenwärtigen Augenblick richtet, absichtsvoll ist und ohne Bewertung erfolgt (Kabat-Zinn, 2003). Über kindgerechte Meditationspraktiken konnten auch bei Kindern mit ADHS erste positive Effekte aufgezeigt werden (z. B. Carboni, Roach & Fredrick, 2013) und die Durchführung von Achtsamkeitstrainings im gesamten Klassenkontext (Meiklejohn et al., 2012) oder auch die Teilnahme von pädagogischen Fachkräften an Achtsamkeits-Kursen steht in der Diskussion (Singh, Lancioni, Winton, Karazsia & Singh, 2013).

Ein breit angelegtes Förderprogramm, das viele der gerade geschilderten Bereiche abdeckt und sich u. a. an Kindergarten- und Schulkinder richtet, ist das *Marburger Konzentrationstraining* (Krowatschek, Alberecht & Krowatschek, 2013; Krowatschek, Krowatschek & Reid, 2011). Das als Gruppenverfahren konzipierte

Training fokussiert nicht ausdrücklich Kinder mit Aufmerksamkeitsstörungen, sondern hat allgemein Kinder im Alter von vier bis sechs Jahren als Zielgruppe. Es hat eher präventiven Charakter und dient der Schulvorbereitung. Das Gruppensetting wird bewusst als Trainingsmöglichkeit aufgrund der erhöhten Ablenkbarkeit und Transfermöglichkeit für den Schulalltag gewählt. Die sechs Trainingssitzungen (à 75 Minuten) gliedern sich in sechs Phasen:

- Angeleitetes Regelspiel (zum Ankommen und Spannungsabbau)
- Entspannung (Traumreise mit Elementen des autogenen Trainings)
- Arbeitsphase 1 (Bearbeitung von Arbeitszetteln mit Hilfe der verbalen Selbstinstruktion)
- Merk- und Wahrnehmungsförderung (Förderung der Sinne)
- Arbeitsphase 2 (Bearbeitung von Aufgaben mit Hilfe der verbalen Selbstinstruktion)
- Spielphase (Konzentrationsspiele)

In den Arbeitsphasen wird das schrittweise Bearbeiten von Aufgaben trainiert, indem zunächst der Trainer als Modell die Aufgabenbearbeitung mit Selbstinstruktion vorführt. Anschließend führt ein Kind die Aufgabe durch und wird dabei vom Trainer instruiert. Der wesentliche Trainingsschritt besteht darin, dass das Kind anschließend die restlichen Gruppenmitglieder instruiert. Der Trainer gibt zunächst noch Hilfestellungen und bestärkt die Kinder positiv. Die Kinder werden dazu angehalten, sich selber zu fragen, ob sie die Aufgaben richtig verstanden haben. In den folgenden Schritten – hierauf wird im Kindergartenalter verzichtet – wird die Instruktion vom Kind erst laut, dann flüsternd und abschließend lediglich gedanklich selbst durchgeführt. Hinweise auf positive Effekte des Marburger Konzentrationstrainings konnten in verschiedenen evaluativen Studien für das Arbeitsverhalten, die Aufmerksamkeitsleistung und die Mutter-Kind-Interaktion während der Hausaufgabensituation aufgezeigt werden (Dreisörner, 2004; Hahnefeld & Heuschen, 2009). Allerdings muss einschränkend konstatiert werden, dass die Aussagekraft dieser Studien durch fehlende Kontrollgruppen erheblich eingeschränkt ist.

11.4 Förderung intellektueller Fähigkeiten

Intellektuelle Kompetenzen, in den Praxisfeldern der Pädagogischen Psychologie meist mit Begriffen wie »allgemeine Lernfähigkeit«, »Intelligenz« oder »logisches bzw. schlussfolgerndes Denken« umschrieben, werden unabhängig vom konkreten Lernbereich als eine zentrale Voraussetzung für das Lernen betrachtet. Nicht ganz unumstritten ist jedoch die Frage, ob und in welchem Umfang die allgemeine Intelligenz gefördert werden kann. So herrschte lange Zeit die Sichtweise vor, dass die Intelligenzentwicklung ausschließlich die Folge biologisch vorprogrammierter

Reifungsprozesse sei. Dies konnte vor allem durch Studien widerlegt werden, die einen deutlichen Effekt der Beschulung auf die Intelligenzentwicklung nachwiesen (Ceci & Williams, 1997). Es gibt sogar Hinweise darauf, dass es in den langen Sommerferien zu einem leichten Absinken des gemessenen IQ kommt (Ceci, 1991). Auch der Kindergartenbesuch und die Qualität der vorschulischen Betreuung spielen für die Ausbildung der Intelligenz von Kindern eine wichtige Rolle. Je höher die Qualität der vorschulischen Betreuung ist und je häufiger bzw. länger die Kinder einen Kindergarten besuchen, desto positiver entwickeln sich ihre intellektuellen Fähigkeiten (Sylva, Stein, Leach, Barnes & Malmberg, 2011).

Bei der Entwicklung und Förderung der intellektuellen Fähigkeiten im Kindergartenalltag kommt dem kindlichen Spiel eine besondere Rolle zu. Häufig wird es sogar als »Königsweg für Entwicklungsförderung in der frühen Kindheit angesehen« (Kammermeyer, 2006, S. 181). Im Spiel erfährt das Kind die Welt, sich selbst und das Wechselspiel dieser Beziehung. Beispielsweise werden beim Explorationsspiel physikalische Zusammenhänge entdeckt und beim Phantasie- und Rollenspiel die *Theory of Mind* des Kindes weiter ausgebildet (insbesondere die Perspektivübernahme ▶ Kap. 6.1). Spielt das Kind eine andere Person, wird dadurch die Fähigkeit zum Perspektivwechsel gefördert. Wird Objekten im Symbolspiel eine andere Funktion zugesprochen – Muscheln werden zu Geld, eine Banane zu einem Telefon – fördert dies die Fähigkeit zum abstrakten und logischen Denken. Im Kindergartenalltag können pädagogische Fachkräfte den kognitiven Anregungsgehalt des kindlichen Spiels gezielt fördern, indem sie z. B. andere Aspekte in ein Spiel einbringen oder neue Themen vorschlagen. Gerade beim Spielen kann eine gewisse Altersmischung, bei der ältere Kinder als kompetente Partner der jüngeren Kinder fungieren, förderlich für die kognitive Entwicklung sein (Mounts & Roopnarine, 1987).

Eine anregende Umwelt kann offenbar die Entwicklung intellektueller Fähigkeiten bei Kindern positiv beeinflussen. Aber lassen sich intellektuelle Fähigkeiten auch durch gezielte Programme fördern? Entgegen dem weit verbreiteten Vorurteil, dass dies nicht möglich ist, skizzieren wir am Beispiel des schlussfolgernden Denkens, einer Grundfähigkeit der allgemeinen Intelligenz, dass diese Überzeugung zu revidieren ist. Darüber hinaus werden im Folgenden Fördermaßnahmen zum Arbeitsgedächtnis, zu Lernstrategien und zu metakognitive Kompetenzen thematisiert.

Schlussfolgerndes Denken

Das von Karl-Josef Klauer entwickelte »Denktraining« mit seinen Umsetzungen für unterschiedliche Altersgruppen ist eines der bekanntesten Trainingsverfahren im deutschen Sprachraum. Wie alle Varianten dieses Ansatzes zielt auch das »Denktraining für Kinder I« von Klauer (1989) darauf ab, kognitive Strategien des sog. induktiven Denkens zu vermitteln, die für eine Vielzahl intellektueller Leistungen bedeutsam sind. Unter induktivem Denken versteht man das logische Schlussfolgern, also das Ableiten einer Regelhaftigkeit (Ordnung) im scheinbar Ungeordneten anhand von Beobachtungen. Die Regelhaftigkeiten können sich auf Gemeinsamkeiten von Objekten hinsichtlich verschiedener Merkmale (z. B. Form und Farbe) oder die Relationen der Objekte untereinander (z. B. A ist größer als B) beziehen. Beispiele hierfür sind auch der Erwerb von Kategorien (z. B. rund vs. eckig) und von Begriffshierarchien (z. B. Tier → Hund → Pudel). Das Entdecken solcher Ordnungen ist ein wichtiger Schritt in der Entwicklung der Intelligenz und von hoher Relevanz nicht nur, aber insbesondere auch für die schulische Entwicklung (Klauer & Phye, 2008).

Im Rahmen des Denktrainings lernen die Kinder in spielerischer Form, Objekte zu vergleichen und dabei Unterschiede und/oder Gemeinsamkeiten zu erkennen. Dies geschieht anhand von Beispielaufgaben. Da auch besonderer Wert auf den Transfer, also die Übertragbarkeit des Erlernten auf andere Lernbereiche gelegt wird, werden Aufgaben mit den ihnen eigenen Lösungsprozeduren aus verschiedenen Inhaltsbereichen gestellt. Die zentralen Denkprozesse, die die Kinder erlernen sollen, sind das Analysieren, Vergleichen und Systematisieren. Alle Aufgaben des Denktrainings können auf sechs grundlegende Problemstrukturen zurückgeführt werden:

1. Generalisierung (Feststellung der Gleichheit von Merkmalen, Aufgaben: Bilden von Klassen, Klassen ergänzen, Gemeinsamkeiten finden),
2. Diskrimination (Feststellung der Verschiedenheit von Merkmalen, Aufgaben: Erkennen und Streichen von Unpassendem),
3. Kreuzklassifikation (Feststellung der Gleichheit und Verschiedenheit von Merkmalen, Aufgaben: das gleichzeitige Beachten und Vergleichen mehrerer Merkmale eines Objekts, Einsortieren in vorgegebene Vier- bzw. Sechsfelderschemata),
4. Beziehungserfassung (Feststellung der Gleichheit von Relationen, Aufgaben: Ordnen von Reihenfolgen, Folgen ergänzen, einfache Analogien finden),
5. Beziehungsunterscheidung (Feststellung der Verschiedenheit von Relationen, Aufgabe: Erkennen gestörter Folgen)
6. Systembildung (Feststellung der Gleichheit und Verschiedenheit von Relationen, Aufgaben: Vervollständigen von Mustern und Bilden von Analogien).

Das Denktraining I ist für die Altersgruppe der Fünf- bis Achtjährigen sowie für ältere Kinder, die besonders großen Förderbedarf aufweisen, vorgesehen. Die Durchführung des Trainings erfolgt in 10 Einheiten zu je 45 Minuten, die zwei bis drei Mal pro Woche stattfinden. Bei den jüngsten Kindern wird die Durchführung in 20 Einzelsitzungen empfohlen, die nicht länger als 20 Minuten dauern sollten. Insgesamt werden 120 Aufgaben bearbeitet. Das Training kann sowohl in Kleingruppen von drei bis vier Kindern als auch im Einzelsetting eingesetzt werden, ist für den flächendeckenden Einsatz in der Kita jedoch weniger geeignet (im Sinne von primärer Prävention für alle Kinder). Dies ist bei der neueren Version »Keiner ist so schlau wie ich« anders (Marx & Klauer, 2007). Es ist explizit für den Einsatz durch Eltern, pädagogische Fachkräfte und Lehrer konzipiert. Neben der Papierversion liegt mittlerweile auch eine computerbasierte Version des Denktrainings I vor (Denkspiele mit Elfe und Mathis; Lenhard, Lenhard & Klauer, 2012), dessen gründliche Evaluation jedoch noch aussteht.

In einer Zusammenstellung der Untersuchungen zur Wirksamkeit des Denktrainings I führen Klauer und Phye (2008) die Befunde aus insgesamt 39 Evaluationsstudien auf. Diese zeigen auf, dass das Denktraining nicht nur bereichsspezifisch wirksam ist, sondern auch Transfereffekte auf das schulische Lernen nachweisbar sind (siehe auch Marx & Keller, 2010). Überraschenderweise sind die Transfereffekte in den Studien oftmals sogar größer als die Effekte des Denktrainings auf die Leistungen in einem Intelligenztest. Dies deutet darauf hin, dass auch vergleichsweise kleine Verbesserungen intellektueller Fähigkeiten substantielle Verbesserungen bei der Bewältigung kognitiver Leistungsanforderungen im Alltag nach sich ziehen können.

Arbeitsgedächtnis

Bei der Bearbeitung jeder Form von intellektuellen Anforderungen wird das Arbeitsgedächtnis benötigt. Daher ist der Gedanke naheliegend, das Arbeitsgedächtnis zu trainieren und auf diese Weise die grundsätzliche Lernfähigkeit zu erhöhen. Fördermaßnahmen zur Verbesserung des Arbeitsgedächtnisses setzen vor allem bei dem phonologischen Arbeitsgedächtnis, den zentral-exekutiven Kontrollprozessen sowie dem Wissen über die Funktionsweise des eigenen Gedächtnisses an (Mähler & Hasselhorn, 2001; Melby-Lervåg & Hulme, 2013). Die Befunde zur Förderung von Arbeitsgedächtnisfunktionen sind allerdings wenig vielversprechend, ja eher frustrierend. Zwar konnten Arbeitsgedächtnistrainings in einzelnen Studien, beispielsweise bei Kindern mit Arbeitsgedächtnisdefiziten (Holmes, Gathercole & Dunning, 2009), bei Kindern mit ADHS (Klingberg et al., 2005) oder auch bei normal entwickelten Kindern (Loosli, Buschkuehl, Perrig & Jaeggi, 2012) Effekte auf die Leistungen bei komplexen Arbeitsgedächtnisanforderungen erzielen, doch die Effekte waren in der Regel eher gering, meist eng bezogen auf die konkret trainierten Aufgabentypen und nicht anhaltend (Melby-Lervåg & Hulme, 2013). Nach den Befunden von Dunning, Holmes und Gathercole (2013) trifft dies besonders auf das phonologische Arbeitsgedächtnis zu. Das visuell-räumliche Arbeitsgedächtnis und bestimmte zentral-exekutive Funktionen scheinen hingegen bis zu einem gewissen Grad trainierbar zu sein. Allerdings lassen sich bei Arbeitsgedächtnistrainings selten Transfereffekte auf andere Lern- und Leistungsbereiche zeigen (z. B. Alloway, 2012; Loosli et al., 2012).

Wenn auf die Arbeitsgedächtniskapazität nur schwerlich direkt förderlich Einfluss genommen werden kann, so könnte eine Verbesserung im Lernverhalten möglicherweise durch eine Entlastung des Arbeitsgedächtnisses erreicht werden. Krajewski und Ennemoser (2010) haben eine Reihe grundlegender Anforderungen an eine arbeitsgedächtnisentlastende Lernförderung zusammengetragen. So könnte eine Entlastung beispielsweise durch Merkhilfen (z. B. Zählhilfen beim Rechnen), durch eine Verringerung der Aufgabenkomplexität (z. B. lautgetreue Wörter und geringe Satzlänge bei ungeübten bzw. schwachen Lesern) oder auch durch bestimmte Lernstrategien erreicht werden. In Kapitel 4 wird zudem die Frage diskutiert, ob das Auswendiglernen bestimmter Fakten nicht auch zu einer Entlastung des Arbeitsgedächtnisses führen kann (▶ Kap. 4).

Lernstrategien und Metakognition

Strategien des Lernens und der Informationsverarbeitung sind umso wirksamer, je besser der Lernende Nutzen und Grenzen seiner Strategien kennt. Es ist von großer Bedeutung, eigene Lernprozesse planen, überwachen und steuern zu können. Mit anderen Worten: Der erfolgreich Lernende verfügt über metakognitive Kompetenzen und selbstregulative Strategien. In der breiten Öffentlichkeit und teils auch in der pädagogischen Praxis sind diese Begriffe weniger geläufig. Hier spricht man eher davon, *das Lernen zu lernen* oder von *lernmethodischen Kompetenzen*. Genau diese Kompetenzen sollten nach Ansicht vieler Eltern sowie Pädagoginnen und Pädagogen im Kindergarten und in der Grundschule gefördert werden. Entgegen dieser Forderung finden sich dafür bisher nur wenige Anhaltspunkte in den Bildungsplänen der Bundesländer. Es liegen allerdings auch keine Förderprogramme für junge Kinder vor, die sich gezielt der Vermittlung lernmethodischer Kompetenzen verschreiben. Durchaus zu Recht, denn es herrscht Einigkeit darüber, dass lernmethodische Kompetenzen gerade bei jungen Kindern nicht losgelöst vom Erlernen inhaltlichen Wissens vermittelt und erworben werden können. So werden auch im Marburger Konzentrationstraining die Selbstregulationsstrategien – eine der wesentlichen lernmethodischen Kompetenzen – beim Durchführen inhaltlicher Arbeitsblätter eingeübt (► Kap. 11.4). Vorhandene Trainings zielen daher eher auf die Sensibilisierung pädagogischer Fachkräfte ab (z. B. Perels & Otto, 2009), um auf diese Weise indirekt die lernmethodischen Kompetenzen von Kindern zu fördern.

Im Vorschulalter, aber auch am Anfang der Grundschule lassen sich metakognitive Kompetenzen vor allem im Rahmen von Projektarbeiten zu einem konkreten Thema fördern. Ziel ist es dabei, Kinder zum Nachdenken über die eigenen Lernprozesse anzuregen. Wie wir bereits besprochen haben (► Kap. 4), wird davon ausgegangen, dass Kinder im Vorschulalter anfangs eine Vorstellung von *Lernen als Tun* aufweisen und durch fortlaufende Reflexion zu einem reiferen Verständnis von *Lernen als Wissenserwerb* gelangen (Pramling, 1990, siehe auch Gold & Dubowy, 2013). In der konkreten pädagogischen Interaktion kann dies z. B. durch Elemente aus dem *Metakognitiven Interview* (Brunsting-Müller, 1997) gelingen. Hierbei wird das Kind zum Ziel seines Lernens (»Was willst du erreichen?«), zur Strategie (»Wie gehst du vor?«), zur Kontrolle seines Vorgehens (»Wie hast du herausgefunden, ob du etwas richtig gemacht hast?«) und zum erworbenen Wissen selbst (»Was hast du dabei gelernt?«) befragt. Auch die Technik der *verbalen Selbstinstruktion* kann vor, während und nach der Projektphase Anwendung finden. Daneben betonen Perels und Otto (2009) die Bedeutung von *Hilfestellungen und Ermunterungen*, d. h. konkreter Anregungen, Demonstrationen und Erklärungen des Verhaltens, der *Belohnung* zur Erhöhung der Auftretenswahrscheinlichkeit des erwünschten Verhaltens (► Kap. 1) und des sog. *Scaffoldings* (Anleitungen, Denkanstöße und Hilfestellungen, die nach und nach reduziert werden; ► Kap. 4). In Projektarbeiten zur Förderung lernmethodischer Kompetenzen sollte demnach Folgendes berücksichtigt werden:

Planung des Lernprozesses:

- Aufgabenverständnis der Kinder kontrollieren, z. B. wiederholt nachfragen, was die eigentliche Aufgabe ist
- Herangehensweise an den Lerngegenstand festlegen, z. B. Kinder entscheiden lassen, welche Aufgaben sie zuerst bearbeiten möchten oder Tagesziele festlegen
- Nach vergleichbaren Aufgaben fragen

Überwachung und Steuerung des Lernprozesses:

- Selbstbeobachtung, z. B. Kinder dazu auffordern, sich selbst zu beobachten
- Vorgehen verbalisieren, z. B. Kinder dazu anregen, ihr Vorgehen mitzuteilen
- Vorgehen überprüfen, z. B. Kinder daran erinnern, das Ergebnis der Abgabe zu überprüfen

Evaluation des Lernprozesses:

- Bewertung des eigenen Vorgehens als Grundlage für die Zielsetzung und Planung nachfolgender Lernprozesse
- Belohnung und Feedback, z. B. Kinder dazu anregen, nach Feedback zu fragen

Hinweise darauf, dass sich das Training von Erzieherinnen und Erziehern zur Vermittlung lernmethodischer Kompetenzen positiv auf das Lernverhalten von Kindern auswirkt, finden sich bei Merget-Kullmann, Wende und Perels (2007). Auch Pramling (1990) konnte nachweisen, dass sich ihr Interventionsansatz positiv auf die metakognitiven Fähigkeiten von Vorschulkindern auswirkt. Bei all diesen Belegen für die Wirksamkeit von systematischen Interventionen zur Verbesserung metakognitiver Kompetenzen bei Kindern bis acht Jahre, darf nicht außer Acht gelassen werden, dass solche Interventionen im hier interessierenden Altersbereich deutliche Grenzen haben. Dies hat vor allem entwicklungspsychologische Gründe. Die Fähigkeit zum abstrakten Denken bildet sich bei den meisten Kindern vermutlich erst im Alter zwischen neun und zehn Jahren vollständig heraus (Hasselhorn, 1995, 2011). Sie gilt aber als Voraussetzung dafür, dass metakognitive Strategien systematisch, absichtlich, zielgerichtet und spontan genutzt werden. Zur Vorbereitung selbstgesteuerten Lernens in späteren Lebensjahren sind also frühe Interventionen zur Steigerung metakognitiv-strategischer Kompetenzen sicherlich hilfreich. Ihre sichtbaren Früchte für das intentionale Lernen sind jedoch erst nach dem neunten Lebensjahr zu erwarten.

12 Schlussbemerkung

Im vorliegenden Buch wurde versucht, die enormen Lernfortschritte von Kindern zwischen vier und acht Jahren anschaulich darzustellen. Dabei haben wir stets eine psychologische Perspektive eingenommen, die uns immer wieder dazu geführt hat, den Dingen auf den Grund zu gehen. So sind wir etwa der Frage nachgegangen, welche Faktoren besonders bedeutsam für den Lernerfolg sind. In diesem Zusammenhang haben wir die für das Verständnis kindlichen Lernens zentralen psychologischen Konstrukte erläutert und Phänomene, Ursachen und Folgen interindividueller Unterschiede im Lernerfolg thematisiert.

Konzentriert haben wir uns dabei auf wichtige Einflussfaktoren und vor allem auf die Voraussetzungen für den Erwerb der Kulturtechniken Lesen, Schreiben und Rechnen. Denn das Erlernen dieser Kulturtechniken versetzt Kinder in die Lage, langfristig eigenständig neues Wissen aufzubauen, ihr Wissen zu teilen und auf abstrakte Weise zu denken. D. h., allein schon durch den Erwerb der Kulturtechniken verändert sich die Art und Weise, wie Kinder lernen. Dies passiert jedoch auch aufgrund von bedeutenden Entwicklungsschritten in anderen Bereichen. So beginnen Kinder beispielsweise in diesem Altersbereich damit, sich vermehrt Gedanken über die inneren Zustände und Vorstellungen anderer Personen zu machen, ihr Gedächtnis verbessert sich deutlich, und sie schätzen ihre eigenen Fähigkeiten zunehmend realistischer ein.

Die enormen Lernfortschritte zeigen sich jedoch nicht bei allen Kindern zwischen vier und acht Jahren in gleicher Weise. So lässt sich beobachten, dass sie nicht immer gleich erfolgreich in ihren Lernbemühungen sind, und vielen Kindern fällt das Lernen in bestimmten Bereichen leichter, in anderen hingegen schwerer. Um ein tieferes Verständnis dieser Unterschiede zu erlangen, sind wir immer wieder auf die wesentlichen individuellen Voraussetzungen des Lernerfolgs eingegangen. Die Betrachtung dieser individuellen Voraussetzungen erfolgreichen Lernens hat deutlich gemacht, dass es nicht nur einen entscheidenden Faktor für den Lernerfolg gibt. Vielmehr spielen verschiedene individuelle Voraussetzungen eine Rolle, deren Einfluss auf den Lernerfolg sich im Alter zwischen vier und acht Jahren verändert und, je nach Lernbereich, auch unterschiedlich stark ausgeprägt sein kann.

Das Vorhandensein individueller Defizite in einzelnen Bereichen kann ein Risiko für die Entwicklung anhaltender Lernschwierigkeiten sein. Derartige Defizite müssen jedoch nicht zwangsläufig zu anhaltenden Lernschwierigkeiten oder gar Lernstörungen führen. Einige, wenn nicht gar viele Entwicklungsrückstände und Defizite, können durch gezielte Maßnahmen zur individuellen Lernförderung erfolgreich abgebaut werden. Auch wenn wir schon einiges über die Möglichkeiten der individuellen Lernförderung wissen, ist es unabdingbar, die Wirksamkeit und die zugrunde liegenden Mechanismen vorhandener Förderansätze weiter zu untersuchen und auf dieser Basis noch tragfähigere Ansätze zu entwickeln. Die nachgewiesene Wirksamkeit verschiedener bereits vorhandener Ansätze ist vielversprechend. Wir müssen also nicht erst warten, bis die weitere Forschung uns erfolgreiche Förderwege in der Zukunft aufzeigt. Schon jetzt – und das haben sie in den letzten Kapiteln lesen können – ist es möglich, dass wir Kindern gezielt helfen, ihre Lernfähigkeiten erfolgreich zu entwickeln.

Eine Voraussetzung dafür ist es, die individuellen Stärken und Schwächen sowie die individuellen Lernverläufe zu kennen und zu verstehen. Auch hier konnte der durch Forschung abgesicherte Kenntnisstand in den letzten Jahren in erfreulicher Weise ausgeweitet und vertieft werden. Die Möglichkeit, die individuellen Voraussetzungen des Lernens von Kindern im Einzelfall feststellen (also diagnostizieren) zu können, ist eine wichtige Voraussetzung dafür, um zu verstehen, wie ein Kind zwischen vier und acht Jahren lernt, wo es dabei mehr Schwierigkeiten als andere zeigt und wo es seine individuellen Stärken in den Lernvoraussetzungen hat. Je besser wir dies verstehen, desto eher werden wir in der Lage sein, Kinder auf ihrem Weg zu einem selbstständigen Lernen angemessen zu unterstützen. Wenn dieses Buch dazu beiträgt, dass noch mehr Kinder professionelle Unterstützung zum erfolgreichen Lernen erhalten, dann hat es sein Ziel erreicht.

Literatur

Ackerman, P. L., Beier, M. E. & Boyle, M. O. (2005). Working memory and intelligence: The same or different constructs? *Psychological Bulletin, 131,* 30–60.
Ainsworth, M. D., Blehar, M. C., Waters, E. & Wall, S. (1978). *Patterns of Attachment.* Hillsdale, NJ: Erlbaum.
Alloway, T. P. (2012). Can interactive working memory training improve learning? *Journal of Interactive Learning Research, 23,* 197–207.
Anders, Y. & Roßbach, H.-G. (2015). Preschool teachers' sensitivity to mathematics in children's play: The influence of math-related school experiences, emotional attitudes, and pedagogical beliefs. *Journal of Research in Childhood Education, 29,* 305–322.
Atkinson, J. W. (1957). Motivational determinants of risk-taking behavior. *Psychological Review, 64,* 359–372.
Atkinson, R. C. & Shiffrin, R. M. (1968). Human memory: A proposed system and its control processes. *Psychology of Learning and Motivation, 2,* 89–195.
Aunio, P., Niemivirta, M., Hautamäki, J., Van Luit, J. E., Shi, J. & Zhang, M. (2006). Young children's number sense in China and Finland. *Scandinavian Journal of Educational Research, 50,* 483–502.
Baddeley, A. D. (1986). *Working Memory.* Oxford: Clarendon Press.
Baddeley, A. D. (1991). *Human Memory. Theory and Practice.* Hove: Erlbaum.
Baddeley, A. D. (1996). Exploring the central executive. *Quarterly Journal of Experimental Psychology, 49,* 5–28.
Baddeley, A. D. (2006). Working memory: An overview. In S. J. Pickering (Ed.), *Working Memory and Education* (pp. 1–31). San Diego, CA: Academic Press.
Baddeley, A. D. (2012). Working memory: Theories, models, and controversies. *Annual Review of Psychology, 63,* 1–29.
Baker, L. (1994). Fostering metacognitive development. In H. Reese (Ed.), *Advances in Child Development and Behavior* (Vol. 25, pp. 201–239). San Diego, CA: Academic Press.
Bandura, A. (1965). Influence of models' reinforcement contingencies on the acquisition of imitative responses. *Journal of Personality and Social Psychology, 1,* 589–595.
Bartholomew, D. J., Deary, I. J. & Lawn, M. (2009). A new lease of life for Thomson's bonds model of intelligence. *Psychological Review, 116,* 567–579.
Bartsch, K. & Wellmann, H. (1995). *Children Talk About the Mind.* New York: Oxford University Press.
Baumeister, R. F., Bratslavsky, E., Muraven, M. & Tice, D. M. (1998). Ego depletion: Is the active self a limited resource? *Journal of Personality and Social Psychology, 74,* 1252–1265.
Benz, C., Peter-Koop, A. & Grüßing, M. (2015). *Frühe mathematische Bildung.* Berlin, Heidelberg: Springer.
Berger, A., Tzur, G. & Posner, M. I. (2006). Infant brains detect arithmetic errors. *Proceedings of the National Academy of Sciences, 103,* 12649–12653.
Berk, L. E. & Potts, M. K. (1991). Development and functional significance of private speech among attention-deficit hyperactivity disordered and normal boys. *Journal of Abnormal Child Psychology, 19,* 357–377.
Bialystok, E. (2001). *Bilingualism in Development: Language, Literacy, and Cognition.* New York: Cambridge University Press.
Bialystok, E. & Martin, M. M. (2004). Attention and inhibition in bilingual children: Evidence from the dimensional change card sort task. *Developmental Science, 7,* 325–339.

Blair, C. (2002). School readiness. Integrating cognition and emotion in a neurobiological conceptualization of children's functioning at school entry. *The American Psychologist*, 57, 111–127.

Blair, C. & Razza, R. P. (2007). Relating effortful control, executive function, and false belief understanding to emerging math and literacy ability in kindergarten. *Child Development*, 78, 647–663.

Blöte, A. (1995). Students self-concept in relation to perceived differential teacher treatment. *Learning and Instruction*, 5, 221–236.

Bodrova, E. & Leong, D.J. (2001). *Tools of the Mind: A Case Study of Implementing the Vygotskian Approach in American Early Childhood and Primary Classrooms* (UNESCO Innodata Monographs: Educational Innovations in Action No. 7). Geneva: International Bureau of Education, UNESCO.

Bowlby, J. (1953). Some pathological processes set in train by early mother-child separation. *The British Journal of Psychiatry*, 99, 265–272.

Brandenburg, J., Fischbach, A., Labuhn, A. S., Rietz, C. S., Schmid, J. & Hasselhorn, M. (2016). Overidentification of learning disorders among language-minority students: Implications for the standardization of school achievement tests. *Journal of Educational Research Online*, 8(1), 42–65.

Brandenburg, J., Klesczewski, J., Fischbach, A., Schuchardt, K., Büttner, G. & Hasselhorn, M. (2014). Working memory in children with learning disabilities in reading versus spelling: Searching for overlapping and specific cognitive factors. *Journal of Learning Disabilities*, 48, 622–634.

Breitenstein, C. & Knecht, S. (2003). Spracherwerb und statistisches Lernen. *Der Nervenarzt*, 74, 133–143.

Brenneman, K., Massey, C., Machado, S. F. & Gelman, R. (1996). Young children's plans differ for writing and drawing. *Cognitive Development*, 11, 397–419.

Broadbent, D. E. (1958). *Perception and Communication*. London: Pergamon Press.

Brown, J. S., Collins, A. & Duguid, P. (1989). Situated cognition and the culture of learning. *Educational Researcher*, 18, 32–42.

Bruning, R. H., Schraw, G. J., Norby, M. M. & Ronning, R. R. (2004). *Cognitive Psychology and Instruction* (4th ed.). Upper Saddle River, NJ: Merrill/Prentice Hall.

Brunsting-Müller, M. (1997). *Wie Kinder denken oder denken, sie denken. Ein metakognitiver Interventionsansatz*. Luzern: Edition SZH/ SPC der Schweizerischen Zentralstelle für Heilpädagogik.

Bühler-Niederberger, D. (2011). *Lebensphase Kindheit. Theoretische Ansätze, Akteure und Handlungsräume*. Weinheim: Juventa.

Bull, R. & Espy, K. A. (2006). Working memory, executive functioning, and children's mathematics. In S. J. Pickering (Ed.), *Working Memory and Education* (pp. 93–123). London, UK: Elsevier Aacademic Press.

Bund, K. & Rudzio, K. (2014). Beherrsch dich! *Die Zeit*, 46. Abgerufen von http://www.zeit.de/2014/46/marshmallow-test-erfolg-geduld-selbstdisziplin

Burgener Woeffray, A. (1996). *Grundlagen der Schuleintrittsdiagnostik. Kritik traditioneller Verfahren und Entwurf eines umfassenden Konzeptes*. Bern, Stuttgart, Wien: Haupt.

Burgner, D. & Hewstone, M. (1993). Young children's causal attributions for success and failure: ›Self-enhancing‹ boys and ›self-derogating‹ girls. *British Journal of Developmental Psychology*, 11, 125–129.

Busch, J., Oranu, N., Schmidt, C. & Grube, D. (2013). Rechenschwäche im Grundschulalter: Reduzierte Verfügbarkeit basalen arithmetischen Faktenwissens und Belastung des Arbeitsgedächtnisses bei Drittklässlern. *Lernen und Lernstörungen*, 2, 217–227.

Butler, R. (1998). Age trends in the use of social and temporal comparison for self-evaluation: Examination of a novel developmental hypothesis. *Child Development*, 69, 1054–1073.

Butler, R. (1999). Information seeking and achievement motivation in middle childhood and adolescence: The role of conceptions of ability. *Developmental Psychology*, 35, 146–163.

Carboni, J. A., Roach, A. T. & Fredrick, L. D. (2013). Impact of mindfulness training on the behavior of elementary students with attention-deficit/hyperactivity disorder. *Research in Human Development*, 10, 234–251.

Carey, S. (2004). Bootstrapping & the origin of concepts. *Daedalus, 133*, 59–68.
Carlson, S. M. & Meltzoff, A. N. (2008). Bilingual experience and executive functioning in young children. *Developmental Science, 11*, 282–298.
Carr, M., Kurtz, B. E., Schneider, W., Turner, L. A. & Borkowski, J. G. (1989). Strategy acquisition and transfer among American and German children: Environmental influences on metacognitive development. *Developmental Psychology, 25*, 765–771.
Ceci, S. J. (1991). How much does schooling influence general intelligence and its cognitive components? A reassessment of the evidence. *Developmental Psychology, 27*(5), 703.
Ceci, S. J. & Williams, W. M. (1997). Schooling, intelligence, and income. *American Psychologist, 52,* 1051–1058.
Chapman, J. W. & Tunmer, W. E. (1997). A longitudinal study of beginning reading achievement and reading self-concept. *British Journal of Educational Psychology, 67,* 279–291.
Cherry, E. C. (1953). Some experiments on the recognition of speech, with one and with two ears. *Journal of the Acoustical Society of America, 25,* 975–979.
Chi, M. T. H. (1978). Knowledge structures and memory development. In R. S. Siegler (Ed.), *Children's Thinking: What Develops?* (pp. 73–96). Hillsdale, NJ: Erlbaum.
Coffman, J. L., Ornstein, P. A., McCall, L. E. & Curran, P. J. (2008). Linking teachers' memory-relevant language and the development of children's memory skills. *Developmental Psychology, 44,* 1640–1654.
Collins, A. M. & Loftus, E. F. (1975). A spreadingactivation theory of semantic processing. *Psychological Review, 82,* 407–428.
Coltheart, M., Rastle, K., Perry, C., Langdon, R. & Ziegler, J. (2001). DRC: A dual route cascaded model of visual word recognition and reading aloud. *Psychological Review, 108,* 204–256.
Cowan, N., Nugent, L. D., Elliott, E. M. & Geer, T. (2000). Is there a temporal basis of the word length effect? A response to Service (1998). *The Quarterly Journal of Experimental Psychology, 53,* 647–660.
Cunningham, A. E. & Stanovich, K. E. (1997). Early reading acquisition and its relation to reading experience and ability 10 years later. *Developmental Psychology, 33,* 934–945.
Davidson, M. C., Amso, D., Anderson, L. C. & Diamond, A. (2006). Development of cognitive control and executive functions from 4 to 13 years: Evidence from manipulations of memory, inhibition, and task switching. *Neuropsychologia, 44,* 2037–2078.
Deci, E. L., Koestner, R. & Ryan, R. M. (1999). A meta-analytic review of experiments examining the effects of extrinsic rewards on intrinsic motivation. *Psychological Bulletin, 125,* 627–668; discussion 692–700.
Deci, E. L. & Ryan, R. M. (1985). The general causality orientations scale: Self-determination in personality. *Journal of Research in Personality, 19,* 109–134.
Dehaene, S. (1992). Varieties of numerical abilities. *Cognition, 44,* 1–42.
Dehaene, S. (2008). Symbols and quantities in parietal cortex: elements of a mathematical theory of number representation and manipulation. In P. Haggard, Y. Rossetti & Y. M. Kawato (Eds.), *Sensorimotor Foundations of Higher Cognition, Attention, and Performance (Attention and Performance Series, 22)* (pp. 527–574). New York: Oxford University Press.
Dehaene, S. (2010). *Lesen: Die größte Erfindung der Menschheit und was dabei in unseren Köpfen passiert.* München: Albrecht Knaus Verlag.
Dehaene, S. (2012). *Der Zahlensinn oder warum wir rechnen können.* Basel: Springer.
Dempster, F. N. (1981). Memory span: Sources of individual and developmental differences. *Psychological Bulletin, 89,* 63–100.
Deutscher Bildungsrat (1973). *Zur Einrichtung eines Modellprogramms für Curriculumentwicklung im Elementarbereich. Empfehlungen der Bildungskommission.* Stuttgart: Klett.
Diamond, A. (2013). Executive functions. *Annual Review of Psychology, 64,* 135–168.
Diamond, A., Barnett, S., Thomas, J. & Munro, S. (2007). Preschool program improves cognitive control. *Science, 318,* 1387–1388.
Dickhäuser, O. & Galfe, E. (2004). Besser als ..., schlechter als ... *Zeitschrift für Entwicklungspsychologie und Pädagogische Psychologie, 36,* 1–9.

Domsch, H. (2014). Konzentration und Aufmerksamkeit. In A. Lohaus & M. Glüer (Hrsg.), *Entwicklungsförderung im Kindesalter: Grundlagen, Diagnostik und Intervention* (S. 63–82). Göttingen: Hogrefe.

Domsch, H. & Lohaus, A. (2009). Konzentrations- und Aufmerksamkeitsförderung. In A. Lohaus & H. Domsch (Hrsg.), *Psychologische Förder-und Interventionsprogramme für das Kindes-und Jugendalter* (S. 85–98). Heidelberg, Berlin: Springer.

Dreisörner, T. (2004). *Zur Wirksamkeit von Trainings bei Kindern mit Aufmerksamkeitsstörungen.* Dissertation. Göttingen: Georg-August-Universität.

Duckworth, A. L. & Seligman, M. E. P. (2012). IQ outdoes self-discipline in predicting academic performance of adolescents. *Psychological Science, 16*, 939–944.

Dunning, D. L., Holmes, J. & Gathercole, S. E. (2013). Does working memory training lead to generalized improvements in children with low working memory? A randomized controlled trial. *Developmental Science, 16*, 915–925.

Dweck, C. S. (1999). *Self-Theories: Their Role in Personality, Motivation, and Development.* Philadelphia: Psychology Press.

Dweck, C. S. (2006). *Mindset: The new Psychology of Success.* New York: Random House.

Eccles, J., Wigfield, A., Harold, R. D. & Blumenfeld, P. (1993). Age and gender differences in children's self- and task perceptions during elementary school. *Child Development, 64*, 830–847.

Ehlert, A. (2007). *Arbeitsgedächtnis und Rechnen im Vorschulalter. Dissertation.* Frankfurt am Main: Peter Lang Verlag.

Ehm, J. H., Duzy, D. & Hasselhorn, M. (2011). Das akademische Selbstkonzept bei Schulanfängern. *Frühe Bildung, 0*, 37–43.

Ehm, J. H., Hasselhorn, M. & Schmiedek, F. (2016). *Reziproke Effekte in Längsschnittanalysen: Alternative Modelle zur Analyse des Zusammenhangs zwischen Selbstkonzept und Schulleistung.* Vortrag auf der 4. Tagung der Gesellschaft für Empirische Bildungsforschung (GEBF). Berlin 09.-11.03.2016.

Ehm, J. H., Lindberg, S. & Hasselhorn, M. (2014). Reading, writing, and math self-concept in elementary school children: Influence of dimensional comparison processes. *European Journal of Psychology of Education, 29*, 277–294.

Eigsti, I.-M., Zayas, V., Mischel, W., Shoda, Y., Ayduk, O., Dadlani, M. B., Davidson, M. C., Aber, J. L. & Casey, B. J. (2006). Predicting cognitive control from preschool to late adolescence and young adulthood. *Psychological Science, 17*, 478–484.

Eisenberger, R., Pierce, W. D. & Cameron, J. (1999). Effects of reward on intrinsic motivation – negative, neutral and positive: Comment on Deci, Koestner, and Ryan (1999). *Psychological Bulletin, 125*, 677–700.

Engelkamp, J. (1976). *Satz und Bedeutung.* Stuttgart: Kohlhammer.

Ennemoser, M., Marx, P., Weber, J. & Schneider, W. (2012). Spezifische Vorläuferfertigkeiten der Lesegeschwindigkeit, des Leseverständnisses und des Rechtschreibens. *Zeitschrift für Entwicklungspsychologie und Pädagogische Psychologie, 44*, 53–67.

Feigenson, L., Dehaene, S. & Spelke, E. (2004). Core systems of number. *Trends in Cognitive Sciences, 8*, 307–314.

Festinger, L. (1954). A theory of social comparison processes. *Human Relation, 7*, 117–140.

Fischbach, A., Schuchardt, K., Brandenburg, J., Klesczewski, J., Balke-Melcher, C., Schmidt, C., , Büttner, G., Grube, D. Mähler, C. & Hasselhorn, M. (2013). Prävalenz von Lernschwächen und Lernstörungen: Zur Bedeutung der Diagnosekriterien. *Lernen und Lernstörungen, 2*, 65–76.

Fischer, M. Y. & Pfost, M. (2015). Wie effektiv sind Maßnahmen zur Förderung der phonologischen Bewusstheit? *Zeitschrift für Entwicklungspsychologie und Pädagogische Psychologie, 47*, 35–51.

Flavell, J. H. (1971). First discussant's comments: What is memory development the development of? *Human Development, 14*, 272–278.

Flavell, J. H. (1986). The development of children's knowledge about the appearance – reality distinction. *American Psychologist, 41*, 418–425.

Flavell, J. H. (1999). Cognitive development: Children's knowledge about the mind. *Annual Review of Psychology, 50*, 21–45.

Literatur

Floyd, R. G., Evans, J. J. & McGrew, K. S. (2003). Relations between measures of cattell-horn-carroll (CHC) cognitive abilities and mathematics achievement across the school-age years. *Psychology in the Schools, 40*, 155–171.

Friedrich, G., de Galgóczy, V. & Schindelhauer, B. (2011). *Komm mit ins Zahlenland. Eine spielerische Entdeckungsreise in die Welt der Mathematik.* Freiburg: Herder.

Frith, U. (1985). Beneath the surface of developmental dyslexia. *Surface Dyslexia, 32*, 301–330.

Fritz, A., Ehlert, A., Ricken, G. & Balzer, L. (2017). *Mathematik und Rechenkonzepte im ersten Schuljahr - Diagnose (MARKO-D1+).* Göttingen: Hogrefe.

Fritz, A. & Ricken, G. (2009). Grundlagen des Förderkonzepts »Kalkulie«. In A. Fritz, G. Ricken & S. Schmidt (Hrsg.), *Handbuch Rechenschwäche*, (S. 374–395). Weinheim: Beltz.

Fröhlich, L. P., Metz, D. & Petermann, F. (2010). *Förderung der phonologischen Bewusstheit und sprachlicher Kompetenzen. Das Lobo-Kindergartenprogramm.* Göttingen: Hogrefe.

Frölich, J., Döpfner, M. & Banaschewski, T. (2014). *ADHS in Schule und Unterricht: Pädagogisch-didaktische Ansätze im Rahmen des multimodalen Behandlungskonzepts.* Stuttgart: Kohlhammer.

Fuchs, L. S., Compton, D. L., Fuchs, D., Paulsen, K., Bryant, J. D. & Hamlett, C. L. (2005). The prevention, identification, and cognitive determinants of math difficulty. *Journal of Educational Psychology, 97*, 493–513.

Fuson, C. K. (1988). *Children's Counting and Concepts of Number.* New York: Springer.

Gabriel, K., Kastens, C., Poloczek, S., Schoreit, E. & Lipowsky, F. (2010). Entwicklung des mathematischen Selbstkonzepts im Anfangsunterricht – Der Einfluss des Klassenkontextes. *Zeitschrift für Grundschulforschung, 3*, 65–82.

Gardner, H. (1983). *Frames of Mind. The Theory of Multiple Intelligences.* New York: Basic.

Gardner, H. (2006). *Multiple intelligences: New Horizons in Theory and Practice.* New York: Perseus.

Gasteiger, H. (2010). *Elementare mathematische Bildung im Alltag der Kindertagesstätte. Grundlegung und Evaluation eines kompetenzorientierten Förderansatzes.* Münster: Waxmann.

Gathercole, S. E. (1998). The development of memory. *Journal of Child Psychology and Psychiatry, 39*, 3–27.

Gathercole, S. E. & Hitch, G. J. (1993). Developmental changes in short-term memory: A revised working memory perspective. In A. F. Collins, S. E. Gathercole, M. A. Conway & P. E. Morris (Eds.), *Theories of Memory* (pp. 189–209). Hillsdale, NJ: Erlbaum.

Gawrilow, C., Petermann, F. & Schuchardt, K. (2013). ADHS im Vorschulalter. *Kindheit und Entwicklung, 22*, 189–192.

Geary, D. C. & Brown, S. C. (1991). Cognitive addition: Strategy choice and speed-of-processing differences in gifted, normal, and mathematically disabled children. *Developmental Psychology, 27*, 398–406.

Geary, D. C., Hamson, C. O. & Hoard, M. K. (2000). Numerical and arithmetical cognition: A longitudinal study of process and concept deficits in children with learning disability. *Journal of Experimental Child Psychology, 77*, 236–263.

Gelman, R. & Gallistel, C. R. (1986). *The Child's Understanding of Number.* Cambridge, MA: Harvard University Press.

Gerlach, M. & Fritz, A. (2011). *Mina und der Maulwurf: Frühförderbox Mathematik; mit Spielideen und Alltagstipps.* Berlin: Cornelsen.

Gloger-Tippelt, G., Vetter, J. & Rauh, H. (2000). Untersuchungen mit der »Fremden Situation« in deutschsprachigen Ländern: ein Überblick. *Psychologie in Erziehung und Unterricht, 27*, 87–98.

Gold, A. (2011). *Lernschwierigkeiten. Ursachen, Diagnostik, Intervention.* Stuttgart: Kohlhammer.

Gold, A. (2016). *Lernen leichter machen.* Göttingen: Vandenhoeck & Ruprecht.

Gold, A. & Dubowy, M. (2013). *Frühe Bildung: Lernförderung im Elementarbereich.* Stuttgart: Kohlhammer.

Goleman, D. P. (1995). *Emotional Intelligence: Why it can Matter More than IQ.* New York, NY, USA: Bantam Books.

Goswami, U., & Brown, A. L. (1989). Melting chocolate and melting snowmen: Analogical reasoning and causal relations. *Cognition, 35,* 69–95.
Grell, F. (2010). Über die (Un-)Möglichkeit, Früherziehung durch Selbstbildung zu ersetzen. *Zeitschrift für Pädagogik, 56,* 154–167.
Groh, A., Fearon, R., Bakermans-Krankenburg, M., van IJzenoorn, M., Steele, R. & Roisman, G. (2014). The significance of attachment security for children's social competence with peers: A meta-analytic study. *Attachment & Human Development, 16,* 103–136.
Groh, A., Roisman, G., van IJzendoorn, M., Bakermans-Kranenburg, M. & Fearon, R. (2012). The significance of insecure and disorganized attachment for children's internalizing symptoms: A meta-analytic study. *Child Development, 83,* 591–610.
Grube, D. (2005). Entwicklung des Rechnens im Grundschulalter. In Hasselhorn, M., Schneider, W. & H. Marx (Hrsg.), *Diagnostik von Mathematikleistungen* (Tests und Trends - Jahrbuch der pädagogisch-psychologischen Diagnostik, N.F., Bd. 4, S. 105–124). Göttingen: Hogrefe.
Grube, D., Lingen, M. & Hasselhorn, M. (2008). Entwicklung des phonologischen Arbeitsgedächtnisses: Zur Rolle von Rehearsal und Lexikalität für den Ähnlichkeitseffekt. *Zeitschrift für Entwicklungspsychologie und Pädagogische Psychologie, 40,* 200–207.
Gruber, H. & Stamouli, E. (2015). Intelligenz und Vorwissen. In E. Wild & J. Möller (Hrsg.) *Pädagogische Psychologie* (S. 25–45). Heidelberg: Springer.
Guay, F., Lessard, V. & Dubois, P. (2016). How can we create better learning contexts for children? Promoting students' autonomous motivation as a way to foster enhanced educational outcomes. In C. W. Liu, K. J. C. Wang & M. R. Ryan (Eds.), *Building Autonomous Learners: Perspectives from Research and Practice Using Self-Determination Theory* (pp. 83–106). Singapore: Springer.
Guay, F., Marsh, H. W. & Boivin, M. (2003). Academic self-concept and academic achievement: Developmental perspectives on their causal ordering. *Journal of Educational Psychology, 95,* 124–136.
Gürtler, T. (2003). *Trainingsprogramm zur Förderung selbstregulativer Kompetenz in Kombination mit Problemlösestrategien. PROSEKKO.* Frankfurt/Main: Peter Lang.
Guttentag, R. E., Haith, M. M., Goodman, G. S. & Hauch, J. (1984). Semantic processing of unattended words in bilinguals: A test of the input switch mechanism. *Journal of Verbal Learning and Verbal Behavior, 23,* 178–188.
Haberkorn, K., Lockl, K., Pohl, S., Ebert, S. & Weinert, S. (2014). Metacognitive knowledge in children at early elementary school. *Metacognition & Learning, 9,* 239–263.
Hahnefeld, A. & Heuschen, U. (2009). Versorgungsstudie zum Marburger Konzentrationstraining (MKT) bei Grundschulkindern mit Symptomen einer Aktivitäts- und Aufmerksamkeitsstörung. *Kindheit und Entwicklung, 18,* 30–38.
Hasselhorn, M. (1988). Wie und warum verändert sich die Gedächtnisspanne über die Lebensspanne? *Zeitschrift für Entwicklungspsychologie und Pädagogische Psychologie, 20,* 322–337.
Hasselhorn, M. (1995). Beyond production deficiency and utilization inefficiency: Mechanisms of the emergence of strategic categorization in episodic memory tasks. In F. E. Weinert & W. Schneider (Eds.), *Memory Development and Competencies: Issues in Growth and Development* (pp. 141–159). Mahwah, NJ: Erlbaum.
Hasselhorn, M. (2011). Lernen im Vorschul- und frühen Schulalter. In F. Vogt, M. Leuchter, A. Tettenborn, U. Hottinger, M. Jäger & E. Wannack (Hrsg.), *Entwicklung und Lernen junger Kinder* (S. 11–21). Münster: Waxmann.
Hasselhorn, M. & Artelt, C. (in Druck). Metakognition. In D. H. Rost, J. R. Sparfeld & S. Buch (Hrsg.), *Handwörterbuch Pädagogische Psychologie* (5., überarb. und erw. Aufl). Weinheim: Beltz.
Hasselhorn, M., Ehm, J.-H., Wagner, H., Schneider, W. & Schöler, H. (2015). *Zusatzförderung von Risikokindern.* Göttingen: Hogrefe.
Hasselhorn, M. & Gold, A. (2013). *Pädagogische Psychologie. Erfolgreiches Lernen und Lehren.* (3., überarb. und erw. Aufl.). Stuttgart: Kohlhammer.

Hasselhorn, M., Grube, D. & Mähler, C. (2000). Theoretisches Rahmenmodell für ein Diagnostikum zur differentiellen Funktionsanalyse des phonologischen Arbeitsgedächtnisses. In M. Hasselhorn, W. Schneider & H. Marx (Hrsg.), *Diagnostik von Lese-Rechtschreibschwierigkeiten. Tests und Trends, N.F. Band 1. Jahrbuch der pädagogisch-psychologischen Diagnostik* (S. 167–181). Göttingen: Hogrefe.
Hasselhorn, M. & Hager, W. (2010). Kognitives Training. In D. H. Rost (Hrsg.), *Handwörterbuch Pädagogische Psychologie* (4., überarbeitete und erw. Aufl., S. 378–387). Weinheim: Beltz.
Hasselhorn, M. & Labuhn, A. S. (2008). Metakognition und selbstreguliertes Lernen. In W. Schneider & M. Hasselhorn (Hrsg.), *Handbuch der Pädagogischen Psychologie* (S. 28–37). Göttingen: Hogrefe.
Hasselhorn, M. & Labuhn, A. S. (2010). Lernstrategien. In T. Hascher & B. Schmitz (Hrsg.), *Pädagogische Interventionsforschung. Theoretische Grundlagen und empirisches Handlungswissen* (S. 73–84). Weinheim: Juventa.
Hasselhorn, M., Lingelbach, H. & Gabert, A. (1991). Zur Entwicklung des Arbeitsgedächtnisses bei Schulkindern: Ist der phonetische Ähnlichkeitseffekt auf die Gedächtnisspanne wirklich altersabhängig? *Zeitschrift für Entwicklungspsychologie und Pädagogische Psychologie, 23*, 148–158.
Hasselhorn, M. & Sallat, S. (2014). Sprachförderung zur Prävention von Bildungsmisserfolg. In S. Sallat, M. Spreer, C. W. Glück & Deutsche Gesellschaft für Sprachheilpädagogik (Hrsg.), *Sprache professionell fördern: kompetent, vernetzt, innovativ* (1. Aufl., Sprachheilpädagogik aktuell, Bd. 1, S. 28–39*)*. Idstein: Schulz-Kirchner Verlag.
Hasselhorn, M., Schöler, H., Schneider, W., Ehm, J.-H., Johnson, M., Keppler, I., Krebs, K., Niklas, F., Randhawa, E., Schmiedeler, S., Segerer, R. & Wagner, H. (2012). Gezielte Zusatzförderung im Modellprojekt »Schulreifes Kind«. Auswirkungen auf Schulbereitschaft und schulischen Lernerfolg. *Frühe Bildung, 1*(1), 3–10.
Hasselhorn, M. & Schuchardt, K. (2006). Lernstörungen. Eine kritische Skizze zur Epidemiologie. *Kindheit und Entwicklung, 15*, 208–215.
Hasselhorn, M. & Werner, I. (2000). Zur Bedeutung des phonologischen Arbeitsgedächtnisses für die Sprachentwicklung. In H. Grimm (Hrsg.), *Sprachentwicklung* (Enzyklopädie der Psychologie, Themenbereich C: Theorie und Forschung, Serie III Sprache, Bd. 3, S. 363–378). Göttingen: Hogrefe.
Heckhausen, H. (1989). *Motivation und Handeln.* Berlin: Springer.
Heine, A., Engl, V., Thaler, V. M., Fussenegger, B. & Jacobs, A. M. (2012). *Neuropsychologie von Entwicklungsstörungen schulischer Fertigkeiten.* Göttingen: Hogrefe.
Helmke, A. (1998). Vom Optimisten zum Realisten? Zur Entwicklung des Fähigkeitsselbstkonzepts vom Kindergarten bis zur 6. Klassestufe. In W. Schneider & F. E. Weinert (Hrsg.), *Entwicklung im Kindesalter* (S. 116–132). Weinheim: Beltz.
Heubrock, D. & Petermann, F. (2001). *Aufmerksamkeitsdiagnostik.* Göttingen: Hogrefe.
Holmes, J., Gathercole, S. E. & Dunning, D. L. (2009). Adaptive training leads to sustained enhancement of poor working memory in children. *Developmental Science, 12*, F9–F15.
Holodynski, M. (2006). Die Entwicklung der Leistungsmotivation im Vorschulalter. *Zeitschrift für Entwicklungspsychologie und Pädagogische Psychologie, 38*, 2–17.
Hölzel, B. K., Lazar, S. W., Gard, T., Schuman-Olivier, Z., Vago, D. R. & Ott, U. (2011). How does mindfulness meditation work? Proposing mechanisms of action from a conceptual and neural perspective. *Perspectives on Psychological Science, 6*, 537–559.
Hongwanishkul, D., Happaney, K. R., Lee, W. S. C. & Zelazo, P. D. (2005). Assessment of hot and cool executive function in young children: Age-related changes and individual differences. *Developmental Neuropsychology, 28*, 617–644.
Horbach, J., Scharke, W., Cröll, J. & Günther, T. (2014). Neuer Aufgabentyp in der Früherkennung von LRS. *Forum Logopädie, 28*, 36–40.
Horbach, J., Scharke, W., Cröll, J., Heim, S. & Günther, T. (2015). Kindergarteners' performance in a sound–symbol paradigm predicts early reading. *Journal of Experimental Child Psychology, 139*, 256–264.
Hubbard, E. M., Piazza, M., Pinel, P. & Dehaene, S. (2005). Interactions between number and space in parietal cortex. *Nature Reviews Neuroscience, 6*, 435–448.

Hulme, C., Goetz, K., Gooch, D., Adams, J. & Snowling, M. J. (2007). Paired-associate learning, phoneme awareness, and learning to read. *Journal of Experimental Child Psychology, 96*, 150–166.

Hulme, C., Hatcher, P. J., Nation, K., Brown, A., Adams, J. & Stuart, G. (2002). Phoneme awareness is a better predictor of early reading skill than onset-rime awareness. *Journal of Experimental Child Psychology, 82*, 2–28.

Hulme, C. & Snowling, M. J. (2009). Reading disorders I: Developmental dyslexia. In C. Hulme & M. Snowling (Eds.), *Developmental Disorders of Language Learning and Cognition* (pp. 37–89). Chichester: Wiley-Blackwell.

Hulme, C. & Snowling, M. J. (2011). Children's reading comprehension difficulties nature, causes, and treatments. *Current Directions in Psychological Science, 20*, 139–142.

Hulme, C., Thomson, N., Muir, C. & Lawrence, A. (1984). Speech rate and development of short-term memory span. *Journal of Experimental Child Psychology, 38*, 241–253.

Hulme, C. & Tordoff, V. (1989). Working memory development: The effects of speech rate, word length, and acoustic similarity on serial recall. *Journal of Experimental Child Psychology, 47*, 72–87.

Ise, E., Engel, R. R. & Schulte-Körne, G. (2012). Was hilft bei der Lese-Rechtschreibstörung? *Kindheit und Entwicklung, 21*, 122–136.

Ise, E. & Schulte-Körne, G. (2013). Symptomatik, Diagnostik und Behandlung der Rechenstörung. *Zeitschrift für Kinder- und Jugendpsychiatrie und Psychotherapie, 41*, 271–282.

Jacobs, J. (1887). Experiments on »prehension«. *Mind, 12*, 75–79.

Jarrold, C. & Tam, H. (2011). Rehearsal and the development of working memory. In P. Barrouillet & V. Gaillard (Eds.). *Cognitive Development and Working Memory* (pp. 177–200). New York: Psychology Press.

Johnson, M., Posner, M. & Rothbart, M. K. (1991). Components of visual orienting in early infancy: Contingency learning, anticipatory looking, and disengaging. *Journal of Cognitive Neuroscience, 3*, 335–344.

Jörns, C., Schuchardt, K., Mähler, C. & Grube, D. (2013). Alltagsintegrierte Förderung numerischer Kompetenzen im Kindergarten. *Frühe Bildung, 2*, 84–91.

Kabat-Zinn, J. (2003). Mindfulness-based interventions in con-text: Past, present, and future. *Clinical Psychology: Science and Practice, 10*, 144–156.

Kammermeyer, G. (2000). *Schulfähigkeit – Kriterien und diagnostisch / prognostische Kompetenz von Lehrerinnen, Lehrern und Erzieherinnen.* Bad Heilbrunn: Klinkhardt.

Kammermeyer, G. (2006). Kognitive Förderung. In L. Fried & S. Roux (Hrsg.), *Pädagogik der frühen Kindheit. Ein Handbuch* (S. 178–184). Weinheim: Beltz.

Kammermeyer, G. (2010). Schulreife und Schulfähigkeit. In D. H. Rost (Hrsg.), *Handwörterbuch Pädagogische Psychologie* (4. Auflage) (S. 718–728). Weinheim: Beltz.

Kane, M. J., Hambrick, D. Z., & Conway, A. R. A. (2005). Working Memory Capacity and Fluid Intelligence Are Strongly Related Constructs: Comment on Ackerman, Beier, and Boyle (2005). *Psychological Bulletin, 131*(1), 66–71.

Käpnick, F. (2013). *Mathematiklernen in der Grundschule.* Berlin, Heidelberg: Springer Spektrum.

Karniol, R., Galili, L., Shtilerman, D., Naim, R., Stern, K., Manjoch, H. & Silverman, R. (2011). Why superman can wait: Cognitive self-transformation in the delay of gratification paradigm. *Journal of Clinical Child and Adolescent Psychology, 40*, 307–317.

Kell, H. J., Lubinski, D. & Benbow, C. P. (2013). Who rises to the top? Early indicators. *Psychological Science, 24*, 648–659.

Kemmler, L. & Heckhausen, H. (1962). Ist die sogenannte »Schulreife«ein Reifungsproblem. In K. Ingenkamp (Hrsg.), *Praktische Erfahrungen mit Schulreifetests* (S. 52–89). Basel: Karger.

Kern, A. (1951). *Sitzenbleiberelend und Schulreife.* Freiburg: Herder.

Kerr, A. & Zelazo, P. D. (2004). Development of »hot« executive function: The children's gambling task. *Brain and Cognition, 55*, 148–157.

Klauer, K. J. (1989). *Denktraining für Kinder I. Ein Programm zur intellektuellen Förderung.* Göttingen: Hogrefe.

Klauer, K. J. & Phye, G. D. (2008). Inductive reasoning: A training approach. *Review of Educational Research, 78,* 85–123.
Klesczewski, J., Brandenburg, J., Fischbach, A., Grube, D., Hasselhorn, M. & Büttner, G. (2015). Working memory functioning in children with poor mathematical skills. Relationships to IQ-achievement discrepancy and additional reading and spelling difficulties. *Zeitschrift für Psychologie, 223,* 83–92.
Klingberg, T., Fernell, E., Olesen, P., Johnson, M., Gustafsson, P., Dahlström, K., Gillberg, C. G., Forssberg, H. & Westerberg, H. (2005). Computerized training of working memory in children with ADHD – A controlled, randomized, double-blind trial. *Journal of the American Academy of Child and Adolescent Psychiatry, 44,* 177–186.
Kopecky, H., Chang, H. T., Klorman, R., Thatcher, J. E. & Borgstedt, A. D. (2005). Performance and private speech of children with attention-deficit/hyperactivity disorder while taking the Tower of Hanoi test: Effects of depth of search, diagnostic subtype, and methylphenidate. *Journal of Abnormal Child Psychology, 33,* 625–638.
Krajewski, K. (2005). Vorschulische Mengenbewusstheit von Zahlen und ihre Bedeutung für die Früherkennung von Rechenschwäche. In M. Hasselhorn, W. Schneider & H. Marx (Hrsg.), *Diagnostik von Mathematikleistungen (Tests & Trends, N.F. 4,* S. 49–70). Göttingen: Hogrefe.
Krajewski, K. (2007). Entwicklung und Förderung der vorschulischen Mengen-Zahlen-Kompetenz und ihre Bedeutung für die mathematischen Schulleistungen. In G. Schulte-Körne (Hrsg.), *Legasthenie und Dyskalkulie: Aktuelle Entwicklungen in Wissenschaft, Schule und Gesellschaft* (S. 325–332). Bochum: Winkler.
Krajewski, K. (2013). Wie bekommen die Zahlen einen Sinn: Ein entwicklungspsychologisches Modell der zunehmenden Verknüpfung von Zahlen und Größen. In M. von Aster & J. H. Lorenz (Hrsg.), *Rechenstörungen bei Kindern: Neurowissenschaft, Psychologie, Pädagogik* (S. 155–179). Göttingen: Vandenhoeck & Ruprecht.
Krajewski, K. & Ennemoser, M. (2010). Die Berücksichtigung begrenzter Arbeitsgedächtnisressourcen in Unterricht und Lernförderung. In H. P. Trolldenier, W. Lenhard & P. Marx (Hrsg.), *Brennpunkte der Gedächtnisforschung – Entwicklungs- und pädagogischpsychologischePerspektiven* (S. 337–365). Göttingen: Hogrefe.
Krajewski, K., Nieding, G. & Schneider, W. (2007). *Mengen, zählen, Zahlen: Die Welt der Mathematik entdecken (MZZ).* Berlin: Cornelsen.
Krajewski, K., Nieding, G. & Schneider, W. (2008). Kurz- und langfristige Effekte mathematischer Frühförderung im Kindergarten durch das Programm »Mengen, zählen, Zahlen«. *Zeitschrift für Entwicklungspsychologie und Pädagogische Psychologie, 40,* 135–146.
Krajewski, K. & Schneider, W. (2006). Mathematische Vorläuferfertigkeiten im Vorschulalter und ihre Vorhersagekraft für die Mathematikleistungen bis zum Ende der Grundschulzeit. *Psychologie in Erziehung und Unterricht, 53,* 246–262.
Krajewski, K. & Schneider, W. (2008). Prävention der Rechenschwäche. In W. Schneider & M. Hasselhorn (Hrsg.), *Handbuch der Pädagogischen Psychologie* (S. 360–370). Göttingen: Hogrefe.
Krampen, G. (2007). *KKA - Kaseler-Konzentrations-Aufgabe für 3-bis 8-jährige.* Göttingen: Hogrefe.
Krapp, A. (2010). Interesse. In D. H. Rost (Hrsg.), *Handwörterbuch Pädagogische Psychologie* (S. 311–323). Weinheim: Beltz.
Krauthausen, G. (2012). *Digitale Medien im Mathematikunterricht der Grundschule.* Berlin, Heidelberg: Springer Spektrum.
Krebs, K., Ehm, J. H. & Hasselhorn, M. (2012). »Runde Tische« im Projekt »Schulreifes Kind«. *Frühe Bildung, 1,* 20–25.
Krowatschek, D., Alberecht, S. & Krowatschek, G. (2013). *Marburger Konzentrationstraining (MKT) für Kindergarten, Vorschule und Eingangsstufe.* Dortmund: Verlag modernes lernen.
Krowatschek, D., Krowatschek, G. & Reid, C. (2011). *Marburger Konzentrationstraining (MKT) für Schulkinder.* Dortmund: Verlag modernes lernen.

Kudo, M. F., Lussier, C. M. & Swanson, H. L. (2015). Reading disabilities in children: A selective meta-analysis of the cognitive literature. *Research in Developmental Disabilities, 40*, 51–62.
Kuhn, D. (2002). What is scientific thinking and how does it develop? In U. Goswami (Ed.), *Handbook of childhood Cognitive Development* (pp. 371–393). Malden, MA: Blackwell.
Kuhn, D. & Pearsall, S. (2000). Developmental origins of scientific thinking. *Journal of Cognition & Development, 1*, 113–129.
Kühne, N. (2003). *Wie Kinder Sprache lernen. Grundlagen Strategien, Bildungschancen.* Darmstadt: Primus.
Küspert, P. & Schneider, W. (2008). *Hören, lauschen, lernen – Sprachspiele für Kinder im Vorschulalter* (4. Auflage). Göttingen: Vandenhoeck & Ruprecht.
Kyllonen, P. C. & Christal, R. E. (1990). Reasoning ability is (little more than) working-memory capacity?! *Intelligence, 14*, 389–433.
Laewen, H.-J. (2007). Bildung und Erziehung in Kindertageseinrichtungen. In H.-J. Laewen & B. Andres (Hrsg.), *Bildung und Erziehung in der frühen Kindheit. Bausteine zum Bildungsauftrag von Kindertagesstätten* (S. 16–102). Berlin: Cornelsen, Scriptor.
Landerl, K. & Kaufmann, L. (2008). *Dyskalkulie.* München: Reinhardt.
Landerl, K. & Wimmer, H. (2008). Development of word reading fluency and spelling in a consistent orthography: An 8-year follow-up. *Journal of Educational Psychology, 100*, 150–161.
Langhorst, P., Hildenbrand, C., Ehlert, A., Ricken, G. & Fritz, A. (2013). Mathematische Bildung im Kindergarten – Evaluation des Förderprogramms »Mina und der Maulwurf« und Betrachtung von Fortbildungsvarianten. In M. Hasselhorn, A. Heinze, W. Schneider & U. Trautwein (Hrsg.), *Diagnostik mathematischer Kompetenzen. Tests und Trends - Jahrbuch der pädagogisch-psychologischen Diagnostik,* N.F., Bd. 11 (S. 113–134). Göttingen: Hogrefe.
Le Corre, M., Van de Walle, G., Brannon, E. M. & Carey, S. (2006). Revisiting the competence/performance debate in the acquisition of the counting principles. *Cognitive Psychology, 52*, 130–169.
Lee, V. E., Brooks-Gunn, J. & Schur, E. (1988). Does Head Start work? A 1-year follow-up comparison of disadvantaged children attending Head Start, no preschool, and other preschool programs. *Developmental Psychology, 24*, 210–222.
Lehmann, M. & Hasselhorn, M. (2009). Entwicklung von Lernstrategien im Grundschulalter. In F. Hellmich & S. Wernke (Hrsg.), *Lernstrategien im Grundschulalter. Konzepte, Befunde und praktische Implikationen* (S. 25–41). Stuttgart: Kohlhammer.
Lenhard, A., Lenhard, W. & Klauer, K. J. (2012). *Denkspiele mit Elfe und Mathis: Förderung des logischen Denkvermögens für das Vor- und Grundschulalter.* Göttingen: Hogrefe.
Lenhard, W. (2013). *Leseverständnis und Lesekompetenz.* Stuttgart: Kohlhammer.
Lepper M. R., Greene D. & Nisbett, R. E. (1973). Undermining childrens intrinsic interest with extrinsic reward: A test of the »overjustification« hypothesis. *Journal of Personality and Social Psychology, 28*, 129–137.
Levin, I., Both-de Vries, A., Aram, D. & Bus, A. (2005). Writing starts with own name writing: From scribbling to conventional spelling in Israeli and Dutch children. *Applied Psycholinguistics, 26*, 463–477.
Li, J. (2004). Learning as a task or a virtue: US And Chinese preschoolers explain learning. *Developmental psychology, 40*, 595–605.
Liebers, K. (2008). *Kinder in der flexiblen Schuleingangsphase.* Wiesbaden: VS Verlag für Sozialwissenschaften.
Liegle, L. (2006). *Bildung und Erziehung in früher Kindheit.* Stuttgart: Kohlhammer.
Linkersdörfer, J. (2011). Neurokognitive Korrelate der Dyslexie. *Kindheit und Entwicklung, 20*, 4–12.
Locke, E. A. (2005). Why emotional intelligence is an invalid concept. *Journal of Organizational Behavior, 26*, 425–431.
Loesche, P., Wiley, J. & Hasselhorn, M. (2015). How knowing the rules affects solving the Raven Advanced Progressive Matrices Test. *Intelligence, 48*, 58–75.
Logie, R. H. (1995). *Visuo-Spatial Working Memory.* Hove, UK: Erlbaum.

Logie, R. H. & Pearson, D. G. (1997). The inner eye and the inner scribe of visuo-spatial working memory: Evidence from developmental fractionation. *European Journal of Cognitive Psychology, 9*, 241–257.
Longcamp, M., Zerbato-Poudou, M.-T. & Velay, J.-L. (2005). The influence of writing practice on letter recognition in preschool children: A comparison between handwriting and typing. *Acta Psychologica, 119*, 67–79.
Lonnemann, J., Linkersdörfer, J., Hasselhorn, M. & Lindberg, S. (2011). Neurokognitive Korrelate der Dyskalkulie. *Kindheit und Entwicklung, 20*, 13–20.
Loosli, S. V., Buschkuehl, M., Perrig, W. J. & Jaeggi, S. M. (2012). Working memory training improves reading processes in typically developing children. *Child Neuropsychology, 18*, 62–78.
Lorenz, J. H. (1991). Anschauung und Veranschaulichungsmittel im Mathematikunterricht - Mentales visuelles Operieren und Rechenleistung. *Journal für Mathematik-Didaktik, 12*, 95–96.
Lorenz, J. H. (2004). Rechenschwäche. In G. W. Lauth, M. Grünke & J. C. Brunstein (Hrsg.), *Interventionen bei Lernstörungen* (S. 34–46). Göttingen: Hogrefe.
Maag, J. W. (2001). Rewarded by punishment: Reflections on the disuse of positive reinforcement in schools. *Exceptional Children, 67*, 173–186.
Mähler, C. & Hasselhorn, M. (2001). Lern-und Gedächtnistraining bei Kindern. In K. J. Klauer (Hrsg.), *Handbuch Kognitives Training* (S. 407–429). Göttingen: Hogrefe.
Marsh, H. W. (1986). Verbal and math self-concepts: An Internal/External Frame of Reference Model. *American Educational Research Journal, 23*, 129–149.
Marsh, H. W. (1987). Big-fish-little-pond effect on academic self-concept. *Journal of Educational Psychology, 79*, 280–295.
Marsh, H. W., Ellis, L. A. & Craven, R. G. (2002). How do preschool children feel about themselves? Unraveling measurement and multidimensional self-concept structure. *Developmental Psychology, 38*, 376–393.
Marx, E. & Keller, K. (2010). Effekte eines induktiven Denktrainings auf die Denk- und Sprachentwicklung bei Vorschulkindern und Erstklässlern in benachteiligten Stadtteilen. *Zeitschrift für Pädagogische Psychologie, 24*, 139–146.
Marx, E. & Klauer, K. J. (2007). *Keiner ist so schlau wie ich: Ein Förderprogramm für Kinder von vier bis acht Jahren.* Göttingen: Vandenhoeck & Ruprecht.
McArdle, J. J., Hamagami, F., Meredith, W. & Bradway, K. P. (2000). Modeling the dynamic hypotheses of Gf–Gc theory using longitudinal life-span data. *Learning and Individual Differences, 12*, 53–79.
McCrink, K. & Wynn, K. (2004). Large-number addition and subtraction by 9-month-old infants. *Psychological Science, 15*, 776–781.
McKenzie, B., Bull, R. & Gray, C. (2003). The effects of phonological and visual-spatial interference on children's arithmetical performance. *Educational and Child Psychology, 20*, 93–108.
Meichenbaum, D. H. & Goodman, J. (1971). Training impulsive children to talk to themselves: a means of developing self-control. *Journal of Abnormal Psychology, 77*, 115–126.
Meiklejohn, J., Phillips, C., Freedman, M. L., Griffin, M. L., Biegel, G., Roach, A. Frank, J., Burke, C., Pinger, L., Soloway, G., Isberg, R., Sibinga, E., Grossman, L. & Saltzman, A. (2012). Integrating mindfulness training into K-12 education: Fostering the resilience of teachers and students. *Mindfulness, 3*, 291–307.
Melby-Lervåg, M. & Hulme, C. (2013). Is working memory training effective? A meta-analytic review. *Developmental Psychology, 49*, 270–291.
Merget-Kullmann, M., Wende, M. & Perels, F. (2007). Erzieherinnentraining »Lernen lernen mit Krixel« – Ein Programm zur Förderung selbstregulativer Kompetenzen von Erzieherinnen und Kindern im Vorschulalter. In M. Landmann & B. Schmitz (Hrsg.), *Selbstregulation erfolgreich fördern. Praxisnahe Trainingsprogramme für effektives Lernen* (S. 232–250). Stuttgart: Kohlhammer.
Mezzacappa, E. (2004). Alerting, orienting, and executive attention: Developmental properties and sociodemographic correlates in an epidemiological sample of young, urban children. *Child Development, 75*, 1373–1386.

Milich, R. (1994). The response of children with ADHD to failure: If at first you don't succeed, do you try, try again? *School Psychology Review, 23*, 11–28.
Mischel, H. (1984). From intention to action: The role of rule knowledge in the development of self-regulation. *Human Development, 27*, 124–128.
Mischel, W., Ebbesen, E. B. & Zeiss, A. R. (1972). Cognitive and attentional mechanisms in delay of gratification. *Journal of Personality and Social Psychology, 21*, 204–218.
Mischel, W. & Metzner, R. (1962). Preference for delayed reward as a function of age, intelligence, and length of delay interval. *The Journal of Abnormal and Social Psychology, 64*, 425–431.
Mischel, W., Shoda, Y. & Peake, P. K. (1988). The nature of adolescent competencies predicted by preschool delay of gratification. *Journal of personality and social psychology, 54*, 687–696.
Mischel, W., Shoda, Y. & Rodriguez, M. L. (1989). Delay of gratification in children. *Science, 244*, 933–938.
Miyake, A. & Friedman, N. P. (2012). The nature and organization of individual differences in executive functions: Four general conclusions. *Current Directions in Psychological Science, 21*, 8–14.
Miyake, A., Friedman, N. P., Emerson, M. J., Witzki, A. H., Howerter, A. & Wager, T. D. (2000). The unity and diversity of executive functions and their contributions to complex »frontal lobe« tasks: A latent variable analysis. *Cognitive Psychology, 41*, 49–100.
Moll, K., Bruder, J., Kunze, S., Neuhoff, N. & Schulte-Körne, G. (2014). Specific learning disorder: Prevalence and gender differences. *PLOS ONE, 9*(7), e103537.
Moll, K., Göbel, S. M., Gooch, D., Landerl, K. & Snowling, M. J. (2016). Cognitive risk factors for specific learning disorder processing speed, temporal processing, and working memory. *Journal of Learning Disabilities, 49*, 272–281.
Morais, J., Bertelson, P., Cary, L. & Alegria, J. (1986). Literacy training and speech segmentation. *Cognition, 24*, 45–64.
Morrison, F. J. (1982). The development of alertness. *Journal of Experimental Child Psychology, 34*, 187–199.
Morrison, F. J., Smith, L. & Dow-Ehrensberger, M. (1995). Education and cognitive development: A natural experiment. *Developmental Psychology, 31*, 789–799.
Mounts, N. S. & Roopnarine, J. L. (1987). Social-cognitive play patterns in same-age and mixed-age preschool classrooms. *American Educational Research Journal, 24*, 463–476.
Muraven, M. & Baumeister, R. F. (2000). Self-regulation and depletion of limited resources: Does self-control resemble a muscle? *Psychological Bulletin, 126*, 247–259.
Muter, V. & Diethelm, K. (2001). The contribution of phonological skills and letter knowledge to early reading development in a multilingual population. *Language Learning, 51*, 187–219.
Näslund, J. C. & Schneider, W. (1996). Kindergarten letter knowledge, phonological skills, and memory processes: Relative effects on early literacy. *Journal of Experimental Child Psychology, 62*, 30–59.
Neisser, U. (1967). *Cognition Psychology*. New York: Appleton.
Neubauer, A. & Stern, E. (2008). *Lernen macht intelligent: Warum Begabung gefördert werden muss* (2. Aufl.). München: DVA.
Nicholls, J. G. (1978). The development of the concepts of effort and ability, perceptions of academic attainments, and the understanding that difficults tasks require more ability. *Child Development, 49*, 800–814.
Nicholls, J. G. (1984). Achievement motivation: Conceptions of ability, subjective experience, task choice, and performance. *Psychological Review, 91*, 328–346.
Nickel, H. (1990). Das Problem der Einschulung aus ökologisch-systemischer Perspektive. *Psychologie in Erziehung und Unterricht, 37*, 217–227.
Oberauer, K. (2007). Lernen. In M. Hasselhorn & W. Schneider (Hrsg.), *Handbuch der Entwicklungspsychologie* (S. 96–106). Göttingen: Hogrefe.
Oberauer, K., Schulze, R., Wilhelm, O. & Süß, H. M. (2005). Working memory and intelligence–their correlation and their relation: Comment on Ackerman, Beier, and Boyle (2005). *Psychological Bulletin, 131*, 61–65.

Odic, D., Libertus, M. E., Feigenson, L. & Halberda, J. (2013). Developmental change in the acuity of approximate number and area representations. *Developmental Psychology, 49*, 1103–1112.

Otto, B., Perels, F. & Schmitz, B. (2011). Selbstreguliertes Lernen. In H. Reinders, H. Ditton, C. Gräsel & B. Gniewosz (Hrsg.), *Empirische Bildungsforschung* (S. 33–44). Wiesbaden: VS Verlag für Sozialwissenschaften.

Ouellette, G. & Tims, T. (2014). The write way to spell: Printing vs. typing effects on orthographic learning. *Frontiers in Psychology, 5*: 117.

Pashler, H., Johnston, J. C. & Ruthruff, E. (2001). Attention and performance. *Annual Review of Psychology, 52*, 629–651.

Passolunghi, M. C. & Siegel, L. S. (2001). Short-term memory, working memory, and inhibitory control in children with difficulties in arithmetic problem solving. *Journal of Experimental Child Psychology, 80*, 44–57.

Peng, P. & Miller, A. C. (2016). Does attention training work? A selective meta-analysis to explore the effects of attention training and moderators. *Learning and Individual Differences, 45*, 77–87.

Pennington, B. F. & Lefly, D. L. (2001). Early reading development in children at family risk for dyslexia. *Child Development, 72*, 816–833.

Perels, F. & Otto, B. (2009). Förderung selbstregulierten Lernens im Vor- und Grundschulalter. In F. Hellmich & S. Wernke (Hrsg.), *Lernstrategien im Grundschulalter. Konzepte, Befunde und praktische Implikationen* (S. 174–193). Stuttgart: Kohlhammer.

Perfetti, C., Cao, F. & Booth, J. (2013). Specialization and universals in the development of reading skill: How Chinese research informs a universal science of reading. *Scientific Studies of Reading, 17*, 5–21.

Petermann, F., Fröhlich, L. P., Metz, D. & Koglin, U. (2010). *Elternbasierte Sprachförderung im Vorschulalter – Das Lobo-Programm*. Göttingen: Hogrefe.

Petermann, U. (2009). *Die Kapitän-Nemo-Geschichten*. Freiburg: Herder.

Petermann, U. & Pätel, J. (2009). Entspannungsverfahren. In S. Schneider & J. Margraf (Hrsg.), *Lehrbuch der Verhaltenstherapie* (S. 243–254). Springer Berlin Heidelberg.

Petersen, S. E. & Posner, M. I. (2012). The attention system of the human brain: 20 years after. *Annual Review of Neuroscience, 35*, 73–89.

Pianta, R. C., & Walsh, D. J. (1996). *High-risk Children in Schools: Constructing Sustaining Relationships*. New York, USA: Psychology Press.

Plume, E. & Schneider, W. (2004). *Hören, lauschen, lernen 2 – Spiele mit Buchstaben und Lauten für Kinder im Vorschulalter. Würzburger Buchstaben-Laut-Training*. Göttingen: Vandenhoeck & Ruprecht.

Pohlmann-Rother, S., Kratzmann, J. & Faust, G. (2011). Schulfähigkeit in der Sicht von Eltern, Erzieher/innen und Lehrkräften. *Diskurs Kindheits- Und Jugendforschung, 6*(1), 57–74.

Ponitz, C. C., McClelland, M. M., Matthews, J. S. & Morrison, F. J. (2009). A structured observation of behavioral self-regulation and its contribution to kindergarten outcomes. *Developmental Psychology, 45*, 605–619.

Posner, M. I. & Petersen, S. E. (1990). The attention system of the human brain. *Annual Review of Neuroscience, 13*, 25–42.

Posner, M. I. & Rothbart, M. K. (2007). *Educating the Human Brain*. Washington, DC: American Psychological Association.

Posner, M. I., Rothbart, M. K. & Rueda, M. R. (2014). Developing attention and self-regulation in childhood. In K. Nobre & S. Kastner (Eds.), *The Oxford Handbook of Attention* (pp. 541–569). London: Oxford University Press.

Pozuelos, J. P., Paz-Alonso, P. M., Castillo, A., Fuentes, L. J. & Rueda, M. R. (2014). Development of attention networks and their interactions in childhood. *Developmental Psychology, 50*, 2405–2415.

Praetorius, A. K., Kastens, C., Hartig, J. & Lipowsky, F. (2016). Haben Schüler mit optimistischen Selbsteinschätzungen die Nase vorn? *Zeitschrift für Entwicklungspsychologie und Pädagogische Psychologie, 48*, 14–26.

Pramling, I. (1990). *Learning to Learn. A Study of Swedish Preschool-Children.* New York: Springer.
Prencipe, A. & Zelazo, P. D. (2005). Development of affective decision making for self and other evidence for the integration of first-and third-person perspectives. *Psychological Science, 16,* 501–505.
Prenzel, M., Reiss, K. & Hasselhorn, M. (2009). Förderung der Kompetenzen von Kindern und Jugendlichen. In J. Milberg (Hrsg.), *Förderung des Nachwuchses in Technik und Naturwissenschaft* (pp. 15–60). Berlin: Springer.
Preßler, A.-L., Könen, T., Hasselhorn, M. & Krajewski, K. (2013). Cognitive preconditions of early reading and spelling: A latent-variable approach with longitudinal data. *Reading and Writing: An Interdisciplinary Journal, 27,* 383–406.
Ramus, F. & Szenkovits, G. (2008). What phonological deficit? *The Quarterly Journal of Experimental Psychology, 61,* 129–141.
Renner, G., Martschinke, S., Munser-Kiefer, M. & Steinmüller, S. (2011). Diagnose und Förderung des Selbstkonzepts im Anfangsunterricht. In F. Günther & F. Hellmich (Hrsg.), *Selbstkonzepte im Grundschulalter* (S. 247–263). Stuttgart: Kohlhammer.
Repacholi, B. M. & Gopnik, A. (1997). Early reasoning about desires: evidence from 14- and 18-month-olds. *Developmental Psychology, 33,* 12–21.
Resnick, L. B. (1983). A developmental theory of number understanding. In H. Ginsburg (Ed.), *The Development of Mathematical Thinking* (pp. 109–151). New York: Academic Press.
Resnick, L. B. (1991). Shared cognition: Thinking as social practice. In L. B. Resnick, J. M. Levine & S. D. Teasley (Eds.), *Perspectives on Socially Shared Cognition* (pp. 1–20). Washington, DC: American Psychological Association.
Rheinberg, F. (1986). Lernmotivation. In W. Sarges & R. Fricke (Hrsg.), *Psychologie für die Erwachsenenbildung* (S. 360–365). Göttingen: Hogrefe.
Rost, D. H. (2009). *Intelligenz. Fakten und Mythen.* Weinheim: Beltz.
Rückert, E. M., Kunze, S., Schillert, M. & Schulte-Körne, G. (2010). Prävention von Lese-Rechtschreibschwierigkeiten. Effekte eines Eltern-Kind-Programms zur Vorbereitung auf den Schriftspracherwerb. *Kindheit und Entwicklung, 19,* 82–89.
Rueda, M. R., Checa, P. & Combita, L. M. (2012). Enhanced efficiency of the executive attention network after training in preschool children: immediate changes and effects after two months. *Developmental Cognitive Neuroscience, 2,* 192–204.
Rueda, M. R., Fan, J., McCandliss, B. D., Halparin, J. D., Gruber, D. B., Lercari, L. P. & Posner, M. I. (2004). Development of attentional networks in childhood. *Neuropsychologia, 42,* 1029–1040.
Rueda, M. R., Posner, M. I. & Rothbart, M. K. (2005). The development of executive attention: Contributions to the emergence of self-regulation. *Developmental Neuropsychology, 28,* 573–594.
Rueda, M. R., Rothbart, M. K., McCandliss, B. D., Saccomanno, L. & Posner, M. I. (2005). Training, maturation, and genetic influences on the development of executive attention. *Proceedings of the national Academy of Sciences of the United States of America, 102,* 14931–14936.
Ruffman, T., Perner, J., Olson, D. R. & Doherty, M. (1993). Reflecting on scientific thinking: Children's understanding of the hypothesis-evidence relation. *Child Development, 64,* 1617–1636.
Saffran, J. R., Aslin, R. N. & Newport, E. L. (1996). Statistical learning by 8-month-old infants. *Science, 274,* 1926–1928.
Saß, H., Wittchen, H.-M. & Zaudig, M. (2003). *Diagnostisches und Statistisches Manual Psychischer Störungen – Textrevision (DSM-IV-TR).* Göttingen: Hogrefe.
Scerri, T. S. & Schulte-Körne G. (2010). Genetics of developmental dyslexia. *European Child & Adolescent Psychiatry, 19,* 179–197.
Schäfer, G. E. (2005). *Bildungsprozesse im Kindesalter. Selbstbildung, Erfahrung und Lernen in der frühen Kindheit* (3. Auflage). Weinheim, München: Juventa.
Schank, R. C. & Abelson, R. P. (1977). *Scripts, Plans, Goals and Understanding: An Inquiry into Human Knowledge Structures.* Hillsdale: Erlbaum.

Scheerer-Neumann, G. (2015). *Lese-Rechtschreib-Schwäche und Legasthenie: Grundlagen, Diagnostik und Förderung.* Stuttgart: Kohlhammer.
Schiefele, U. (2008). Lernmotivation und Interesse. In W. Scheinder & M. Hasselhorn (Hrsg.), *Handbuch der Pädagogischen Psychologie. Reihe Handbuch der Psychologie Band 10* (S. 38–49). Göttingen: Hogrefe.
Schiefele, U., Krapp, A. & Schreyer, I. (1993). Metaanalyse des Zusammenhangs von Interesse und schulischer Leistung. *Zeitschrift für Entwicklungspsychologie und Pädagogische Psychologie, 25*, 120–148.
Schiefele, U. & Pekrun, R. (1996). Psychologische Modelle des selbstgesteuerten und fremdgesteuerten Lernens. In F. E. Weinert (Hrsg.), *Psychologie des Lernens und der Instruktion, D/I/2, Enzyklopädie der Psychologie* (S. 249–278). Göttingen: Hogrefe.
Schiefele, U., Schaffner, E., Möller, J. & Wigfield, A. (2012). Dimensions of reading motivation and their relation to reading behavior and competence. *Reading Research Quarterly, 47*, 427–463.
Schiefele, U. & Schreyer, I. (1994). Intrinsische Lernmotivation und Lernen. *Zeitschrift für Pädagogische Psychologie, 8*, 1–13.
Schmidt-Atzert, L., Büttner, G. & Bühner, M. (2004). Theoretische Aspekte von Aufmerksamkeits-/Konzentrationsdiagnostik. In G. Büttner & L. Schmidt-Atzert (Hrsg.), *Diagnostik von Konzentration und Aufmerksamkeit. Tests und Trends – Jahrbuch der pädagogisch-psychologischen Diagnostik* (Bd. 3, S. 3–22). Göttingen: Hogrefe.
Schmiedeler, S. (2015). Achtsamkeitsbasierte Therapieverfahren bei der Aufmerksamkeitsdefizit-/Hyperaktivitätsstörung (ADHS). *Zeitschrift für Kinder-und Jugendpsychiatrie und Psychotherapie, 43*, 123–131.
Schneider, W. (1997). The impact of expertise on performance: Illustrations from developmental research on memory and sports. *High Ability Studies, 8*, 7–18.
Schneider, W., Körkel, J. & Weinert, F. E. (1989). Domain-specific knowledge and memory performance: A comparison of high- and lowaptitude children. *Journal of Educational Psychology, 81*, 306–312.
Schneider, W. & Marx, P. (2008). Früherkennung und Prävention von Lese-Rechtschreibschwierigkeiten. In F. Petermann & W. Schneider (Hrsg.), *Angewandte Entwicklungspsychologie. Enzyklopädie der Psychologie, Serie Entwicklungspsychologie, Bd. 7* (S. 237–273). Göttingen: Hogrefe.
Schneider, W. & Näslund, J. C. (1999). The early prediction of reading and spelling: Problems and perspectives. In F. E. Weinert & W. Schneider (Eds.), *Individual Development from 3 to 12: Findings from the Munich Longitudinal Study* (pp. 126–147). Cambridge: Cambridge University Press.
Schnurrer, M., Tuffentsammer, M. & Roßbach, H.-G. (2010). Bilden und fördern? Die Neubestimmung öffentlicher Erziehung und ihre beabsichtigten und gemessenen Wirkungen. In P. Cloos & B. Karner (Hrsg.), *Erziehung und Bildung von Kindern als gemeinsames Projekt. Zum Verhältnis von familialer Erziehung und öffentlicher Kinderbetreuung* (S. 98–112). Hohengehren: Schneider.
Schründer-Lenzen, A. (2009). *Schriftspracherwerb und Unterricht: Bausteine professionellen Handlungswissens.* Berlin: Springer.
Schründer-Lenzen, A. (2013). *Schriftspracherwerb.* Berlin: Springer.
Schuchardt, K., Mähler, C. & Hasselhorn, M. (2008). Working memory deficits in children with specific learning disorders. *Journal of Learning Disabilities, 41*, 514–523.
Schulz, L. E. & Gopnik, A. (2004). Causal learning across domains. *Developmental Psychology, 40*, 162–176.
Schumann-Hengsteler, R., Strobl, M. & Zoelch, C. (2004). Temporal memory for locations: On the coding of spatio-temporal information in children and adults. In G. Allen (Ed.), *Human Spatial Memory: Remembering Where* (pp. 101–124). New York: Erlbaum.
Siegel, L. S. (2003). Learning disabilities. In W. M. Reynolds & G. E. Miller (Eds.), *Handbook of Psychology, Vol. 7, Educational Psychology* (pp. 455–486). Hoboken: Wiley.
Siegler, R. S. (1986). Unities in strategy choices across domains. In M. Perlmutter (Ed.), *The Minnesota Symposium on Child Psychology* (Vol. 19, pp. 1–48). Mahwah, NJ: Erlbaum.
Siegler, R. S. (1995). Children's learning. *American Psychologist, 60*, 769–778.

Siegler, R. S. (1996). *Emerging Minds: The Process of Change in Children's Thinking.* New York: Oxford University Press.
Siegler, R. S. (2005). Children's learning. *American Psychologist, 60*(8), 769.
Siegler, R. S. (2016). Magnitude knowledge: the common core of numerical development. *Developmental Science, 19*, 341–361.
Siegler, R. S. & Shrager, J. (1984). Strategy choices in addition and subtraction: How do children know what to do? In C. Sophian (Ed.), *Origins of Cognitive Skills* (pp. 229–293). Hillsdale, NJ: Erlbaum.
Singh, N. N., Lancioni, G. E., Winton, A. S. W., Karazsia, B. T. & Singh, J. (2013). Mindfulness training for teachers changes the behavior of their preschool students. *Research in Human Development, 10*, 211–233.
Skowronek, H. & Marx, H. (1989). Die Bielefelder Längsschnittstudie zur Früherkennung von Risiken der Lese- Rechtschreibschwäche: Theoretischer Hintergrund und erste Befunde. *Heilpädagogische Forschung, 15*, 38–49.
Snowling, M. J. (2000). *Dyslexia.* Oxford: Blackwell.
Sodian, B. & Schneider, W. (1990). Children's understanding of cognitive cuing: How to manipulate cues to fool a competitor. *Child Development, 61*, 697–704.
Sodian, B., Zaitchik, D. & Carey, S. (1991). Young children's differentiation of hypothetical beliefs from evidence. *Child Development, 62*, 753–766.
Spearman, C. (1923). *The Nature of »Intelligence« and the Principles of Cognition.* London, UK: Macmillan.
St Clair-Thompson, H. L. & Gathercole, S. E. (2006). Executive functions and achievements in school: Shifting, updating, inhibition, and working memory. *The Quarterly Journal of Experimental Psychology, 59*, 745–759.
Stahl, S. A., McKenna, M. C. & Pagnucco, J. R. (1994). The effects of whole-language instruction: An update and a reappraisal. *Educational Psychologist, 29*, 175–185.
Stamm, M. (2013). Soziale Mobilität durch frühkindliche Bildung? In M. Stamm & D. Edelmann (Hrsg.), *Handbuch frühkindliche Bildungsforschung* (S. 681–694). Wiesbaden: VS Verlag für Sozialwissenschaften.
Starkey, P. & Cooper, R. G. (1995). The development of subitizing in young children. *British Journal of Developmental Psychology, 13*, 399–420.
Steinbrink, C. & Lachmann, T. (2014). *Lese-Rechtschreibstörung: Grundlagen, Diagnostik, Intervention.* Berlin: Springer.
Stern, E. (2005). Knowledge restructuring as a powerful mechanism of cognitive development: How to lay an early foundation for conceptual understanding in formal domains. *British Journal of Educational Psychology Monograph Series II, 3*, 153–169.
Stern, E. & Schumacher, R. (2004). Lernziel: Intelligentes Wissen. *UNIVERSITAS, 2*, 121–134.
Sternberg, R. J. (1998). *Erfolgsintelligenz. Warum wir mehr brauchen als EQ und IQ.* München: Lichtenberg.
Stigler, J. W., Lee, S. Y. & Stevenson, H. W. (1986). Digit memory in Chinese and English: Evidence for a temporally limited store. *Cognition, 23*, 1–20.
Stipek, D. J. & Gralinski, J. H. (1991). Gender differences in children's achievement-related beliefs and emotional responses to success and failure in mathematics. *Journal of Educational Psychology, 83*, 361–371.
Stipek, D. J. & Hoffman, J. M. (1980). Development of children's performance-related judgments. *Child Development, 51*, 912–914.
Stipek, D. J., Recchia, S. & McClintic, S. (1992). Self-evaluation in young children. *Monographs of the Society for Research in Child Development, 57*, 1–84.
Stone, C. A. & May, A. L. (2002). The accuracy of academic self-evaluations in adolescents with learning disabilities. *Journal of Learning Disabilities, 35*, 370–383.
Stutz, F., Schaffner, E. & Schiefele, U. (2016). Relations among reading motivation, reading amount, and reading comprehension in the early elementary grades. *Learning and Individual Differences, 45*, 101–113.
Süß, H. M., Oberauer, K., Wittmann, W. W., Wilhelm, O. & Schulze, R. (2002). Working-memory capacity explains reasoning ability - And a little bit more. *Intelligence, 30*, 261–288.

Sylva, K., Stein, A., Leach, P., Barnes, J. & Malmberg, L. E. (2011). Effects of early child-care on cognition, language, and task-related behaviours at 18 months: An English study. *British Journal of Developmental Psychology, 29*, 18–45.
Tan, L. H., Spinks, J. A., Eden, G. F., Perfetti, C. A. & Siok, W. T. (2005). Reading depends on writing, in Chinese. *Proceedings of the National Academy of Sciences of the USA, 102*, 8781–8785.
Tan, L. H., Xu, M., Chang, C. Q. & Siok, W. T. (2013). China's language input system in the digital age affects children's reading development. *Proceedings of the National Academy of Sciences of the USA, 110*, 1119–1123.
Tolchinsky, L. (2006). The emergence of writing. In C. A. MacArthur, S. Graham & J. Fitzgerald (Eds.), *Handbook of Writing Research* (pp. 83–95). Guilford Press.
Tracy, R. (2008). *Wie Kinder Sprachen lernen: Und wie wir sie dabei unterstützen können.* Tübingen: Francke.
Tsujimoto, S., Kuwajima, M. & Sawaguchi, T. (2007). Developmental fractionation of working memory and response inhibition during childhood. *Experimental Psychology, 54*, 30–37.
Valtin, R. (2012). Phonologische Bewusstheit: ein kritischer Blick auf ein modisches Konstrukt. *Frühe Bildung, 1*, 223–225.
van der Maas, H. L. J., Dolan, C. V, Grasman, R. P. P. P., Wicherts, J. M., Huizenga, H. M. & Raijmakers, M. E. J. (2006). A dynamical model of general intelligence: the positive manifold of intelligence by mutualism. *Psychological Review, 113*(4), 842–861.
van IJzendoorn, M., Schuengel, C. & Bakermans-Kranenburg, M. (1999). Disorganized attachment in early childhood: Meta-analysis of precursors, concomitants, and sequelae. *Development and Psychopathology, 11*, 225–249.
Veenman, M. V. J., van Hout-Wolters, B. H. A. M. & Afflerbach, P. (2006). Metacognition and learning: Conceptual and methodological considerations. *Metacognition and Learning, 1*, 3–14.
Vohs, K. D. & Heatherton, T. F. (2000). Self-regulatory failure: A resource-depletion approach. *Psychological Science, 11*, 249–254.
Von Suchodoletz, A., Gawrilow, C., Gunzenhauser, C., Merkt, J., Hasselhorn, M., Wanless, S. B. & McClelland, M. M. (2014). Erfassung der Selbstregulation vor dem Schuleintritt. *Psychologie in Erziehung und Unterricht, 61*, 165–174.
Wagner, R. K. & Torgesen, J. K. (1987). The nature of phonological processing and its causal role in the acquisition of reading skills. *Psychological Bulletin, 101*, 192–212.
Wang, M. C., Haertel, G. D. & Walberg, H. J. (1990). What influences learning? A content analysis of review literature. *Journal of Educational Research, 84*, 30–43.
Weiner, B. (1992). *Human Motivation: Metaphors, Theories, and Research.* Newbury Park: Sage.
Weinert, S., Ebert, S., Lockl, K. & Kuger, S. (2012). Disparitäten im Wortschatzerwerb: Zum Einfluss des Arbeitsgedächtnisses und der Anregungsqualität in Kindergarten und Familie auf den Erwerb lexikalischen Wissens. *Unterrichtswissenschaft, 40*, 4–25.
Weiß, R. & Osterland, J. (2012). *Grundintelligenztest Skala 1 (CFT 1, 6.* überarb. Aufl.). Göttingen: Hogrefe.
Wellman, H. M. & Lagattuta, K. H. (2004). Theory of mind for learning and teaching: The nature and role of explanation. *Cognitive Development, 19*, 479–497.
Whitehurst, G. J. & Lonigan, C. J. (1998). Child development and emergent literacy. *Child Development, 69*, 848–872.
Wigfield, A. & Eccles, J. S. (1989). Test anxiety in elementary and secondary school students. *Educational Psychologist, 24*, 159–183.
Wilson, A. J., Andrewes, S. G., Struthers, H., Rowe, V. M., Bogdanovic, R. & Waldie, K. E. (2015). Dyscalculia and dyslexia in adults: Cognitive bases of comorbidity. *Learning and Individual Differences, 37*, 118–132.
Wimmer, H. & Perner, J. (1983). Beliefs about beliefs: Representation and constraining function of wrong beliefs in young children's understanding of deception. *Cognition, 13*, 103–128.

Wimmer, H. & Schurz, M. (2010). Dyslexia in regular orthographies: Manifestation and causation. *Dyslexia, 16*, 283–299.
Wittmann, E. C. & Müller, G. N. (2007). *Blitzrechnen – Kopfrechnen Klasse 1 + 2 [CD-ROM]*. Leipzig: Klett.
Wittmann, E. C. & Müller, G. N. (2013). *Das Zahlenbuch. Mathematik für die Grundschule*. Stuttgart: Klett.
Wolf, K. M., Schroeders, U. & Kriegbaum, K. (2016). Metaanalyse zur Wirksamkeit einer Förderung der phonologischen Bewusstheit in der deutschen Sprache. *Zeitschrift für Pädagogische Psychologie, 30*, 9–33.
Wood, N. & Cowan, N. (1995). The cocktail party phenomenon revisited: How frequent are attention shifts to one's name in an irrelevant auditory channel? *Journal of Experimental Psychology: Learning, Memory, and Cognition, 21*, 255–260.
World Health Organization (2005). *ICD: Classification of mental and behavioural disorders: Clinical descriptions and diagnostic guidelines* (10th rev. ed.). Geneva, Switzerland: World Health Organization.
Wynn, K. (1990). Children's understanding of counting. *Cognition, 36*, 155–193.
Wynn, K. (1992). Addition and subtraction by human infants. *Nature, 358*, 749–750.
Wyschkon, A., Kohn, J., Ballaschk, K. & Esser, G. (2009). Sind Rechenstörungen genau so häufig wie Lese-Rechtschreibstörungen? *Zeitschrift für Kinder- und Jugendpsychiatrie und Psychotherapie, 37*, 499–512.
Xu, F., Spelke, E. S. & Goddard, S. (2005). Number sense in human infants. *Developmental Science, 8*, 88–101.
Yeniad, N., Malda, M., Mesman, J., van IJzendoorn, M. H. & Pieper, S. (2013). Shifting ability predicts math and reading performance in children: A meta-analytical study. *Learning and Individual Differences, 23*, 1–9.
Yuzawa, M. (2001). Effects of word length on young children's memory performance. *Memory & Cognition, 29*: 557.
Zeinz, H. (2006). *Schulische Selbstkonzepte und soziale Vergleiche in der Grundschule: Welche Rolle spielt die Einführung von Schulnoten? Dissertation*. Friedrich-Alexander-Universität Erlangen-Nürnberg.
Zelazo, P. D. & Carlson, S. M. (2012). Hot and cool executive function in childhood and adolescence: Development and plasticity. *Child Development Perspectives, 6*, 354–360.
Ziegler, J. C. & Goswami, U. (2005). Reading acquisition, developmental dyslexia, and skilled reading across languages: A psycholinguistic grain size theory. *Psychological Bulletin, 131*, 3–29.
Zimmerman, B. J. & Martinez-Pons, M. (1990). Student differences in self-regulated learning: Relating grade, sex, and giftedness to self-efficacy and strategy use. *Journal of Educational Psychology, 82*, 51–59.
Ziv, M. & Frye, D. (2004). Children's understanding of teaching: The role of knowledge and belief. *Cognitive Development, 19*, 457–477.
Zoccolotti, P., De Luca, M., Di Filippo, G., Judica, A. & Martelli, M. (2009). Reading development in an orthographically regular language: Effects of length, frequency, lexicality and global processing ability. *Reading and Writing, 22*, 1053–1079.
Zoccolotti, P., De Luca, M., Di Pace, E., Gasperini, F., Judica, A. & Spinelli, D. (2005). Word length effect in early reading and in developmental dyslexia. *Brain and Language, 93*, 369–373.

Autorenverzeichnis

Dr. Jan-Henning Ehm
Deutsches Institut für Internationale Pädagogische Forschung
Schloßstraße 29
60486 Frankfurt am Main
E-Mail: ehm@dipf.de

Dr. Jan Lonnemann
Deutsches Institut für Internationale Pädagogische Forschung
Schloßstraße 29
60486 Frankfurt am Main
E-Mail: lonnemann@dipf.de

Prof. Dr. Marcus Hasselhorn
Deutsches Institut für Internationale Pädagogische Forschung
Schloßstraße 29
60486 Frankfurt am Main
E-Mail: hasselhorn@dipf.de

Stichwortverzeichnis

A

Achtsamkeit 145
ADHS 144–145
Ainsworth, Mary 121–122
Akkommodation 58
akustischer Ähnlichkeitseffekt 93
approximatives Mengenverständnis 112
Arbeitsgedächtnis 21, 28, 40–41, 48, 56, 63, 91, 129, 149
– phonologisches 42, 94, 106, 127, 149
– visuell-räumliches 44, 94
– zentral-exekutives 45–46
Assimilation 58
Aufmerksamkeit 28, 31, 33–34, 36–37, 45, 84, 90, 142, 144–145
Aufmerksamkeitsnetzwerke 33, 38, 144
Auswendiglernen 64

B

Baddeley, Alan 41–42, 45–46
Bandura, Albert 20
Begabungsüberzeugungen 97
Behaviorismus 14–15, 26
Belohnung 17, 19, 26, 79, 82–83
Belohnungsaufschub 81–82, 84, 121
Beobachtungslernen 20
Bestrafung 17, 19, 26, 79
Bilingualität 50
Bindung 86, 121–122
Binet, Alfred 54
Block, Jacob 85
Bowlby, John 121

C

Cattell, Raymond Bernard 55–57
Cocktailparty-Phänomen 32

D

Daueraufmerksamkeit 35, 38, 143–145

Denkentwicklung 57
Denktraining 147–148
Diskrepanzkriterium 124

E

Effektproduktion 61
Entwicklungsförderung 130, 134, 147
episodischer Puffer 42, 46
exekutive Funktionen 40, 46, 50–51, 82

F

False-Belief Aufgabe 88–89
Filtertheorie der Aufmerksamkeit 31
Fischteicheffekt 74–75
Flanker-Aufgabe 33, 48
Flavell, John Hurley 65
Förderprogramme 99, 131–132, 134
– Konzentration und Aufmerksamkeit 142
– logisches Denken 146
– mathematische Kompetenzen 139
– Schriftsprache 136
Fremde Situation 121–122
Fröbels, Friedrich 131

G

Ganzwort-Methode 108–109
Gedächtnis
– Kapazität 57, 64–65, 149
– Kurzzeit 21–22
– Langzeit 21–23, 40, 91
– sensorisches 40–41
Gedächtnisspanne 43–44, 48, 92–94

H

Head Start Programm 131
Hemmung 47, 50, 131
Hinweisreize 33, 35–36
Hypothesenprüfung 61

I

Impulskontrolle 47
Information
- Aufnahme 16, 24–25, 31, 63, 91
- Speicherung 42
- Verarbeitung 14, 21, 26, 40, 42, 44, 48, 86, 91, 106
Inhibition 47, 50
Intelligenz 52, 70
- allgemeine 28, 53–54, 56
- emotionale 55
- fluide 55, 57
- kristalline 55, 57
- multiple 55
Intelligenzmodelle 53–54
Intelligenzquotient 54
Intelligenztest 54
Interaktion 25–26, 68, 150
Interesse 78

K

Kardinalzahlaspekt 114
Kausalattribution 73, 95
Kausales Denken 59
kognitive Flexibilität 49, 131–132
Konditionierung
- klassische 15
- operante 17
konstruktivistische Lernansätze 14, 25–27
Kontingenz 16, 20
Kontrasteffekte 76
Konzentration 31–32, 100, 142
Kovariationsprinzip 59–60
kulturelle Unterschiede 27, 113

L

Lautieren 67, 103, 105
Lehrmethoden 90, 108–109, 117
Leistungsmotivation 77, 80
Lernmotivation 77
Lernschwäche 124–125
Lernschwierigkeiten 120, 125
Lernstörung 123–128
Lernstrategien 52, 63, 66–70
- kognitive 63
- metakognitive 65, 69, 149–150
Lerntheorien 14
Lese-/Rechtschreibstörung 106
Leseerwerb 29, 102, 104–106, 108
Lesen 102, 108–109, 136

M

Mengenverarbeitung 111
Metakognition 65, 150
Modell-Lernen 14, 20
Motivation 71
- extrinsische 79
- intrinsische 77, 79

P

Paarassoziationslernen 103, 106
Pawlow, Iwan 15
phonologische Bewusstheit 102–103, 108, 137–138
phonologisches Rekodieren 105
Piaget, Jean 58
Posner, Michael 33
Prävention
- primäre 130
- sekundäre 130
- tertiäre 130–131, 144
Priming 22

R

Rechenstörung 127–129
Rechenstrategien 50, 115
Rechnen 111, 115–116, 118–119, 127, 139
Rehearsal 30, 42–43, 87, 92
Reiz
- konditionierter 15–16
- unkonditionierter 15–16

S

Scaffolding 68, 150
Schemata 23
schlussfolgerndes Denken 147
Schreiben 107–110, 136
Schriftspracherwerb 102–104, 106, 108–110, 136
Schulbereitschaft 99–100, 142
Schulfähigkeit 98
Schulreife 98
Selbstinstruktion 144, 150
Selbstkonzept 71, 75, 79
Selbstregulation 71, 81, 83–85, 131
Shifting 49–51
sichere Basis 121
Siegler, Robert 67
Simon, Théodore 54
Simultanerfassung 112, 115
Skinner, Burrhus Frederic 17

Skripte 23
Spearman, Charles 54
Stadien der kognitiven Entwicklung 58
statistisches Lernen 16
Sternberg, Robert 70
Subitizing 112
Switching 49–51

T

Teile-Ganzes-Verständnis 115, 139, 141
Terman, Lewis Madison 52
Theory of Mind 87, 147
Thurstone, Louis 55

U

Übergang 98
– Kindergarten - Grundschule 99, 130, 135
Überoptimismus 72–73, 95
Unterrichtsqualität 127
Updating 47–48, 50–51

V

Vergleich
– dimensional 74–76
– sozial 74, 95
Verstärkung 17–18, 20
Vigilanz 35, 38
Volition 29, 81
Vorläuferfertigkeiten 102–103, 106, 116, 136
Vorwissen 62

W

Watson, John Broadus 16
Wissen
– Aneignung 21, 62
– geteiltes 26
– Konstruktion 25
– metakognitives 69, 90
– Netzwerk 24
Wissenschaftliches Denken 60
Wortlängeneffekt 92
Wygotski, Lew 26

Z

Zahlbegriffsentwicklung 113
Zählprinzipien 113
Zwei-Prozess-Theorie der selektiven Aufmerksamkeit 31

Frank Borsch

Kooperatives Lernen
Theorie – Anwendung – Wirksamkeit

2., überarb. und erw. Auflage 2015
152 Seiten mit 16 Abb. und 14 Tab. Kart.
€ 22,99
ISBN 978-3-17-024328-6
Lehren und Lernen

Aktive Schülerinnen und Schüler sowie bessere Leistungen bei gleichzeitig hohem Wohlbefinden und guten sozialen Beziehungen sind berechtigte Erwartungen an kooperative Lehr-Lernformen. Frank Borsch erläutert in leicht verständlicher Weise Theorie und Praxis kooperativen Lernens.
Es werden verschiedene Methoden beschrieben, bei denen Schülerinnen und Schüler Verantwortung für den eigenen Lernprozess übernehmen und sich gegenseitig unterstützen. Den Lehrpersonen kommt dabei eine neue Rolle zu. Auch hierzu gibt das Buch Anregungen. Anschauliche Beispiele aus dem Unterricht und Forschungsergebnisse unterstützen die Ausführungen und liefern starke Argumente für den Einsatz kooperativer Methoden.
In die 2. Auflage neu aufgenommen wurden Abschnitte über Dimensionen der Unterrichtsqualität, das kooperative Lernen im inklusiven Unterricht und an der Hochschule.

Leseproben und weitere Informationen unter www.kohlhammer.de